JN081517

学び直しとリカレント教育

大学開放の新しい展開

出相泰裕

[編著]

ミネルヴァ書房

学び直しとリカレント教育　目　次

第Ⅱ部　近年の特色ある大学開放事業の事例

序　章
大学開放のその後

出相泰裕

　全日本大学開放推進機構（UEJ）は1年に数回，京都駅前にあるキャンパス・プラザ京都の大学コンソーシアム京都の一室を借りて研究会を行ってきた。京都駅前ということもあり，関西のみならず，関東や北陸・東海，さらには中四国からも参加者があった。コロナ禍においては対面ではなく，オンラインで開催してきたが，北海道・東北からも参加があり，大学開放の研究や実践に関わっている方々のひとつの学びの場として機能してきた。

　その研究会や関係者の研究成果はUEJのHPに掲載されるUEJジャーナルなどにおいて発表してきたが，このたびその成果を発表する機会をミネルヴァ書房様のご厚意でいただくことになり，出版の運びとなった。

　そのミネルヴァ書房から，1998年に『広がる学び開かれる大学――生涯学習時代の新しい試み』が出版され，そこでは生涯学習の時代となり，大学も成人の学習の場として開かれていっているとの認識の一方で，大学開放が生涯学習活動の一環として理解され，カルチャーセンターの大学版と捉えられかねないことや大学の奉仕活動となっていることなどが特色あるいは問題点として挙げられていた。そして今後の課題として，公開講座を正規の授業科目として位置付けて開講することや短期集中プログラムが少ないことへの対応，及び社会人学生への経済支援を充実することなどが挙げられていた。

注目される大学開放

　それから世紀も変わり，4半世紀が経過した。この間，さらに時代は変わり，大学開放の分野はいっそう注目を集めるようになったといえる。詳細は第Ⅰ部第1章で記されているように，2005年には中央教育審議会が「我が国の高等教

育の将来像（答申）」を出し，そこで「教育や研究それ自体が長期的観点からの社会貢献であるが，近年では，国際協力，公開講座や産学官連携等を通じた，より直接的な貢献も求められるようになっており，こうした社会貢献の役割を，言わば大学の「第三の使命」として捉えていくべき時代となっている」とした。また各大学の個性・特色となる機能として，地域の生涯学習機会の拠点や社会貢献機能（地域貢献，産学官連携，国際交流等）等が位置付けられ，各大学が教育や研究等のどのような使命・役割に重点を置く場合であっても，教育・研究機能の拡張（extension）としての大学開放の一層の推進等の生涯学習機能や地域社会・経済社会との連携も常に視野に入れていくことが重要であるとも述べた。

　その翌年には教育基本法が改正され，大学について第7条で，「高い教養と専門的能力を培うとともに，深く真理を探究して新たな知見を創造」するとともに，「これらの成果を広く社会に提供」し，社会の発展に寄与することが大学の使命として明記された。

　また2006年には「社会人学び直しニーズ対応教育推進プログラム」が実施され，2012（平成24）年の「大学改革実行プラン」では，地域の高等教育機関が地域との相互交流を促進し，地域から信頼される地域コミュニティの中核的存在（COC：Center of Community）になるよう，地域課題の解決に取り組む大学等を支援するCOC構想が打ち出され，翌年の2013（平成25）年度から「地（知）の拠点整備事業（大学COC事業）」が行われた。2014（平成26）年度には「高度人材養成のための社会人学び直し大学院プログラム」も実施され，優れた実践であるGP事業を普及，推進することにより，各大学の個性化が図られると同時に，大学開放事業も盛んになってきた。

　2015（平成27）年には，教育再生実行会議が第六次提言「『学び続ける』社会，全員参加型社会，地方創生を実現する教育の在り方について」をとりまとめ，それを受けて，社会人の職業に必要な能力の向上を図る機会の拡大を目的として，大学等における社会人や企業等のニーズに応じた実践的・専門的なプログラムを「職業実践力育成プログラム」（BP）として文部科学大臣が認定する制度が設けられた。また2019（令和元）年度には「専門職大学」がそのような職

業能力向上の政策の一環として発足した。

　2017（平成29）年に設置された「人生100年時代構想会議」は翌18年「人づくり革命基本構想」を取りまとめ，「人づくり革命」の柱となる 8 項目の一つに「リカレント教育の抜本的拡充」を挙げた。2019（令和元）年の成長戦略では，大学・専門学校等での社会人受講者数を2016年度には約50万人であったものを2022年度までに100万人とするとの目標が立てられ，さらに2021（令和 3 ）年に発足した岸田内閣においても，教育未来創造会議が22年 5 月に「第一次提言：我が国の未来をけん引する大学等と社会の在り方について」を取りまとめ，その中で具体的方策として，学び直し（リカレント教育）を促進するための環境整備を掲げた。

本書の概要

　岩永は今日の動向をブームと表現しているが，今世紀に入り，学び直し，あるいはリカレント教育の推進に向けての大学開放の重要性が高まっており，実際様々な事業が展開されている。そこで本書では，第Ⅰ部で今世紀に入って以降の大学開放に関わる政策動向に加え（第 1 章），大学開放の現状及び研究動向について振り返る。そこでは非正規の教育プログラムの展開（第 2 章）と，非伝統的学生である社会人学生の正規課程への受け入れ（第 3 章）を分けて取り上げる。また第 4 章として，近年注目されているリカレント教育を取り上げ，提唱された OECD の理念がどのように日本において変遷を遂げてきたかについて検討する。

　第Ⅱ部では，大学開放事業の様々な今日的な実践事例を取り上げ，大学開放の新たな展開・可能性について考える材料を示す。実践事例としては，まず近年のひとつの傾向として，学び直し，リスキリング，あるいはリカレント教育と表現されているが，職業能力の向上に関わる取り組みが進んでおり，本書では教育大学である東京学芸大学の「コミュニティ学習支援コーディネーター養成講座」の事例を取り上げている。この取り組みは，第一に社会教育職員の資質向上を目的としており，そこでは職員の実務経験を学習資源とした省察的学習が取り入れられている。成人には一般的に伝統的学生よりも多くの人生経験，

職業上の実務経験があり、それを学習資源として受講者同士が学びあう「学びあうコミュニティ」が展開されている。加えて、そこには「社会教育演習」を履修している学部学生も参加しており、学部学生も様々な実践や社会教育職員の職務について、職員から直接学べる場となっている。

　京都女子大学の「リカレント教育課程」は、女性地域リーダーの養成は女子大学が果たすべき重要な責務という使命感のもと、出産・育児でキャリアを中断した女性の再就職や有職女性のキャリアアップを支援しようという取り組みである。また少子高齢化に伴う労働力不足に対応するため、女性の労働力率を上げるという現代的課題に取り組むという意味合いも持っている。この取り組みでは、eラーニングも導入されているが、加えて教職協働のもと、職員がプログラム設計や広報・募集、プログラム運営などにあたっており、今後の大学開放の発展にとって重要となる職員のいっそうの関与について考えるうえでも貴重な事例である。

　またCOC構想が掲げられたように、地域の活性化も大学開放の重要な目的となっているなか、大学と地域の連携関係は地域社会発展のプラットフォームとの理念のもと、産学連携と生涯教育事業に取り組んでいる龍谷エクステンション・センター（REC）の事例も取り上げている。産学連携では、大企業との受託・共同研究という旧来型の連携ではなく、地域の地場産業の活性化を主眼に研究機能及び施設の開放による連携事業を行っている。その結果、教員が現場のニーズに対応した技術開発に関わることによって、現実的妥当性のある教育研究が進められていくことへの期待も述べられている。またRECの教育事業では、JICAと連携して開発途上国の行政職員対象の研修も行われているが、大学院生もそこに参加できるなど、大学開放事業を学生教育にも活用している。

　龍谷大学については、その他に「域学連携地域活力創出モデル実証事業」に採択された兵庫県洲本市との域学連携事例についても報告がなされている。この取り組みは政策学部のアクティブ・ラーニング授業のひとつとなっており、教育の現場を地域に開放して大学生と地域の人が共に学びあうコミュニティを形成すると同時に、地域再生型環境エネルギーシステムに関する研究成果を社

会に開放し，地域実装を行った事例ともなっている。

　こういった直接的に社会貢献につながる大学開放事業が推進されている一方，科学技術の目覚ましい発展に直面しているからこそ，人間らしさや人間しか持ちえない智慧とは何かを問い直す必要があり，そういった背景から体系的な人文学的教養へ社会人を誘うことを目的とするプログラムもみられている。桜の聖母短期大学の「桜おとなカレッジ」がその例であるが，このプログラムは「リベラル探究コース」「もっとグローバルコース」「サードプレイスづくりコース」の3コースを持つ履修証明プログラムで，学内の生涯学習センター主催の開放講座と短大の正規の授業科目を組み合わせたものとなっている。正規授業も組み込まれているため，異年齢共学がひとつの特徴となっており，必修科目として「生涯学習概論」の受講も求められている。また桜の聖母短期大学の生涯学習センターによる「桜おとなカレッジ」，ならびに「おとなのためのオープンキャンパス」は建学の精神など，大学に関する地域理解の促進も図るもので，加えて地方の私立女子短期大学に求められる大学開放上の役割についても考える事例となっている。

　香川大学の公開講座「自分史をつくろう」では，受講生は自分を知る，自分を取り巻く歴史的事象との関わりを知る，仲間ができるといった学びを経験しているが，それらに加えて，「土着の知」など大学が多様な知を集積する機会となっており，教員にとっても自分の経験していないこと，思ってもみなかったことを学ぶ機会であり，大学開放事業が相互の知識や経験をぶつけ合う場となっている事例である。

　また第2章で紹介されている，正規の授業を公開講座として地域住民にも開放する「公開授業」についても取り上げている。これは90年代後半から実施され始めた比較的新しい取り組みであるが，現在半数近い大学で実施されるようになっている。これは教養基礎科目など，大学の正規の授業の開放であるため，通常平日の昼間に実施されることになり，そのためシニア受講者が多くなるが，そういったシニア受講者にとって，伝統的学生と共に学ぶ「公開授業」は地域の社会教育の機会や公開講座とは異なるどのような機能，意味を持っているのかに焦点を当てている。

通信教育についても地理的，時間的阻害を軽減する教育方法であることから，社会人の学修を促進するため，近年様々な政策が実施され，ICT の発展もそれを後押ししている。加えて，コロナ渦を経験し，オンライン学習は大きく発展を遂げることとなった。そういった背景から，本書の中では京都女子大学のリカレント教育課程においてもオンライン教育について触れられているが，インターネット技術を活用した大学教育の開放を行っているオンライン大学のサイバー大学の事例も組み入れている。この大学はいつでもどこでもでないと学べない人のニーズに対応したもので，全ての授業がオンデマンド型で提供され，オンラインリメディアル教育なども行われている。また正課授業や提携大学の授業を 1 科目からライブもしくはオンデマンド型のオンラインで提供するエクステンション・コースを提供することを通じて，大学の知を 1 つのキャンパスの中にとどめず，クラウド上のキャンパスで公開するといった取組も行っている。これはまさに新時代の大学教育の開放手法の一端を示す事例と言える。

　本書では研究会の成果として，アメリカ，韓国といった諸外国の動向についても第Ⅲ部として位置付け，加えている。アメリカは20世紀初頭のウィスコンシン大学の事例以降，大学開放という観点では注目されてきた国であり，実際に比較的大学が社会人に開かれているとされてきた国である[8]。本書掲載の論文では既知の修得済の内容を活かしながら短期間にモジュール単位で学ぶ制度など，成人学生それぞれに個別最適化する多様な選択肢が提供されている点に焦点が当てられている。日本でも履修証明制度が導入されたが，「アンバンドリング（分解）」された学修を「リバンドリング（組み直し）」する支援の在り方や非学位課程から学位課程へとシームレスに移行できるような制度について考える機会となる。

　韓国においては近年，若年人口の減少と第 4 次産業革命の進行から高等教育改革が実行されてきており，それと連動して，成人学習者に親和的な大学体制への改編である「大学の平生教育体制支援事業」も実施されている。韓国も日本と同様に伝統的に社会人学生が比較的少ない国であったが，支援対象として選定される大学も増えており，社会人学生受け入れに向けての柔軟な施策が実施され，実際に社会人学生数も増加に転じている。日本の大学等における社会

入学生の増加を考えるうえで，隣国韓国の動向は注目である。

　そして終章では，近年の大学開放の特徴を踏まえつつ，大学開放が限定されたものになるのではなく，大学の持つ資源を広範に活用しながら，一方で地域・社会の持つ資源も効果的に取り入れ，双方が共に発展に向かうような，大学開放の今後の在り様について考える。

本書における大学開放

　大学開放の定義については，『生涯学習研究 e 事典』では，「大学開放とは，大学の有する人的・物的・知的資源や教育・研究機能を広く学外に提供するため，大学自らが行う教育事業活動」とされているが[9]，その定義はあいまいで，出相はどういった面で大学開放の捉え方が異なっているかを示している[10]。本書では社会人学生の正規課程への受け入れも含めて広義に捉え，「正規の教育課程も含めた大学内の資源・機能を用いて，社会貢献や教育研究の質の向上に向けて，大学自らが学外や市民一般に対して大学の使命に基づいた取り組み・活動を行うこと」とする。

　シャノンらは大学開放を三つに分類しており，その第一は「地理的開放」と呼ばれる，通常キャンパスに来られない人向けに夜間課程や通信制課程といった柔軟な形態で，学位取得に向けた通常の大学教育を提供する「正規教育の開放」である。第二は継続教育，あるいは高等成人教育と呼ばれる「年代的開放」で，学校教育を修了した成人に個人あるいは自由主義社会の市民としての資質向上や，職業人としての生産性向上に向けて大学レベルの教育機会を提供するものである。第三は大学の有する資源でもって学外の若者や成人のニーズを充足し，かつ教育分野のみならず社会福祉など，諸課題の解決に寄与するための多様な地域サービスを提供する「機能的開放」である[11]。

　本書においてもこれら3タイプの実践事例を取り上げているが，今世紀に入っての大学開放の全体的な動向に加え，それぞれの開放タイプの動向及び今後についても考えていく。

注

⑴　小野元之・香川正弘編著『広がる学び開かれる大学――生涯学習時代の新しい試み』ミネルヴァ書房，1998年。

⑵　香川正弘「わが国における大学開放発展の課題」同上，227-232頁。

⑶　今野雅裕「高等教育機関における生涯学習施策の推進」同上，16-19頁。

⑷　人生100年時代構想会議「人づくり革命 基本構想」2018年，10-12頁（https://www.kantei.go.jp/jp/content/000023186.pdf ［2023.5.31］）。

⑸　首相官邸「成長戦略フォローアップ」2019年（https://www.kantei.go.jp/jp/singi/keizaisaisei/pdf/fu2019.pdf ［2023.5.31］）。

⑹　教育未来創造会議（2022）「我が国の未来をけん引する大学等と社会の在り方について（第一次提言）」（https://www.cas.go.jp/jp/seisaku/kyouikumirai/pdf220510honbun.pdf ［2023.5.31］）。

⑺　岩永雅也「成人の学習と高等教育」『高等教育研究』25，2022年，15-20頁。

⑻　Centre for Educational Research and Innovation (CERI), *Adults in Higher Education, Organisation for Economic Cooperation and Development* (OECD), 1987, p.32.

⑼　服部英二「大学開放」『生涯学習研究 e 事典』2007年，（ejiten.javea.or.jp/content.447b.html ［2023.5.31］）。

⑽　出相泰裕「大学開放の理念」出相泰裕編著『大学開放論――センターオブコミュニティ（COC）としての大学』大学教育出版，2014年，13-25頁。

⑾　Shannon, T. J. and Schoenfeld, C. A., *University Extension,* The Center for Applied Research in Education, 1965, pp.3-5.

第 I 部

21世紀における大学開放の動向

第1章
大学開放政策の動向

合田隆史

1 戦後教育政策の流れの中の大学開放

戦後教育改革における大学開放

本章では，戦後の大学開放に関する政策の流れをごく大まかに振り返ったうえで，特に2000年前後の時期以降の政策的な動きを中心に概説することとしたい。

戦後教育改革においては，第一次米国教育使節団の報告書が大学開放を含む成人教育の重要性を指摘し，教育刷新審議会も学校開放を含む「社会教育振興方策について」等の建議を行った。これらを受け，学校教育法（1947），社会教育法（1949）の制定に当たって，社会教育のための「学校施設の利用」や「社会教育の講座の開設」等に関する規定が設けられた。

その後，1964（昭和39）年には，社会教育審議会報告を受け「大学開放の促進について」（大学学術局長，社会教育局長通知）が発せられた。

この通知では，大学開放の内容を，

(1) 大学公開講座の拡充強化

(2) 地域振興への協力活動の推進

(3) 大学分教室の設置促進

(4) 通信教育及び放送・出版活動の充実振興

の四つの領域に分けて各種の取り組みを促した。この通知では特に触れられていないが，(3)の領域は，大学開放政策の対象分野としては，法律に規定されている学校施設の開放全般を含めて考えることができよう。

中央教育審議会昭和46年答申から臨時教育審議会へ

　1967（昭和42）年の諮問を受け，いわゆる大学紛争を経て，4年後の1971（昭和46）年に取りまとめられた中央教育審議会答申「今後における学校教育の総合的な拡充整備のための基本的施策について」においては，

> （高等教育機関においては）その自主性を強調するあまり，社会から遊離してその社会的な使命をじゅうぶんに果たさなくなったり，閉鎖的な独善に陥る傾向がみられる。今後は開かれた大学として，教育・研究活動が内部から衰退しないような制度上のくふうが必要である。

として，大学がその教育研究を発展させ，社会的使命を果たしていくうえで，大学の社会への開放が不可欠であるとの認識が明確に示された。さらに，この考え方を踏まえたうえで，同答申は，

> 高等教育は，一定年齢層の学生や特定の基礎学歴のある者だけではなく，広く国民一般に対して開放される必要がある。そのためには，すべての高等教育機関において再教育のための受け入れを容易にするとともに，学校教育の伝統的な履修形態以外の方法による教育の機会も拡充する必要がある。また，各種の高等教育機関で認定された個別的な単位が一定の基準に達した者は，高等教育に関する資格が取得できるようにすべきである。

と指摘し，伝統的な学生層以外の市民一般への多様な大学教育機会の開放を，以後の高等教育改革の基本構想の柱のひとつとして位置付けた。

　この流れは，同年の社会教育審議会答申「急激な社会構造の変化に対処する社会教育のあり方について」をはじめ，1981（昭和56）年の中央教育審議会答申「生涯教育について」にも受け継がれ，各大学においても，大学教育開放センターやエクステンション・センターを設置するなど大学としての組織的な取り組みが行われるようになった。さらに1984（昭和59）年に内閣総理大臣の諮問機関として設置された臨時教育審議会は，翌1985年から87年にかけての4次にわたる答申を通じて，「生涯学習体系への移行」という方向を打ち出した。

大学審議会，生涯学習審議会答申等を受けた改革

　臨時教育審議会の答申を受けて発足した大学審議会は，この方向に沿って審議を進めた。同審議会の提言を受けて，この観点から行われた制度改革等の主なものを整理すると表1-1のとおりである。

　これらの多岐にわたる制度改革を受けて，各大学においても，いわゆる社会人学生の受入れのための具体的な取り組みが進められた。また，公開講座等も着実に拡大，定着していった。

　一方，1990（平成2）年の「生涯学習の振興のための施策の推進体制等の整備に関する法律」により，社会教育審議会を改組して生涯学習審議会が設置された。同審議会の提言等を受け，1994（平成6）年から，自治体を中心とする「生涯学習システム」の研究開発も行われ，各大学では，これを受けた「県民カレッジ」や「市民大学」等への協力も進められた。

　これらはいわゆるリカレント教育需要への対応にとどまらず，大学の教育研究を社会に開くこと，さらに，それを通じて社会の変化や要請をより直接的に取り込むことによって，大学の教育研究を活性化することを重要な狙いとするものであった。

中央教育審議会大学分科会の提言を受けた改革

① 専門職大学院制度の創設

　2001（平成13）年1月の省庁再編に伴う審議会の再編により，大学審議会の後を受けた中央教育審議会大学分科会においても，この方向での審議をさらに進展させ，2002年に専門職大学院制度の導入を提言した。大学院における高度専門職業人養成については，1998（平成10）年に「専門大学院」制度が設けられたが，これは，あくまで従来の大学院制度の中で専門職業人の養成を行うものであった。これに対し「専門職大学院」は，これをさらに一歩進め，従来の学位とは異なる「専門職学位」を設け，これを授与する大学院レベルの課程を「専門職大学院」として制度化するものであった。

　この制度の下で，2003（平成15）年度にはビジネス，公衆衛生など10校の専門職大学院が設置され，さらに2004年度には「法科大学院」制度がスタートした。

表 1-1　大学審議会の提言を受けた大学における再教育関連の制度改革等

博士課程の目的的拡大（高度専門人材養成）	平成元年大学院設置基準改正
大学院入学資格の弾力化	同上，平成11年学校教育法改正
大学院担当教員資格の弾力化	平成元年大学院設置基準改正
修士課程修業年限の弾力化	同上
夜間大学院の制度化	同上
単位累積加算制度	同上
コース登録制，科目登録制	平成 3 年大学設置基準，短期大学設置基準改正
昼夜開講制	同上
大学・短期大学以外の学習成果の単位認定	同上
学位授与機構の創設	平成 3 年国立学校設置法改正
単位累積加算による学位授与	同学校教育法，学位規則改正
夜間大学院（博士課程）	平成 5 年大学院設置基準改正
博士課程の修業年限の弾力化，昼夜開講制	同上
大学院における科目等履修，既修得単位認定，長期在学コース	平成 5，11年大学院設置基準改正
通信制大学院の制度化	平成10年大学院設置基準改正
遠隔授業の制度化	平成10年大学設置基準，短期大学設置基準改正
大学通信教育の弾力化	平成10，13年大学通信教育設置基準，短期大学通信教育設置基準改正
専門大学院制度の創設	平成11年大学院設置基準改正
インターネットによる授業の位置づけの明確化	平成13年大学設置基準改正等

出典：筆者作成。

また，教員養成・再教育の分野では，2008年に「教職大学院」制度が発足した。

② 履修証明制度の導入等

　2007（平成19）年には「履修証明制度」が設けられた。これは，正規の学位課程の学生を対象とする学位プログラムとは別に，一般の社会人等を対象とした一定のまとまりのある教育プログラム（履修証明プログラム）を開設し，その修了者に対して学校教育法に基づく履修証明書（Certificate）を交付するものである。2019（令和元）年の制度改正により，履修証明プログラムに係る学修

について，大学の正規の単位を認定することもできることとされた。また，正規の学位課程のうち体系的に開設された授業科目の学修に対して，「学修証明書」を交付することができることとされた。

　高等教育政策と併行して，雇用政策においても，リカレント教育を奨励する施策が推進された。1998年（平成10）年には，一定の条件を満たす講座等を修了した場合に，大学等に支払った学費の一部が支給される「教育訓練給付制度」が創設され，その後逐次拡充が図られている。大学の課程や履修証明プログラムも，一定の条件のもとにその対象となっている。

　このほか，長期履修学生制度の導入，通信制大学院博士課程の制度化，短期大学地域総合科学科など各種の改革も進められた。また，2003（平成15）年には，いわゆるサテライトキャンパスの設置基準上の取扱いが明確化された。これにより，1964年通知における公開講座等のための「分教室」は，正規の授業の場としても位置付けることができるようになった。

通信，放送，インターネット等を利用した教育

① 大学における通信等を利用した教育

　1947（昭和22）年に制定された学校教育法には，大学が通信による教育を行うことができることが明記されたが，具体的な設置基準が制定されたのは1981（昭和56）年である。その後，1998（平成10）年には，大学設置基準及び大学通信教育設置基準改正により，「授業を，多様なメディアを高度に利用して，当該授業を行う教室等以外の場所で履修させることができる」こととされた（いわゆる遠隔授業）。

　さらに，2001（平成13）年には，一定の条件のもとにいわゆるオンデマンド型の授業もできること，また国内の大学の授業を外国において履修することもできることが明示された。併せて，通信制大学等においては，卒業に必要な単位のすべてをそれらの授業により修得することができることとされた。

② 放 送 大 学

　放送大学は，1983（昭和58）年に創設され，1985年から学生受入れが開始さ

れた（教養学部）。1998年には，衛星放送により全国放送が開始された。さらに，2001年には大学院文化科学研究科修士課程が設置され（2002年学生受入れ），2014年には同研究科博士後期課程が設置された。翌2015年度からはオンライン授業も開始されている。

　放送大学は，2022（令和4）年度までに教養学部卒業生12万1318人，大学院修士課程修了者6670人，博士後期課程修了者36人を送り出している。2022年度2学期の時点で，教養学部に8万3951名（特別聴講学生（他大学等の学生で当該大学等と放送大学との協定に基づき放送大学の科目を履修している学生）3083名を含む），大学院修士課程に3754名（特別聴講学生8名を含む），博士後期課程に71名が在籍している。

③ MOOC（オープンオンライン講座）

　MOOC（Massive Open Online Course，大規模オープンオンライン講座）とは，インターネット上で誰もが無料で受講できる大規模で公開されたオンライン講座である。MOOC の代表的なプラットフォームとしては，2012年にスタンフォード大学の教授がベンチャーキャピタルから資金を調達して立ち上げた Udacity や Coursera，同年マサチューセッツ工科大学とハーバード大学が立ち上げた edX などがある。また，LinkedIn（ビジネス目的に特化した一種の SNS）は，Coursera の履歴（Certificate）を学習歴として記載できるサービスを提供している。

　わが国では，2013（平成25）年に，日本版 MOOC の普及・拡大を目指し，大学や企業が連合して一般社団法人日本オープンオンライン教育推進協議会（JMOOC：Japan Massive Open Online Courses）が設立された（https://www.jmooc.jp/）。JMOOC 自身のプラットフォームのほか，「OUJMOOC」（放送大学）や「gacco」（NTT ドコモとドコモ gacco）など四つの講座配信プラットフォームをまとめるポータルサイトを運用している。このような状況については，文部科学省も先導的大学改革推進委託事業等により調査研究を進めている。

　一方で，近年の就業構造の変化，働き方改革の流れのなかで，有料職業紹介や副業，兼業マッチングサービス等と組み合わせた商業ベースの同種の教育

サービスも広がりを見せている。

大学開放政策の背景としての知識基盤社会

　以上みてきたように，公開講座の実施や地域振興への協力の促進等を中心と
して進められてきた大学開放に関する政策的な動きは，1970年代以降，大学開
放が大学にとって単なる周辺的，付加的な機能ではなく，大学の教育研究の発
展にとって本質的なものであるとの認識の下で，特にリカレント教育を中心と
する生涯教育の観点を強めてきたこと，さらにその流れは1980年代以降強力に
推進されるようになってきたことがわかる。

　このような動きを促したのは，社会構造の変化である。1971（昭和46）年の
社会教育審議会答申「急激な社会構造の変化に対処する社会教育のあり方につ
いて」は，「急激な社会構造の変化」の第一に「社会の工業化・情報化の進展」
を挙げていた。しかし，1970年代以降，社会は情報化のさらなる進展とともに，
脱工業化（Bell, 1973）[2]，知識基盤社会（OECD 1996[3], UNESCO 2005[4]）へと急速に
動いていく。

　このような変化を受けて，2005（平成17）年の中央教育審議会答申「我が国
の高等教育の将来像」は，「21世紀は，新しい知識・情報・技術が政治・経
済・文化をはじめ社会のあらゆる領域での活動の基盤として飛躍的に重要性を
増す，いわゆる「知識基盤社会」（knowledge-based society）の時代であると言
われる」とし，「このような新しい時代にふさわしい大学の位置付け・役割を
踏まえれば，各大学が教育や研究等のどのような使命・役割に重点を置く場合
であっても，教育・研究機能の拡張（extension）としての大学開放の一層の推
進等の生涯学習機能や地域社会・経済社会との連携も常に視野に入れていくこ
とが重要である」とした。

2　知識基盤社会化のもう一つの側面
——研究機能の開放，産学連携——

　このような知識基盤社会への移行の進展に伴い，大学に対して教育面のみな

らず研究面の開放も要請されることになる。1999（平成11）年の学術審議会答申「科学技術創造立国を目指す我が国の学術研究の総合的推進について――「知的存在感のある国」を目指して」は，学術研究の目指すべき方向として，(1)世界最高水準の研究の推進，(2)21世紀の新しい学問の創造と研究遂行体制の刷新，とともに，(3)社会への貢献，を挙げ，「学術研究の振興に当たっての具体的施策」の柱の一つとして，「社会的連携・協力の推進（産学連携等の推進，学術研究に関する国民理解の増進）」を挙げた。

　1990年代後半には産業政策においても構造転換が進み，産業経済構造の一部としての大学の在り方に注目が集まるようになった。このような観点から，大学等技術移転促進法（いわゆる TLO（技術移転機関）の設置，1998）や，産業活力再生特別措置法（国の委託研究開発に関する知的財産権について，開発者にその利益を帰属させるいわゆる「日本版バイ・ドール制度」の導入，1999）など，産学連携推進のための条件整備が実現することとなった。

　さらに，2000（平成12）年に制定された産業技術力強化法には，「大学の責務等」として，「大学は，その活動が産業技術力の強化に資するものであることにかんがみ，人材の育成並びに研究及びその成果の普及に自主的かつ積極的に努めるものとする」という規定が盛り込まれた（同法第6条）。また，科学技術基本計画（第1期1996-2000，第2期2001-2005）に基づき，知的クラスター創成事業，都市エリア産学官連携促進事業など，科学技術政策の観点からの産学連携促進策が強力に推進されるようになった。

3　教育基本法の改正と大学の社会貢献機能の位置付けの明確化

　このような流れの中で，2006（平成18）年の教育基本法改正においては，以下のように生涯学習の理念が明記された。

> 第3条　国民一人一人が，自己の人格を磨き，豊かな人生を送ることができるよう，その生涯にわたって，あらゆる機会に，あらゆる場所において学習することができ，その成果を適切に生かすことのできる社会の実現が図られなければならない。

　また，大学についても第7条に規定が新たに設けられ，「高い教養と専門的能力を培うとともに，深く真理を探究して新たな知見を創造」するとともに，「これらの成果を広く社会に提供」し，社会の発展に寄与することが大学の使命として明記された。

　さらに，改正教育基本法の制定を受けて，2007（平成19）年の学校教育法改正により，旧第52条に第2項が追加され，第83条として以下のように定められた。

第83条　大学は，学術の中心として，広く知識を授けるとともに，深く専門の学芸を教授研究し，知的，道徳的及び応用的能力を展開させることを目的とする。
②　大学は，その目的を実現するための教育研究を行い，その成果を広く社会に提供することにより，社会の発展に寄与するものとする。

　改正教育基本法第17条に基づき策定された教育振興基本計画（第一期，2008-2012）においては，今後の施策の基本的方向として，⑴社会全体で教育の向上に取り組む，⑵個性を尊重しつつ能力を伸ばし，個人として，社会の一員として生きる基盤を育てる，⑶教養と専門性を備えた知性豊かな人間を養成し，社会の発展を支える，⑷子どもたちの安全・安心を確保するとともに，質の高い教育環境を整備する，の四つを挙げ，第一の基本的方向の中で，「学び直し」の機会の提供と学習成果を社会で生かすための仕組みづくりを，また，第三の基本的方向の中で，「生涯を通じて大学等で学べる環境づくり」として大学等における社会人受入れを促すことを挙げた。

　これを踏まえ，「特色ある大学教育支援プログラム（いわゆる特色GP）」においても学び直しへの対応が積極的に取り上げられるようになり，「社会人学び直しニーズ対応教育推進プログラム」などの新規施策も導入された。

4　「地域振興への協力活動」の展開

地域連携活動の本格化

　一方，1964（昭和39）年通知で「地域振興への協力活動」とされていた領域

における取り組みも，2000年前後の時期から本格化する。まず，小泉構造改革において，法人化と併せて国立大学の再編統合が現実の政策課題として取り上げられ，これに対抗する意味からも，従来一律に「全国区」を自任してきたいわゆる地方国立大学が，自らその存在意義として地域貢献を強く打ち出すようになった。これを受け，文部科学省においても地域貢献特別支援事業（2002年以降）など促進策を打ち出した。

　さらに，前述の中央教育審議会答申「我が国の高等教育の将来像」(2005)は，同審議会昭和46年答申以来の懸案であった大学の「種別化」に関し，以下のように述べて大学の「機能的分化」への方針転換を打ち出した。

> 大学は，全体として ① 世界的研究・教育拠点 ② 高度専門職業人養成 ③ 幅広い職業人養成 ④ 総合的教養教育 ⑤ 特定の専門的分野（芸術，体育等）の教育・研究 ⑥ 地域の生涯学習機会の拠点 ⑦ 社会貢献機能（地域貢献，産学官連携，国際交流等）等の各種の機能を併有する。（中略）各大学は，固定的な「種別化」ではなく，保有するいくつかの機能の間の比重の置き方の違い（＝大学の選択に基づく個性・特色の表れ）に基づいて，緩やかに機能別に分化していくものと考えられる。

　また，前出の教育振興基本計画（第一期）では，基本的方向(3)の具体的施策として「国公私立大学等の連携等を通じた地域振興のための取組などの社会貢献を支援する」ことを挙げ，「地域社会においてニーズの高い教育や，地域の活性化等の社会貢献のため，国公私の大学等の協同で行う取組を支援する等，各大学等がそれぞれの特色を活かして行う地域振興に貢献する取組を促す」とした。

　このような動きを受けて，国公立大学のみならず私立大学においても，少子化に伴う競争的環境の中で各大学の特色の明確化，生残り策として，地域貢献に積極的に取り組むようになっている。

第二期基本計画と「地（知）の拠点」事業

　第二期教育振興基本計画（2013-17）は，計画期間における政策の基本的方向性として，(1)社会を生き抜く力の養成〜多様で変化の激しい社会での個人

の自立と協働～，(2)未来への飛躍を実現する人材の養成～変化や新たな価値を主導・創造し，社会の各分野を牽引していく人材～，(3)学びのセーフティネットの構築～誰もがアクセスできる多様な学習機会を～，(4)絆づくりと活力あるコミュニティの形成～社会が人を育み，人が社会をつくる好循環～，を掲げた。そして，第一の方向性の具体的取り組みとして，「社会人の学び直しの機会の充実」（スキルアップ・職種転換などのキャリアアップや再就職などの再チャレンジを目指す社会人の学び直しをはじめ，多様なニーズに対応した教育の機会を充実するなど，大学・大学院・専門学校等の生涯を通じた学びの場としての機能を強化する）を挙げた。

　また，第四の方向性のもとで，「地域社会の中核となる高等教育機関（COC構想）の推進」を基本施策に掲げ，COC構想を推進する高等教育機関への支援を打ち出した。

　COC構想とは，地域の高等教育機関が地域との相互交流を促進し，地域から信頼される地域コミュニティの中核的存在（COC：Center of Community）になるよう，地域課題の解決に取り組む大学等を支援するもので，2012（平成24）年の「大学改革実行プラン」の中で打ち出されたものである。具体的には，社会人の学び直しを含む地域人材の育成・雇用機会の創出，地域活性化・地域支援の取り組み，産学連携・地場産業の振興等を含む。⁽⁵⁾

　文部科学省では，2013（平成25）年度から「地（知）の拠点整備事業（大学COC事業）」を実施，2015年度からはこれを「地（知）の拠点大学による地方創生推進事業（COC+）」に切り替えて実施した。

　「COC+」は，大学COC事業を発展させ，「地方公共団体や企業等と協働して，学生にとって魅力ある就職先を創出・開拓するとともに，その地域が求める人材を養成するために必要な教育カリキュラムの改革を断行する大学の取組を支援することで，地方創生の中心となる「ひと」の地方への集積を目的」⁽⁶⁾とするもので，「地域における複数の大学が，地域活性化政策を担う地方公共団体，人材を受け入れる企業や地域活性化を目的に活動するNPOや民間団体等と協働し，当該地域における雇用創出や学卒者の地元定着率の向上を推進するもの」が対象とされた。

　第二期計画におけるこのようなリカレント教育や地域貢献を重視する考え方は，第三期計画（2018-22），第四期計画（2023-27）にも引き継がれている。2020（令和 2）年度からは，「地（知）の拠点」としての大学が出口（就職先）と一体となった教育プログラムを実施することで，若者の地元定着と地域活性化を推進する「大学による地方創生人材教育プログラム構築事業（COC+R）」が実施されている。

地域貢献重視の背景としての人口減少，一極集中，地方創生

　このような動きの背景にある最も重要な変化は，人口動態である。少子化，高齢化が急速に進み，2009（平成21）年には総人口が減少に転じた。さらに，大都市への人口移動，特に東京への一極集中が進行した。

　このような状況を見越して，1995（平成 7）年から2010（平成22）年にかけて，市町村合併（いわゆる平成の大合併）が強力に推進された。しかし，人口減少，一極集中の進行に歯止めはかからず，2014（平成26）年には，日本創成会議が「極点社会」の危機を訴える報告書を公表，地方創生が大きな政策課題となり，[7]「まち・ひと・しごと創生法」が制定された。

　この中で，地方創生における地方大学の役割が注目され，同年閣議決定された「まち・ひと・しごと創生総合戦略」の中に「地方大学等創生 5 か年戦略」が盛り込まれた。さらにその柱のひとつとして，「知の拠点としての地方大学強化プラン（地方大学等の地域貢献に対する評価とその取組の推進）」が取り上げられた。

　その一方で，大学と地域との関係は，1960年代と今日では大きく変化していることにも留意が必要である。大学は，かつてのように地域で唯一の知の拠点ではなく，産業界や自治体や NPO をはじめ，地域のあらゆる場で知の生産と発信が活発に行われている。大学と地域社会との関係は，大学が独占的に持つ知的資源を地域に開放し，地域に貢献する，という関係から，相互に対等な立場で連携し交流するという関係へと変化している。大学から見れば，大学の教育研究の活性化にとって不可欠の交流の場としての大学開放という位置付けが重要となっていると考えられる。[8]

5　人口減少社会における人材確保政策

教育再生実行会議第6次提言

2015（平成27）年には，教育再生実行会議が第6次提言「「学び続ける」社会，全員参加型社会，地方創生を実現する教育の在り方について」をとりまとめた。この中で，大学等を若者中心の学びの場から全世代のための学びの場へと転換し，地域の産業，担い手を育てる大学等をつくることを提言した。

これを受けて，大学等における社会人の職業に必要な能力の向上を図る機会の拡大を目的として，大学等における社会人や企業等のニーズに応じた実践的・専門的なプログラムを「職業実践力育成プログラム」（BP）として文部科学大臣が認定する制度が設けられた。2019（令和元）年度にスタートした「専門職大学」制度は，このような方向での施策の一環として位置付けることもできよう。

人生100年時代構想会議の「基本構想」

2017（平成29）年に設置された「人生100年時代構想会議」は，翌18年，「人づくり革命基本構想」を取りまとめた。同構想は，高等教育無償化など「人づくり革命」の柱となる8項目の一つに「リカレント教育の抜本的拡充」を掲げた。具体的には，教育訓練給付の拡充，産学連携によるリカレント教育，企業における中途採用の拡大を提言した。

これを受けて，大学等におけるリカレント教育の推進のための「職業実践力育成プログラム」（BP）の認定対象の拡大，労働者の速やかな再就職及び早期のキャリア形成に資する「特定一般教育訓練給付制度」の創設，長期の教育訓練休暇制度を導入・実施した企業への助成の新設等の施策が実施された。

教育未来創造会議の「第一次提言」等におけるリカレント教育への注目

2021（令和3）年3月に設置された教育未来創造会議は，翌22年5月に第一次提言「我が国の未来をけん引する大学等と社会の在り方について」を公表した。この提言では，「人材育成を取り巻く課題」として，「デジタル人材の不

足」や「グリーン人材の不足」など9項目を挙げ，これらの課題に取り組むための具体的方策として，① 未来を支える人材を育む大学等の機能強化，② 新たな時代に対応する学びの支援の充実，とともに，③ 学び直し（リカレント教育）を促進するための環境整備を掲げた。

　実はこれに先駆けて，中央教育審議会は，2020（令和2）年9月の第10期生涯学習分科会の「議論の整理」の中で，「人生100年時代」や「Society 5.0に向けたこれからの生涯学習・社会教育の在り方」の観点から，リカレント教育の重要性を改めて指摘していた。これらを受けて策定された「経済財政運営と改革の基本方針2022」（いわゆる「骨太の方針」，2022（令和4）年6月）では，新しい資本主義に向けた重点投資分野の第一に「人への投資と分配」を挙げ，リカレント教育，円滑な労働移動促進を含む「スキルアップ（人的資本投資）」として，2024年度までの3年間で4000億円規模の施策パッケージを盛り込んだ。

6　中央教育審議会の近年の動き

　中央教育審議会では，2018（平成30）年には中央教育審議会答申「2040年に向けた高等教育のグランドデザイン」が取りまとめられた。同答申は，2040年に向けた社会変化の方向として，(1)持続可能な開発のための目標（SDGs）が目指す社会，(2)Society 5.0／第4次産業革命，(3)人生100年時代，(4)グローバル化が進んだ社会，(5)地方創生，を挙げた。そして，「今後実現すべき方向性」として，

- 高等教育機関がその多様なミッションに基づき，学修者が「何を学び，身に付けることができるのか」を明確にし，学修の成果を学修者が実感できる教育を行っていること。このための多様で柔軟な教育研究体制が各高等教育機関に準備され，このような教育が行われていることを確認できる質の保証の在り方へ転換されていくこと。
- 18歳人口は，2040年には，88万人に減少し，現在の7割程度の規模となる推計が出されていることを前提に，各機関における教育の質の維持向上という観点からの規模の適正化を図った上で，社会人及び留学生の受

入れ拡大が図られていくこと。

●地域の高等教育の規模を考える上でも，地域における高等教育のグランドデザインが議論される場が常時あり，各地域における高等教育が，地域のニーズに応えるという観点からも充実し，それぞれの高等教育機関の強みや特色を活かした連携や統合が行われていくこと。

を挙げている。これらの方向性を実現していくうえで，大学開放はまさに要の位置にあるといえよう。

　この答申では，地域連携プラットフォームの構築が提言され，そのためのガイドラインも公表されている。それが単なる大学の規模の調整のための枠組みではなく，地域の産官学が連携して，実りある大学開放を推進する場となることが期待される。

　また，2016（平成28）年の中央教育審議会答申では，「生涯学習プラットフォーム」の構築が提言されている。これは，①学習機会の提供，②学習・活動履歴の記録・証明，③学習者等のネットワーク化，という三つの機能を持つものである。

　このようなシステムは従来からも提案され，いくつかの注目すべき実践も行われてきたが，広く定着するに至っていなかった。しかし，今後の人工知能等の開発・普及によって想定される「高度生涯学習社会」においては，その成立の基盤として必須の社会システムとなることが予想される。大学は，その構築に当たって重要な役割を果たすことが期待される。

　さらに，第11期「議論の整理」（2022（令和４）年７月）においては，生涯学習を「ウェルビーイングの実現と密接不可分なもの」と捉え，また社会教育は「持続的な地域コミュニティの基盤として不可欠なもの」という認識を示した。そのような理解に立って，リカレント教育についても，

●時代のニーズに即して職業上新たに求められるスキルを習得するための「リスキリング」や，社会人を対象とした職業能力等の向上のための「アップスキリング」などを目的とするもののほか，

●より広い意味で，社会の変化に対応して必要となるスキルを習得するための学びや，教養を磨いたり，属性が異なる多様な人々と出会ったり，

　　　自己実現を図る上で必要となる学び
も含めた幅広いものとして捉えている。

　そして，大学等の高等教育機関については，①リカレント教育のプログラムの開発・充実，②知識の習得に MOOC（15頁参照）等を活用することによる，対面授業における課題解決学習の充実，③社会人が受講しやすい方法等の工夫等の促進を提言している。

　経済成長や職業人のスキルアップの観点から，大学教育が時代の変化に適切に対応した教育機会を提供していくことは重要である。しかし，大学開放は，それにとどまらず，地域コミュニティの持続可能性や，多様な人々がそれぞれの個性に応じ自己実現を図ることができる多様性包摂型社会の実現を目指すものであることを銘記したい。[16]

注

(1)　リカレント教育とは，「職業人を中心とした社会人に対して学校教育の修了後，いったん社会に出た後に行われる教育であり，職業から離れて行われるフルタイムの再教育のみならず，職業に就きながら行われるパートタイムの教育も含む」とされる（生涯学習審議会答申，1992）。なお，岸本睦久「リカレント教育」（『生涯学習研究 e 事典』）参照。

(2)　Bell, D., *The Coming of Post-Industrial Society: a venture in social forecasting*, 1973（ダニエル・ベル，内田忠夫訳『脱工業社会の到来——社会予測の一つの試み』ダイヤモンド社，1975年）。

(3)　OECD, *Employment and growth in the knowledge-based economy*, 1996.

(4)　UNESCO, *Towards Knowledge Societies*, 2005.

(5)　文部科学省高等教育局大学振興課「平成25年度地（知）の拠点整備事業」パンフレット，2014年。

(6)　文部科学省高等教育局大学振興課「平成27年度地（知）の拠点大学による地方創生推進事業（COC+）」パンフレット，2016年。

(7)　「ストップ少子化・地方元気戦略」2014年 5 月 8 日，日本創成会議・人口減少問題検討分科会（増田寛也座長）。

(8)　天野郁夫，1999年，217-229頁。

(9)　このほか，経済産業省は22年 5 月，「未来人材ビジョン」を取りまとめた。この中では，2030年，2050年における日本の労働需要の推計を踏まえ，「旧来の日本型

雇用システムからの転換」と「好きなことに夢中になれる教育への転換」という二つの方向を示した。この中でもリカレント教育の必要性が強調されている。

(10)　中央教育審議会「個人の能力と可能性を開花させ，全員参加による課題解決社会を実現するための教育の多様化と質保証の在り方について（答申）」，2016年。

(11)　中央教育審議会「新しい時代を切り拓く生涯学習の振興方策について〜知の循環型社会の構築を目指して〜（答申）」，2008年。

(12)　柵富雄「生涯学習プラットフォーム」日本生涯教育学会『生涯学習研究 e 事典』2019年。

(13)　山本恒夫「高度生涯学習社会の生涯学習支援ネットワーク」日本生涯教育学会生涯学習実践研究所プラチナ e 資料館『創造のアイディア箱レター』2015年（http://lifelong-center.jimdo.com/）。

(14)　前出の Coursera と LinkedIn が連携して構築しているシステムはこの一種とみることもできる。少なくとも現時点ではビジネス目的に特化しており，社会のすべての構成員を対象とすることを想定していない点で，社会の基盤システムとはなりえないが，ひとつの可能性を提示しているといえよう。

(15)　藤田公仁子「生涯学習プラットフォームとしての仕組みづくりと大学開放——地域における学習と新たな大学の社会教育支援」『富山大学地域連携推進機構生涯学習部門年報』21，2019年，27-37頁。

(16)　糸賀一雄は，「生産性」の意味について，重度の障害児を念頭に「その自己実現こそが創造であり，生産なのである」と述べている。糸賀一雄『福祉の思想』NHK ブックス，1968年。

参考文献

天野郁夫『大学－挑戦の時代』東京大学出版会，1999年。

小野元之・香川正弘編著『広がる学び開かれる大学——生涯学習時代の新しい試み』ミネルヴァ書房，1998年。

国立大学生涯学習系センター有志グループ（代表者出相泰裕）『大学開放論——国立大学生涯学習系センターによるセンター・オブ・コミュニティ機能の促進』大阪教育大学教職教育研究センター，2013年。

斎藤諦淳『開かれた大学へ——大学の開放及び大学教育改革の進展』ぎょうせい，1982年。

柵富雄『生涯学習 e プラットフォーム——私の出番づくり・持続可能な地域づくりの新しいかたち』明石書店，2020年。

出相泰裕編著『大学開放論——センター・オブ・コミュニティ（COC）としての大学』大学教育出版，2014年。

第2章
大学開放の事業と研究の動向

菅原慶子・出相泰裕

1　大学開放事業の動向

　第1章でみたように，日本では大学開放に関わる政策が打ち出されてきているが，本章では第1節で大学開放事業の現状について取り上げる。

　大学開放事業の動向については，大学開放及び地域連携に関する総合的調査報告である文部科学省『開かれた大学づくりに関する調査』（以下，「開かれた大学調査」）が隔年の実施状況を追ってきた。

　まず地域社会に対する大学の貢献の取り組みについてみると，2016年度を対象とした「開かれた大学調査」[1]では，図2-1のとおりである。最も多くの大学が取り組んでいるのは「公開講座を実施すること」で，次いで「教員を外部での講座講師や助言者，各種委員として派遣すること」「学生の地域貢献活動を推進すること」などの実施率が高くなっている。その他，「施設等を開放し，地域住民の学習拠点とすること」「社会人の学び直しに関すること」「大学における地域企業や官公庁と連携した教育プログラムを実施すること」「地域活性化のためのプログラムを開発・提供すること」などが半数以上の大学で実施されており，本書で受講者調査報告が行われている，「正規授業を一般公開すること（公開授業など）」は44％となっている。

公開講座の現状

　最も実施率が高い公開講座に焦点をあて，開設状況について2019年度を対象とした調査結果でみると[2]，95.7％の大学が公開講座を開設しており，この10年

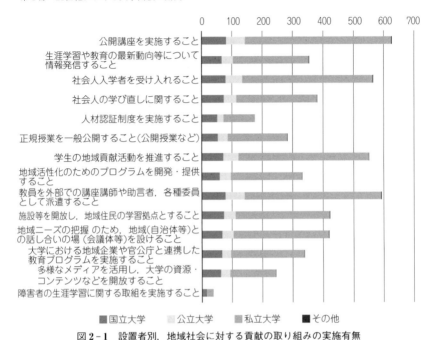

図2-1　設置者別，地域社会に対する貢献の取り組みの実施有無

出典：文部科学省「平成2年度　開かれた大学づくりに関する調査研究」2018年。

においても95%前後で高止まり状態が続いている。開設講座数および受講者数
については上昇傾向が引き続きみられるものの，令和元年度の調査では同年か
ら世界的流行が発生した新型コロナウイルス感染症の影響により，中止となっ
た講座が全体の36.8%（1047講座）に上るなど，公開講座の実施にも少なから
ず影響が及んでいる。

　開講講座のテーマは多岐にわたっており，語学系や人文教養系が多くなって
いるが，国立では理工系，公立では育児・医療・福祉系，私立では語学系や人
文教養系というように設置形態によって開設講座数の多い分野が異なっている。
　公開講座の実施を支える学内体制について，国公立私立大学では70%程度の
大学が専門の機関や組織を有している。具体的には，国公立大学では半数超が
教員を配置した組織体として運営されているのに対して，私立大学では40%超
が委員会として運営されている。(3)構成員の全体平均は専任教員3.6人，兼任教

員3.7人，常勤職員3.5人，非常勤職員1.1人となっている[4]。

　公開講座についての大学経営上の効果としては，第一に「大学の認知度／イメージアップ」，第二に「市民との接点が創出される」，第三に「教員・研究のPR」といった点での期待が挙げられている[5]。こうした効果について検証を行なった調査では，受講者及び受講経験者の74.6％が「大学への親近感が増した」と回答しており，実際に大学へのポジティブな印象につながっていることが確認できる[6]。

地域連携の状況

　地域連携活動の連携先は，国公私立大学ともに大学の立地する自治体内が最も多く，次いで国立・私立では立地自治体以外の地域，公立では地域内の教育機関や企業となっている。

　地域連携の実践を支える組織体制として，80％前後が学内に専門機関や組織を有しており，こうした組織の多くは2010年以降に設置されている[7]。

　地域連携に取り組む大学における課題について，2016年度対象「開かれた大学調査」では，「大学側の人手・人材が不足している」（81.6％），「連携のための予算が確保できない」（39.5％），「地域との連携の意義が学内に浸透していない」（38.6％）と大学内部の体制や意識の問題が上位を占めている。村田による2020年の調査でも[8]，第一に大学内の体制や理解を得ること，第二に学内コーディネータ等の人材確保，第三に資金確保の問題が挙げられており，担当組織内外の地域連携に対する認識の差異の大きさが浮かび上がった。

サービス・ラーニングなど地域連携型学修

　2012年の中央教育審議会答申「新たな未来を築くための大学教育の質的転換に向けて」では，学生の主体的な学修を促す教室外学修プログラムの一環としてサービス・ラーニングが挙げられているように[9]，大学が地域と連携し，地域をフィールドあるいはテーマとした講義や実習などの正課教育，ボランティア活動といった学習に取り組む動きが活発化している。日本では，コミュニティ・ベースド・ラーニング（Community-Based Learning：CBL）やサービス・

ラーニング（Service Learning：SL），フィールド・スタディといった呼称のもと
で推進されてきた。2016年度時点で国公私立大学の90％前後がこうした活動に
取り組んでいる。実施形態は，授業の一環として実施される場合，課外活動と
して実施される場合，その他学生団体やサークル活動，あるいは自治体との連
携事業等という形で実施される場合がある。

　学生の地域活動を行う目的としては，地域の多様な人々との交流を通じて学
生のコミュニケーション能力を育成することが最も重視されている。活動テー
マについては授業の一環として実施する場合は「地域産業活性化」に関するも
のが目立ち，課外活動として実施する場合は「教育支援」に関するテーマが多
い。

　活動を行う大学において直面する課題として挙げられたのは，第一に大学側
の人材不足や予算確保，学内における理解や協力を得られないといった問題で
あり，第二に学生の参加意欲であった。学生の地域連携活動は，単なる貢献活
動ではなく構造的な学習の仕組みであるという観点から専門職の関与が重要で
ある。

ICT の活用状況

　2019年度を対象とした「開かれた大学調査」では，公開講座を開設している
大学のうち50校（7.6％）が ICT を活用した遠隔による公開講座を開設し，こ
れは2016年度の39校（6.1％）から増加している。

　オープンエデュケーションの時流を受けて，2010年代に世界的拡大を続けて
いるのが MOOC である。MOOC（Massive Open Online Course）とは，インター
ネットを通じて誰もが受講できるオンライン授業を提供する仕組みで，開始か
ら10年を経た2021年には，世界中で950の大学が1万9400のコースを提供し，
その総受講者数は2億2000万人以上にのぼった。日本でも2014年に JMOOC
による「gacco」など複数のプラットフォームがあり，JMOOC では，2019年
5月時点で340講座，100万人超の学習者がおり，学習者の属性は最終学歴大学
卒の30〜40代が最も多い。

　ICT を活用した取り組みは公開講座を含め，社会人の学び直しの推進にあ

たって一層注目されている。大学等での学び直しをしやすくするために必要な取り組みとして「テレビやラジオ，インターネットなどで受講できるプログラムの拡充」（37.4％）が挙げられており，経団連の調査ではいずれの現役世代においても通学と通信のハイブリッド型も含めたオンラインを活用したリカレント教育プログラムに対する期待が高い。

学び直しへの需要

　大学をはじめとする高等教育機関での社会人の学び直しに対するニーズは年々高まっている。内閣府が実施する「生涯学習に関する世論調査」では，実際に大学等で学び直しを経験した人は20％に満たないが，「学び直しをしたことはないが，今後は学び直しをしてみたい」と答えた人は17％（2018年調査）から29.3％（2022年調査）まで伸びている。

　より現役世代の回答率が高い文科省の調査では，学び直しの目的として「資格を取得できること」（48％），「現在とは違う職場・仕事に就くための準備をすること（転職・副業等）」（44％），「現在の職務を支える広い知見・視野を得ること」（40％）といった声が多く挙げられている。そのため，学び直しの内容としては「最先端のテーマを扱う内容」（36％）や「基礎知識・理論の習得に重点をおいた内容」（35％），「特定の分野を深く追求した研究・学習が可能な内容」（29％）のように，幅広い一般知識の学びよりは特定の分野について基礎から最先端に至るまで体系的な学びへのニーズがみられる。

　雇用主である企業における学び直しへの関心も高まっており，日本経済団体連合会による調査では，大学等が実施するリカレント教育プログラムを社員に受講させることに関心をもつ企業は89.2％に上り，実際に大学等が実施するリカレント教育プログラムの受講を指示・奨励している組織が41.5％ある。さらに，受講するのみにとどまらず，リカレント教育プログラムを大学等と共同で開発する動きもみられ，16.2％の企業が実際に共同開発に取り組んでいる。

　一方で，社会人の学び直しを促進するためには，いくつもの課題がある。大学等での学び直しをしやすくするために必要な取り組みとしては，まず「学費の負担などに対する経済的な支援」（53.7％），次いで「仕事や家事・育児・介

護などとの両立がしやすい短期のプログラムの充実」（40.7％），「土日祝日や夜間などの開講時間の配慮」（39.6％）や「学習に関するプログラムや費用などの情報を得る機会の拡充」（39.4％）といったものが挙げられており，プログラム提供側と受講者間にとどまらない，受講者の所属組織や政策も含めた体制構築が求められている[20]。

　大学側にとって社会人の学び直しに関する講座開設の目的として，最も多く挙げられたのは国公私立大学ともに「大学の社会貢献活動の一環として」（69.7％），次いで「特に，地域の方の学び直しニーズに応えるため」（58.6％）であった。また，国立大学では「自治体や業界団体からの要望に応えるため」，私立大学では「特に，卒業生の学び直しニーズに応えるため」が目立つ[21]。こうした回答からは，企業や社会の側の学び直しのニーズに対して，大学におけるこれらの取り組みが漠然としていて，大学経営に戦略的に位置付けられているとはいえない現状が垣間見える。

2　研 究 動 向

　大学開放に関しては様々な取り組みが行われているが，研究についても多角的な視点から進められてきている。

大学開放史

　まず大学開放史に関するものであるが，日本における大学開放の歴史研究について，特に戦前期には大学拡張運動に該当する活動はないという立場がとられてきたが，日本ならではの大学や高等教育機関の社会的布置に着眼した田中（1978）によって，明治10年代の東京専門学校をはじめとする私立専門学校や民間の教育事業における講義録を用いた通信教育の実践が明らかにされた。以来，日本の大学開放は私立の高等教育機関が先導してきたという見解が定着していたが，近年の研究によって官立の高等教育機関において早くから公衆へ高等教育の知見を広めようとする試みがあったことが実証され，日本における大学開放の概念定義の捉え直しが議論されている。

　山本（2020）は，大学拡張を戦前のように「欧米（英米）の大学拡張の概念」に基づいて捉えるのではなく，日本の大学等が「大学拡張」の言葉によって実践した取り組みを幅広く拾い上げたいとして，大学拡張の概念を「学外者に対し，高等教育機関の有する教育資源の利用機会を拡張する，各機関の自主性と組織性に基づく取組」と規定した。その結果，従来の大学拡張を象徴する地方への講師の派遣や通信教育といった「学外型」のみならず，大学等に一般の人々を招き入れる「講義」や「施設公開」も含む「学内型」も範疇に入ることとなり，1884（明治17）年からの東京大学医学部及び理学部教授有志による理医学講談会，神戸高等商業学校や高松高等商業学校の公開講演会といった地方の官立高等教育機関における取り組みが明らかにされた（山本 2018, 2020）。また菅原（2019）は，従来は大学開放の範疇外とみなされてきた学術演説会に着目し，1877（明治10）年 3 月からの東京大学法理文三学部演説会が，高等教育機関による一般の人々へ学術知見を普及しようとする活動の嚆矢に位置付けられることを実証した。

近年の大学開放の動向

　こういった戦前，明治期の大学開放に関する新たな知見がみられている一方で，今世紀に入っての大学開放の動向，特に大学が地域との連携を進めていくに至った政策動向に関する研究もみられている。例えば，馬場（2017）は多くの地方国立大学における生涯学習系センターが地域貢献・地域連携に強く関与するようになった背景について述べているが，そこではまず2005年の中央教育審議会答申「我が国の高等教育の将来像」により，地域の生涯学習機会の拠点，社会貢献機能など各大学は自らの選択によって，緩やかに機能別に分化していくべきであると指摘されたことがその後の大学開放に大きな影響を与えたとしている。その後，2012年の「大学改革実行プラン～社会の変革のエンジンとなる大学づくり～」により，大学が地域再生の核となるべく，COC（Center of Community）機能の強化が提唱され，さらに2015年に文部科学省が「国立大学経営戦略」を発表し，その中で国立大学法人を三つの機能別に分類し，機能強化に積極的に取り組む大学に対して，運営費交付金を重点的に配分する方針を

示し，そこで多くの地方国立大学が主として地域貢献を推進する大学を選択したという流れについて説明している。

　村田（2019）も2005年の中教審答申翌年の教育基本法改正によって，初めて法的に大学の社会貢献が明確化され，地域との連携という文脈で大学の社会貢献に関する政策的な舵がきられたと述べている。光本（2018）も国立大学の生涯学習部門のあり方に関わって無視できない動向として，政府による大学の地域貢献への要請があり，COC機能の強化策であるCOC＋に応募する大学は「地域を志向する大学であること」を宣言し，同事業が全学的な取り組みであることを明確にしなければならなかったことが国立大学の生涯学習部門の地域貢献・地域連携のあり方に関わって無視できない動向であったとしている。

　今世紀に入っての大学開放の動向としては，本書第1章と第4章で取り上げたように，職業能力の向上に関わるものがあり，職業人の学習と日本の大学等の関わりに関する動向についても言及がみられる。

　例えば，岩崎（2022）は国際動向に関する先行研究を踏まえ，2000年代になると，知識こそが経済発展を左右する必須の資源とみなされるようになり，大学をはじめとする高等教育機関は経済成長を目的とする生産性向上に向けた成人の職業上のスキル・能力の向上を目的とする市場化された継続教育の場として期待されるようになったと述べている。また奥村（2019）は，教育振興基本計画部会の議事録の分析を通じて，社会人の学び直し政策の対象と目的を検討しているが，経済競争力が低いと考えられる人々も念頭においているものの，主としてエリート層正社員を対象とし，産業界と連携した職業的な能力の向上が目的となっていると述べている。

　一方で岩永（2022）は，現在は高等教育機関が中心的に関わるリカレント教育あるいは学び直しがテーマの第三の生涯学習ブームにあるとしているが，そこには大きく転換しつつある現代社会のあり方に加え，国立大学の法人化など新自由主義的な改革下にある高等教育側の事情や背景もあったことを指摘している。そうしたことから成人学習者に閉鎖的であった日本の高等教育側も次第に成人学習者に対して開放性を増すようになったと述べている。

　このような背景から職業能力の向上や地域の活性化を目的とした取り組みが

進められ，本書の事例も含めて，様々な事例の報告がなされている，その中で
ひとつの特徴として，子育て後の女性の再就職支援など，女子大学を中心に女
性の職業能力の向上に向けての取り組み事例の報告もみられる。本書の京都女
子大学の事例もそのひとつであるが，そこでは取り組みの分類も試みられてい
る。

近年の大学開放の特徴

　今世紀に入ってからの大学開放の特徴に関して考察している文献もみられて
いる。例えば，樋口（2017）は各種調査報告書の結果等から，ここ20年間の大
学開放の動向・特徴を考察し，公開講座が依然地域社会への最大の貢献取り組
みであるものの，地域課題解決型や学生の地域貢献活動の増加，さらには連携
協定の締結などにみられるように，大学開放は奉仕活動から貢献活動に，大学
はアドバイザーからパートナーへと変容してきており，また地域との連携や協
働により，大学の活性化につながる新たな取り組みが生まれる可能性が期待で
きると述べている。
　具体的な特徴として，エンゲージメント論に関わる研究もみられている。出
相（2012）はオーストラリアにおいて「オーストラリア大学－コミュニティ・
エンゲージメント連合（AUCEA）」が設立されるなど，「コミュニティ・サー
ビス」から「コミュニティ・エンゲージメント」への移行がみられていると指
摘している。そこではオーストラリア内における様々な「コミュニティ・エン
ゲージメント」の定義を踏まえ，影響やメリットは大学とコミュニティ双方に
あり，公正的志向性を持つといった特徴に加え，コミュニティ・エンゲージメ
ントが推進される背景についても示している。
　五島（2016a）は第二次世界大戦後，アメリカの大学は大学の恩恵を受けられ
ない人々に大学に集積された知を届ける「アウトリーチ」により，様々な社会
貢献活動を行ってきたが，今日の知識基盤社会ではよりよい解決に向けて大学
で生み出された「専門知」と地域社会での経験から生まれる「実践知」の相互
作用が必要であり，また「実践知」はキャンパス内での学びの質を変えるとと
もに，「専門知」に働きかけて研究活動に変革をもたらす可能性を持つなど，

大学と社会の双方向的・互恵的な関係を生む「エンゲージメント」に期待が向けられているとした。そして五島（2016b）では，アメリカのカーネギー高等教育審議会による大学分類の中の選択的分類として設定されたコミュニティ・エンゲージメント分類（CCEC）を紹介し，その中で日本の課題として，カリキュラム上の位置付け，学位取得に向けてどのような意味を持つのか十分な議論がなされていない点を挙げた。さらに CCEC の評価枠組みの構成などを整理し，意義と課題を明らかにした上で，地域連携に関わる専門職の位置付けや成果の共通指標の形成など，日本の大学が学ぶべき点についても言及した（五島 2018）。

　具体的な互恵関係を構築する手法として，学生が地域貢献活動に従事し，その経験を通じて学習するサービス・ラーニング（SL）などの地域連携学習がある。阿部（2008）は，地域貢献・交流の資源としての学生に対し，地域から大学が思っている以上に大きな期待が寄せられていると述べたが，前節で述べたように，サービス・ラーニングあるいはコミュニティ・ベースド・ラーニング（CBL）が近年推進されてきており，本書の龍谷大学の事例など，様々な事例が報告されている。

　こういった学生を大学の資源として社会貢献に活用する面を持つ，地域連携型の学習についての研究も進んでいる。中里ら（2015）は，高等教育段階の SL について，先行研究のレビューを行い，SL 推進の背景並びに学生，地域，大学それぞれにとってのポジティブ効果とネガティブ効果，さらには適切な振り返りや学術的知識との関連づけなど，効果の促進条件について整理している。

　中川・荻野（2020）も SL の一領域である CBL の先行研究レビューを行い，学問的なリンクや学生の姿勢・行動の変容，およびコストといった推進上の課題と大学の体制整備やコーディネーターの力量形成など，連携に取り組む上での課題をまとめている。

　五島（2018）も SL などの地域連携型学習プログラムについて，先行研究から専門的な学習との接続が曖昧でカリキュラム上の位置付けが不明瞭であり，コーディネーター等の雇用が不安定で専門職として位置付いていないなど，大学が組織として地域連携を推進する体制が整っているとは言い難いことや，評

価の対象が学生の学びと成長に関するものに偏っているなど，成果を体系的・複合的に評価する指標が形成されていないことを問題としてまとめている。

　大学開放に関する政策が進められ，新たな動向が生じているが，大学開放の発展段階論に従うと，日本の大学開放はどのように発展を遂げ，現在どのような位置にいるのかについての検討も試みられている。以前，小池（1990）はケアリーの大学開放の発展段階論を紹介したが，岡田（2014）はその論に基づき，「学部従属」段階，「自治」段階，「統合」段階，「融合」段階というケアリーの論を日本においても適応可能なものかを考察し，かなりの部分我が国の大学開放組織を検討する際に適用できそうであるとした。また同時に発展プロセスには，①教員個人が独自に大学開放の取り組みを行っている段階，②もともと存在する学部あるいは全学委員会の所掌事項として実施される段階，③大学開放のための学内共同教育研究施設として大学開放を目的とするセンターが設置される段階，④大学開放を担当する部局が人事権などの重要な決定権限を持ち，学部に準ずる組織として認知される段階，⑤大学開放を目的とする学部が設置される段階，⑥大学開放が複数部局の共通した目的となり，大学全体としてあるいは複数部局共同の取り組みとして大学開放事業が行われる段階，⑦大学開放を行うことを目的として大学が新設される段階があり，日本は②または③の段階にあるとした。

　さらに張（2018）は，小池（1990）と岡田（2014）の議論に基づき，戦後の大学開放におけるセンターの発展段階について，「学部従属」段階，「独立」段階，「統合」段階，「再検討」段階の四つに分けて，各段階をセンターの設立年代，学内での動向，学外に対する事業内容，地域での地位の四つの視点から整理している。「再検討」段階にある2010年代の特徴としては，地域に対する業務は学内で一体化され，センターは縮小に伴い，地位が揺れていることを挙げている。

大学開放の課題と今後の在り様

　大学開放の抱える課題と今後の在り様に関する研究もみられている。岡田（2017）は大学開放の意義や開放される資源，具体的な事業内容などについて

はおおむね合意形成されるに至ったとしているが，開放事業が十分な社会的インパクトを持ち，地域から当該大学への評価や連携プロジェクトが増加したり，あるいは大学開放事業の重要性の認知が向上したりといった成果には結びついていないと述べている。出相（2014）は大学開放の課題として，開放事業のコスト負担，大学と外部間の相互理解の欠如，より広範な教員の大学開放への参加促進，学内での非体系的な取り組み状況を挙げた。

　それ以外にも課題が挙げられており，そのひとつに評価の問題がある。例えば，岡田（2017）は，講座数や受講者数あるいはその満足度だけで事業評価され，外部からみた成果やインパクトについては実証されていないと述べている。前節でみたように，大学の認知度／イメージアップや教員・研究のPR，あるいは受講者の大学への親近感向上といった公開講座についての大学経営上の効果についての調査は行われているが，荻野・中川（2021）は先行研究レビューから，大学と地域のパートナーシップに関わる研究において，特に地域への影響に関する研究は非常に少なく，またCBLの評価方法についても確立された方法はなく，各大学で共有可能な評価方法を確立することが必要と指摘している。

　村田（2021）は，全国大学アンケート調査を行い，90％以上の大学において地域連携に課題があるとしているが，地域との連携に関する課題の視点からの研究もみられている。

　阿部（2008）は退会していた自治体も含め，全国生涯学習市町村協議会加盟の市町村と国立大学を中心とした大学を対象に調査を行い，課題として地域貢献への期待度・重要度について大学と自治体の間でずれがあり，例えば地域貢献・交流の資源としての学生への高い期待を大学自身が必ずしも把握していないことを指摘した。

　また地域住民自身が地域再生に向けて主体形成していくことへの貢献（村田2015），「地域・まちづくり」に主体的・能動的に参画する人材を地方自治体と連携・協働する中で育成する（益川ほか2016）といった目標についての言及はみられるものの，村田（2019）は地域がどうなることが大学の社会貢献なのかについての検証が必要であるとし，荻野・中川（2021）も大学の社会貢献とは

地域がどのようになることを目指すのかについて検討することが不十分と述べ
ているなど，目指すべき地域像の検討が不十分である点が問題視されている。

　学び直し，リカレント教育，リスキリングといった用語で主として表現され
る生産性の向上及び成長に向けた，直接的に役立つ大学開放の在り様について
の言及もみられている。岩崎（2022）は，生産性の向上及び成長に向けて直接
的に役立つ大学開放について，国際的に「社会的公正」モデルから「人的資
本」モデルに取って代わられているという中で教養主義的な生涯教育は隅にお
いやられ，対象もエリート層に偏ってしまってきていると憂慮している。その
一方で教養主義的公開講座や恵まれない層への社会的責任，あるいは積極的社
会参加に向けた実践など，大学が固有に維持すべき機能があることを強調して
いる。

　佐藤（2016）は，今日の大学のあり方に関する議論の主流は大学を市民社会
や市民から切り離し，市場主義の下で教育を「社会投資戦略」の手段として再
編しようとするものであり，大学は市民社会における「知」と「教養」の拠点
として，生涯学習等の実践を通じて自由で平等な市民および新たな市民社会の
形成という重要な役割の担い手であることが再確認されるべきであると述べて
いる。

　本田（2020）は，必要で有効な学び直しの機会を誰もが享受でき，その結果
が個人の職業や人生，さらには社会全体に活かされる状況が望ましいという認
識は広範に支持されているとしながらも，現在の学び直しには，人々を絶えざ
る自己変革に駆り立てる圧力が生じる，機会に格差や不平等がみられる，及び
学び直しの目的，内容，学習者が政府や企業の意図により，偏りや制約を受け
る恐れがあるといった否定的な側面もあるとしている。そしてこうした負の側
面を増幅させないために，大学・大学院での学び直しの促進に向けて，阻害へ
の対処や需要に応えるための自己変革など，制度的・政策的対処が不可欠とし
ている。

　不平等という視点では，加藤（2021）も学び直し意欲には社会階層の偏りが
ある可能性があり，そういった学び直しの階層格差ともいえる，政策視点での
欠損部分に目を向けないままでは現状よりもさらに強固な不平等拡大に向かう

恐れがあると述べ，警鐘を鳴らしている。

　大学開放の現状への疑問については，その他にも，政府の政策との関係に関わる視点からの言及もみられている。例えば，光本（2018）は，政府の要請と大学が負うべき社会的責任を同一視することは大学の役割を狭め，その思考力・実践力の発揮を妨げると述べている。大学は自律性を持ちながら学問に対する社会的要請を捉えるように努力していく必要があるとし，村田（2015）も大学の地域貢献は学問の批判的自由や大学の自治との関係において緊張関係をはらむものと述べているなど，現在の大学開放を含む高等教育政策による大学の自治・自律性の維持への懸念が表明されている。

　また大学開放の今後の在り様については，それを大学改革に結びつけていくことが課題ともされており，益川ら（2016）では地域の課題解決への取り組みは「研究」・「教育」機能の見直し・再構築にまでつながっていかざるをえないものとされており，出相（2014）も今後重視すべき点として，大学教育への国民の理解の促進と大学自体の活性化を挙げている。

今後に向けた研究課題

　このように直接的な社会貢献，学び直しといった新たな文脈の中で，今世紀においても，様々な視点からの大学開放に関わる研究がみられているが，残された研究課題として考えられるテーマを挙げてみると，第一に日本の大学開放の発展段階に関する検討がある。前述したように，ケアリーの大学開放の発展段階論に照らし合わせて，日本の発展段階を考察する試みも行われているが，地域の生涯学習機会の拠点や社会貢献機能も大学の個性として全学的に促進されていっている状況において，このモデルが現代日本にも適応可能なものか，特に大学開放に特化した学部の創設という段階は日本に該当するのかどうかも含めて，日本独自の発展過程に関する研究の深化が求められる。

　第二に評価の問題が挙げられる。前述したように，事業評価の枠組みが確立されておらず，特に地域側の成果については研究も進んでいない。学内で大学開放の意義の理解を高めたり，地域や社会の側からもその有用性を理解してもらったりするためには地域側の連携動機を踏まえた，尺度開発など評価の在り

様を検討していくことは不可欠である。それが成人の高等教育段階における学習が十分に評価されていないとこれまでたびたび指摘されてきた日本社会の現状を変えることにもつながる。

　また第三に地域連携をさらに進めていくために，地域との連携・協働の在り様についての検討も必要である。大学開放を通じてどういった地域を目指すのか，その地域像，目標が明確でないとの指摘がなされているが，地域のために高等教育はどのような貢献ができるのか，また荻野・中川（2021）が指摘しているように，地域内には権力関係も存在し，様々なアクターの多様な考え方もあり，連携は複雑な構造を呈している。それを踏まえつつ，大学と地域の連携の内実を把握していくことが望まれる。

　第四に大学開放を推進していくにあたっての学内体制の整備の問題もある。光本（2018）は学問の機会は一部の者だけが享受すべき特権であるという学問観，エリート主義的な大学観は今なお存在しており，大学開放の推進にあたっては学内の理解と協力をとりつけなければならないが，そのためには生涯学習の要求に応えることが各学問分野の課題であるという認識が教員の間で共有される必要があるとしている。また地域との連携にあたっては，村田（2019）が言うように，大学が地域社会に向き合うインターフェイス，コーディネーターが重要となるが，こうした専門職は，COC／COC＋事業の展開のなかで増加したものの雇用形態は多様であり，大学の高度専門職の議論にも含まれていないなど，不安定な立場を余儀なくされている（西川 2018）。その橋渡しの機能，およびコーディネーターの役割とその専門的な能力の開発の在り方も学内体制に含まれ，検討課題となる。

　また国立大学生涯学習系センターに関する研究についても，センターの廃止，縮小，改組という事態に直面し，その数は増えてきている。一方で，大学の個性化・多様化の政策促進の中で地域貢献を機能として選択した大学は，地域との連携は進めていくことになっており，地域課題に関する公開講座や地域活動リーダーの養成などに取り組むセンターが増えているとされている（馬場 2017）。しかし，全学的に地域貢献を進められている大学もある中で，大学そのものが生涯学習センターになっていく「大学生涯学習化」の時代（村田

2019）に進んでいくとしたら，生涯学習系センターの存在意義，役割は何かということが問われてくる。廃止，縮小，改組が進む中で，生涯学習系センターはこれまで連携の経験とノウハウを有しており（村田 2019），それをどう大学改革に活かしていくのかが鍵になろう。

注

(1)　文部科学省「平成29年度開かれた大学づくりに関する調査研究」2018年（https://www.mext.go.jp/a_menu/ikusei/chousa/1405977.htm ［2023.5.1］）。

(2)　文部科学省「開かれた大学づくりに関する調査」［調査対象年度：令和元年度］2022 年（https://www. mext. go. jp/a_menu/ikusei/chousa/1405977 _ 00001. htm ［2023.5.1］）。

(3)　文部科学省「平成27年度開かれた大学づくりに関する調査研究」2016年（https://www.mext.go.jp/a_menu/ikusei/chousa/1377544.htm ［2023.5.1］）。

(4)　文部科学省，2018年，前掲資料。

(5)　同上。

(6)　文部科学省「公開講座の実施が大学経営に及ぼす効果に関する調査研究」2011年（https://www. mext. go. jp/component/a_menu/education/detail/__icsFiles/ afieldfile/2012/02/27/1316423_2.pdf ［2023.5.1］）。

(7)　村田和子「大学と地域の連携に関する現状と課題：全国の大学アンケート調査報告」和歌山大学紀伊半島価値共創基幹 Kii-Plus『和歌山大学 Kii-Plus ジャーナル』1，2021年，37-41頁。

(8)　同上。

(9)　中央教育審議会答申「新たな未来を築くための大学教育の質的転換に向けて」2012年（https://www.mext.go.jp/component/b_menu/shingi/toushin/__icsFiles/afieldfile/2012/10/04/1325048_1.pdf ［2023.5.1］）。

(10)　文部科学省，2018年，前掲資料。

(11)　同上。

(12)　黒沼敦子「米国大学の地域連携学習（SLCE）を通した市民学習における専門職の役割と関与」『大学経営政策研究』12，2022年，33-49頁。

(13)　Class Central, A Decade of MOOCs: A Review of MOOC State and Trends in 2021, 2021（https://www.classcentral.com/report/moocs-stats-and-trends-2021/ ［2023.5.1］）。

(14)　JMOOC WEB サイト（https://www.jmooc.jp/institutions/ ［2023.5.1］）。

(15)　内閣府「生涯学習に関する世論調査」2022年（https://survey.gov-online.go.jp/

r04/r04-gakushu/index.html　[2023.5.1])。

⒃　日本経済団体連合会「大学等が実施するリカレント教育に関するアンケート調査」結果報告，2021 年（https://www.keidanren.or.jp/policy/2021/017.html?v=p　[2023.5.1])。

⒄　内閣府，前掲資料。

⒅　令和元年度「EBPM をはじめとした統計改革を推進するための調査研究」（社会人の学び直しの実態把握に関する調査研究）調査報告書，2019年（https://www.mext.go.jp/a_menu/ikusei/chousa/index.htm　[2023.5.1])。

⒆　日本経済団体連合会「大学等が実施するリカレント教育に関するアンケート調査」結果報告，2021年（https://www.keidanren.or.jp/policy/2021/017.pdf　[2023.5.1])。

⒇　内閣府，前掲資料。

(21)　文部科学省，2018年，前掲資料。

(22)　Carey, James T., *Forms and Forces in University Adult Education,* Center for the Study of Liberal Education for Adults, University of Michigan, 1961.

参考文献

阿部耕也「大学と地域連携の要因分析の試み――大学と地域との連携によるまちづくり調査から」『静岡大学生涯学習教育研究』10，2008年，3-20頁。

岩崎久美子「国際的動向から見る大学における成人への学習機会提供」『高等教育研究』25，2022年，109-130頁。

岩永雅也「成人の学習と高等教育」『高等教育研究』25，2022年，11-30頁。

岡田正彦「大学開放における組織の問題」出相泰裕編著『大学開放論――センター・オブ・コミュニティ（COC）としての大学』大学教育出版，2014年，177-184頁。

岡田正彦「大学開放推進戦略に関する考察――国立大学開放の効果的推進と社会的インパクトの向上を目指して」『日本生涯教育学会年報』38，2017年，59-69頁。

荻野亮吾・中川友理絵「大学と地域のパートナーシップの質と地域に与える影響の評価方法の検討――高等教育機関における地域と連携した学習に関するレビューから」『佐賀大学大学院学校教育学研究科紀要』5，2021年，117-135頁。

奥村旅人「「社会人の学び直し」に関する政策の現状と課題」『京都大学大学院教育学研究科紀要』65，2019年，247-259頁。

加藤潤「「学び直し」言説の誕生と変容――平等化言説から市場化言説への転換」『愛知大学教職課程研究年報』11，2021年，25-35頁。

小池源吾「大学開放」日本生涯教育学会編『生涯学習事典』東京書籍，1990年，154頁。

五島敦子「地域基盤社会に対応した大学開放」上杉孝實・香川正弘・河村能夫編著

『大学はコミュニティの知の拠点となれるか——少子化・人口減少時代の生涯学習』ミネルヴァ書房，2016a年，31-44頁。

五島敦子「コミュニティ・エンゲージメントの評価——カーネギー大学分類の選択的分類を手掛かりに」『UEJ ジャーナル』18，2016b年，1-8頁。

五島敦子「米国大学の地域連携に関する評価枠組——カーネギー・コミュニティ・エンゲージメント分類の意義を中心に」『大学経営政策研究』9，2018年，37-52頁。

佐藤隆三「福祉国家と大学開放」上杉孝實・香川正弘・河村能夫編著『大学はコミュニティの知の拠点となれるか——少子化・人口減少時代の生涯学習』ミネルヴァ書房，2016年，17-29頁。

菅原慶子「東京大学草創期における演説会と市民への学問発信」『高等教育研究』22，2019年，165-184頁。

田中征男『大学拡張運動の歴史的研究——明治大正期の「開かれた大学」の思想と実践』（野間教育研究所紀要第30集），講談社，1978年。

張テイテイ「大学の地域貢献の再検討——生涯学習系センターによるコミュニティ・エンパワメントの形成に着目して」『和歌山大学クロスカル教育機構生涯学習部門年報』16，2018年，33-61頁。

出相泰裕「オーストラリア高等教育におけるコミュニティ・エンゲイジメント」『教育実践研究』6，2012年，51-56頁。

出相泰裕「大学開放の意義と進展に向けての課題」出相泰裕編著『大学開放論——センター・オブ・コミュニティ（COC）としての大学』大学教育出版，2014年，225-231頁。

中川友理絵・荻野亮吾「日本の高等教育における地域と連携した学習——（Community-Based Learning）の研究動向」『日本地域政策研究』25，2020年，34-43頁。

中里陽子・吉村裕子・津曲隆「サービスラーニングの高等教育における位置づけとその教育効果を促進する条件について」『アドミニストレーション』22(1)，2015年，164-181頁。

西川一弘「コーディネーターの多様性とキャリアに関する一考察」『大学地域連携研究』5，2018年，51-57頁。

馬場祐次朗「国立大学生涯学習系センターのこれからの役割」『日本生涯教育学会年報』38，2017年，39-58頁。

樋口真己「大学開放の変遷についての考察——地域社会との関わりから」『人と言語と文化』8，2017年，26-47頁。

本田由紀「世界の変容の中での日本の学び直しの課題」『日本労働研究雑誌』721，2020年，63-74頁。

益川浩一・大宮康一・塚本明日香「地域再生と大学の役割——岐阜大学における大学
　　COC・COC+ 事業の推進と大学機能の再構築」『日本地域政策研究』17，2016年，
　　20-29頁。

光本滋「高等継続教育と大学改革——国立大学における生涯学習部門の動向を中心
　　に」『北海道大学大学院教育学研究院紀要』130，2018年，151-161頁。

村田和子「地方国立大学の「地域貢献型生涯学習体系」に関する研究」『和歌山大学
　　地域連携・生涯学習センター紀要』14，2015年，7-13頁。

村田和子「「地域づくり」と大学生涯学習」『日本の社会教育』63，2019年，66-79頁。

村田和子「大学と地域の連携に関する現状と課題——全国の大学アンケート調査報
　　告」『和歌山大学 Kii-Plus ジャーナル』1，2021年，37-41頁。

山本珠美「再論——大学公開講座の源流」『香川大学生涯学習教育研究センター研究
　　報告』23，2018年，83-110頁。

山本珠美『近代日本の大学拡張——「開かれた大学」への挑戦』学文社，2020年。

第3章

社会人学生の動向

出相泰裕

1　答申・提言

　大学等の高等教育機関が一定年齢の学生層だけでなく，広く国民一般を受け入れていくべきという考え方は1971年の中央教育審議会答申「今後における学校教育の総合的な拡充整備のための基本的施策について」などでも述べられているが，今世紀に入っても，例えば2005年の中央教育審議会「我が国の高等教育の将来像（答申）」において，同年齢の若年人口の過半数が高等教育を受けるというユニバーサル段階の高等教育がすでに実現しつつあり，今後は誰もが人生のいつの時期においても自らの選択により学ぶことのできる「ユニバーサル・アクセス」型の高等教育を実現することが重要な課題とされた。

　また2018年の中央教育審議会「2040年に向けた高等教育のグランドデザイン（答申）」においても，「今後，高等教育機関は，18歳で入学する日本人を主な対象として想定するという従来のモデルから脱却し，社会人や留学生を積極的に受け入れる体質転換を進める必要がある。」「人生100年時代を見据え，様々な年齢や経験を持つ学生が相互に刺激を与えながら切磋琢磨するキャンパスを実現するためには，高等教育機関には多様な年齢層の多様なニーズを持った学生に教育できる体制が必要となり，リカレント教育の重要性が増していくこととなる。」と述べられており，生涯にわたって学び続けていく必要性に加えて，多様な人材が学び合うことの意義の面からも社会人学生の受け入れを進めていくことが推奨されている。

46

2　入学者数の動向

　このように年齢にかかわらず，社会人にも開かれた高等教育の実現が提唱され，その考え方に沿って，第 1 章でもまとめられているように，長期履修学生制度や大学院における短期在学コースなど様々な施策が推進されてきた。施策には文科省のみならず，職業人の主体的な能力開発やキャリア形成を支援することを目的とした厚生労働省の教育訓練給付金制度などもあり，厚生労働大臣が給付の対象として指定している講座の中に大学等による短期のプログラムの他，大学院修士課程も含まれている。

　こういった政策，施策の結果，入学者数がどのように推移してきたかを見ると，まず学部への入学者数については，文部科学省の『学校基本調査』の高等教育機関版では，2014年度までは高校卒業後何年後に入学したのかについてのデータが記載されていたが，2015年度以降，入学年の 5 月 1 日時点の年齢に基づき，人数が記載されることとなった。

　今世紀に入ってから2014年度までを高校卒業後 4 年以上を経ての入学者数で見ると，図 3 - 1 にあるとおり減少傾向で，図にはないが1998年度の7751人がピークで，2014年度には4390人にまで減っている。2015年度以降では，2015年度に3999人であった25歳以上の学部入学者数はこれも同様に2022年度には2162人にまで減っている。

　大学院段階では2003年度に専門職学位課程ができ， 3 タイプの大学院課程を持つこととなったが，社会人学生と分類される入学者数を修士課程からみると[4]，2003年には8182人であったところ，増減を繰り返しながらも全体としては減少しており，2022年度は6833人となっている。博士後期課程についても増減はありつつも増加傾向を示していたが，2018年度の6368人をピークに入学者が減っており，2022年度は6001人となっている。ただ2003年度から始まった専門職学位課程についていえば，増減を繰り返しつつも，2015年度からは増加傾向にあり，2022年度は4600人となっている（図 3 - 2 ）。

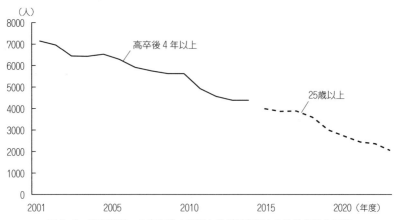

図3-1　学部段階への高卒後4年以上及び25歳以上の入学者数の変遷

出典：「学校基本調査」を基に筆者作成。

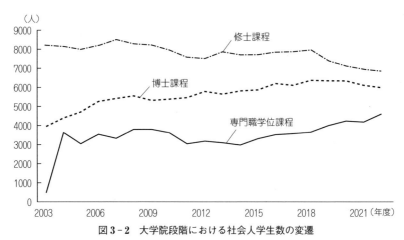

図3-2　大学院段階における社会人学生数の変遷

出典：「学校基本調査」を基に筆者作成。

3　研　究　動　向

　このように高等教育機関への社会人学生の受け入れの促進が唱えられ，様々な施策が導入されてきているが，社会人学生に関わる研究についても，教育段階別でいえば，専門職大学院を中心とした大学院段階，編入学を含めた学部段階，その他短期大学，医療系及び福祉系を中心とした専門学校を対象とした研究がみられている。分野別でも専門職大学院を含めた大学院段階でビジネス・経営系，学校教員や大学職員を対象とした教育系，看護系など様々な分野を対象に研究が進められている。

　また研究課題にも様々あり，ここでは研究課題ごとに研究動向をみていく。

進学プロセス研究

　近年みられている研究課題としては，ひとつに進学への動機づけや経緯を含めた進学プロセスに関わる研究がある。これは段階，対象は様々で，通信教育課程の学生を対象とした調査研究も行われている。調査方法は一部にアンケート調査もあるが，大多数がインタビュー調査を用いた研究となっている。考察にあたっての理論的枠組みには，クロスの「反応連鎖モデル」，ダーケンウォルドとメリアムの「参加の心理社会的相互作用モデル」，さらにはルベンソンの「期待－バレンス理論」やライフコース研究，ラザースフェルドの原因説明図式を用いたものなどがみられている。

　調査対象の視点から述べると，第一に専門職大学院に在籍するビジネスパーソン対象のものがある。出相はビジネススクールに在籍する職業人学生17名を対象にインタビュー調査を行っているが，クロスの「反応連鎖モデル」[5]やダーケンウォルドとメリアムの「参加の心理社会的相互作用モデル」[6]といった成人教育機会への参加モデルを援用しながら，進学への動機づけ及び受験の決断に至るプロセスを検討している。進学への動機づけプロセスについていえば，「学習歴に対する感情」や「学習活動による気づき」によって，教育への態度や自己評価といった教育機会参加への土台が強化されると同時に，「今後の

キャリアへ備える必要性の認識」や「自己向上の必要性の認識」によって学習ニーズが発生し，「院進学者など他者の影響」や「学習歴に対する感情」などによって，関心が大学院教育に向かい，進学志望が喚起・強化されたとしている（出相 2018）。そして，その志望が阻害要因にもかかわらず，どのように実際の受験への決断に至るのかというプロセスについては，「タイミング」や「成長志向性」などのカテゴリーが関与しており，受験に至るパターンとしては，特に阻害を感じることなく，「タイミング」などが契機となるパターン，進学動機が阻害を上回るパターン，阻害に直面しながらも「タイミング」などに後押しされたり，「主体的対応力」によって阻害を自主的に軽減したりするパターンがみられている（出相 2016a）。そういった進学への契機が生じたり，主体的に阻害を軽減したりするプロセスは，クロスなどの成人教育一般に関わるモデルでは包括されていない部分であるとされた。

　三好（2021）も社会人が進学にどのように動機づけられ，学びに向かっていくのかを研究課題として社会人向け専門職大学院の修了者16名を対象にインタビュー調査を行っている。「仕事環境の変化・停滞」のタイミングで「仕事人生の振り返り」を行い，それにより，課題が見つかり，学習動機が発生。そこへ情報や他者による「受験・入学への後押し」があり，入学へ進むというプロセスを示している。1校のビジネススクールに在籍する23名にインタビュー調査を実施し，ビジネススクール就学を介した職業的アイデンティティの変容とそのプロセスについて，複線径路等至成アプローチを用い，検討した豊田の研究の中においても（豊田 2015），プロセスの中でどのようにビジネススクール進学に至ったのかが示されている。進学者は「職業を通して自分を磨く」という信念を持っていたが，「仕事内容や働き方に不安を覚える」ようになり，その一方で「社内教育の機会は不十分」という環境にあった。そこから自ら学んで道を開くというキャリア自律を持つようになり，そこで「国内ビジネススクールの存在」を知り，変化の激しい時代に拠り所となる「普遍性の高い知識と思考」や「ビジネスの体系的な基礎教養」をビジネススクールで得たいと考えるようになった。その際，不安も覚えたが，今しかないと進学を決断している。

　第二に通信教育課程の社会人学部学生を対象とした研究がある。関らの研究

では，通信教育課程修了者を対象にインタビュー調査を行い，入学動機及びその動機を持つに至った背景，さらには入学を決意するまでの心理と入学を可能にした環境について，M-GTA 分析を用い，検討している。そこでは学びの遣り残し感や他者の影響などから成る「入学動機の背景」が潜在的遠因として存在し，そこに特定の学問への興味といった「入学動機」という顕在的近因が生じる。「入学前の心理」として悩み・葛藤の発生もあるが，阻害要因の排除といった「入学実現の条件」や「環境」の整備を行うことにより，入学に至るという流れが示された（関・向後 2011）。また田中・向後（2017）は関らの調査結果を踏まえ，質問項目を作成し，入学動機及び入学までの心理プロセスに関してアンケート調査を実施している。その結果，「自分の可能性」などの潜在的動機があり，一つひとつの学習環境が整った時に，「仕事への活用」「資格・学位の取得」といった顕在的動機が表出するとされている。田中らはコロナ禍の2021年にもオンライン大学に入学した134人を対象に入学動機の検討をしており，アンケート調査を通じた因子分析により，「学び直しと仕事への活用」「自分の可能性と学習環境」など四つの因子を抽出している。また進学にコロナ禍の影響があったとした者のみを対象に入学動機を問うた結果，将来的な危機感を伴う「将来の可能性」と，「時間的な余裕」の 2 因子を抽出している。その他，石川（2021）もオンライン大学である X 大学に入学した女性社会人学生16名を対象に入学目的などを検討するため，インタビュー調査を実施している。M-GTA を通じた分析により，「学ぶ目的」としては，「仕事・生活上の問題解決」「人生のステップアップ」「何かを学びたい」が挙げられており，「X オンライン大学は自分に合いそう」「タイミング」「X 大学のネームバリュー」が「入学の決め手」として挙げられた。

　第三にはキャリアチェンジを目的に進学した社会人を対象にした研究がある。出相（2011）は教職に就くことを目的に夜間課程 3 年次に編入学した社会人学生20名を対象にインタビュー調査を行い，動機づけ理論を取り入れたルベンソンの成人教育への参加規定モデルである「期待－バレンス理論」の視点から入学に至る構造について考察している。[7]そこでは「編入学の価値」などの進学に向けての推進要因，「入試制度」など阻害を軽減・抑制する要因，さらには

「他者の支援」など推進要因を強める要因が示されているが，編入学に向けては，期待が高くなくても，価値の強さで進学に至ったり，価値と期待双方が強くても阻害に直面し，「タイムリミット」や「後悔」など，その他の概念が関与したりするケースもみられ，モデルでは説明されていない面がみられると指摘された。滝沢（2020）では医療系専門学校に進学した大卒社会人10名を対象にインタビュー調査を実施し，進学決定過程について検討している。そして進学経緯に見られた共通の特徴として，「キャリア形成上の不安」や「進学先の職種との親和性の高さ」などを，また学び直しに必要な条件として，学び直しを経済的・精神的に支援してくれる家族の存在を挙げた。

　第四には女性を対象とした研究もみられている。稲垣（2009）では，当時の大阪女子大学に社会人入学をした女性の体験事例集の報告内容をラザースフェルドの原因説明図式にあてはめ，分析が行われている[8]。そこでは主婦役割からの解放欲求など「押しの要因」や学歴や資格の取得といった「引きの要因」があり，それが経済的見通しといった「引き金要因」，さらには社会人特別選抜制度が該当する「水路づけ要因」を通じて入学に至るとされた。また入学経緯としては，①生活変革型，②ワーク・キャリア志向型，③生涯学習型の３パターンを挙げている。白山（2016）では，大学院，学部通信教育課程，短期大学に入学した，それぞれ１名ずつのインタビュー調査データを中心に，彼女らの入学動機と背景について考察している。そして「自分探し/キャリア変更」などの進学動機と「家族の承認と支え」などの進学を実現するための要件を示している。高橋（2017）では，保育士や幼稚園教諭を養成する短期大学を卒業した40代〜50代前半の中年期女性を対象にアンケート調査を行い，回答のあった７名の自由記述を質的に分析している。ここでは，入学のきっかけと動機に関わるカテゴリーに焦点を当てているが，「資格の取得」「以前からの夢の実現」に加えて，子どもの成長に伴う「生活状況の変化」や，「学費免除，委託訓練制度の利用」が挙げられている。

　また看護職を対象としたスキルアップに向けての進学に関する研究も見られている。日沼（2007）は看護系大学に編入学した看護職10名へのインタビュー調査を行い，結果をライフコース・パラダイムの四つの要素に当てはめ，考察

している。そこでは看護教育の大学教育化や専門看護師の導入といった社会環境の変化である「編入挑戦者たちの時空間上の位置」，自立して生きるという家族からのメッセージや患者を通して感じる行き詰まりといった「編入挑戦者たちと結び合う人生」，前向きに生きる，理想の看護師像を目指すといった「人間行為力」に該当する「未来を創る―編入挑戦者たちの人生目標」，そして編入制度の改正及び大学に進学できなかったことへのリベンジを果たす，まさに年齢，発達段階上仕切り直しのタイミングにあったという「人生のタイミング（戦略的適応）」から編入学への道が開いたとしている。馬場・村中（2011）では，看護系大学院修士課程へ進学した社会人学生の特性と学習ニーズに焦点を当てているが，そこでは進学に至った経緯も触れられている。46校の169名を対象に自記式質問紙調査を実施したこの研究では，入学動機や専攻分野を選んだ理由，及び院での学習への期待に関わるカテゴリーも抽出されている。入学動機としては，「看護実践能力の向上」「看護研究の実践」や学位・資格の取得に関わる「キャリアの向上」といった学習ニーズに関連するものに加えて，既存の学習機会への不満といった「臨床看護継続の葛藤」や，「外的刺激」「両立の可能性」といったきっかけや後押しとなるカテゴリーも含まれていた。馬場らは，調査対象者は大学院での学習を看護職としての実務能力の開発や発達をもたらす継続教育のステップとして考えていると結論付けている。

　プロセスについては，プロセスを進学にどのように動機付けられたのか，進学を志望した際にどのような阻害・不安を感じるのか，そして阻害や不安にもかかわらず，どのように進学に進んでいくのかといった大きく三つのステージに分ける研究がみられる。また進学を具体的に考えるまでに抱えていた潜在的ニーズ，実際に具体的に進学を考えるようになった顕在的ニーズの発生という分け方もみられる。確かに同様の学習ニーズを抱える人間は多いと思われるが，そういった者誰もが進学を希望するわけではない。進学希望者と非希望者を分ける要因として元々抱えていた潜在的ニーズは重要な要因のひとつであると考えられる。

　これまでの先行研究からすると，具体的には，動機づけ段階の潜在的ニーズあるいは前提として，積年の懸案，夢の保持，学歴への不満，挫折経験やとに

かく何か学びたいという強い学習意欲などがあり，そこで特定の学問への興味，具体的な学習課題の発生，自己向上の必要性の認識，キャリア変更，資格の取得といった具体的な学習ニーズを持ったり，あるいは身近な他者の進学や社会人入学に関する情報の取得，さらには余暇時間の増大など環境の変化がきっかけとなったりして，進学を具体的に志望するようになっている。そして阻害を感じることなく，スムーズに進学に至るパターンもあるが，後述する様々な阻害要因に直面したとしても，主体的な阻害要因の排除・軽減，及び今しかないというタイミング，他者の支援，支援施策に関わる情報，後悔したくないという感情などが後押しとなって，進学に至っているというプロセスがみられる。具体的にどのような要因が関わるかは対象や課程などによって異なる。

進学の成果に関わる研究

研究課題として，社会人学生の学修成果に関する研究もみられる。ここでは特にビジネス・経営系などの大学院への進学による経済上の便益及びキャリア上の進展具合についてアンケート調査で問うたものに加え，修了者に院教育の満足度や自己の変容など，キャリアの向上に直接的に関わらない成果についてインタビュー調査で尋ねたものなどがみられる。

キャリアアップや所得増への影響については，社会科学系の大学院や専門職大学院の学生を対象に量的調査が行われているが，12の社会科学系大学院の社会人修了者559人を対象とした本田（2003）では，転職については院経験がかなり影響するが，昇進・異動については相対的に小さく評価され，収入増についてはさらに効果は限定的とされている。経営学系大学院修了生716名を対象にウェブアンケート調査を行った兵藤（2011）でも，院での学習が卒業後のキャリアに役立った者は，4割にとどまった。一方で平尾（2003a）や平尾ら（2010）の調査では，職場から就学援助を受けていたり，入学前の職務と修了後の職務の専門性が教育内容と一致したりしている場合は賃金が上がる傾向がみられるとされている。

続いて，直接的なキャリア展開以外の成果についてみると，ビジネス系の大学院教育の非経済的成果として，具体的に挙げられているものとしては，物事

に対する考え方，仕事に関する行動の仕方，自分自身に対する見方，仕事以外の生活での行動の仕方，周囲の人々の自分への対し方（本田 2003），論理的に言語化して提案する力，理論的な裏づけを持つ自信，ひらめきと類推力，やりとげる強い決意（豊田 2015）などがある。また前述の専門職大学院の修了者16名を対象とした三好の研究においても，スキルの習得や体系化といったスキル面，視野の拡がりなど幅広さといった面，チーム活動での振る舞いや同級生の発想や専門性からの学びといった他者との交流による面，及び自分への自信や充実感など精神面における学びがみられていた（三好 2021）。また専門職大学院の学生を就労未経験者である「固定モデル」と就労経験のある再学習者「流動モデル」に分けて，獲得される知識・能力に違いはあるかを検討した研究もみられており（吉田 2014），そこでは経営系，法科系，教職系の 3 領域において共通していることとして，「流動モデル」は「固定モデル」よりもおおむね大学院での学習による効果を認めることができ，とくに学習に熱心な者がより知識・能力を伸ばしているとされた。

　教職大学院における学校教員対象のものに関しても研究が進められており，木村・福本（2019）では，現職教員学生の意識変容に至ったプロセスを考察している。そこではプロセスの第一段階として省察の習慣がつき，過去の実践をメタ認知できるようになったことがあり，第二段階としては，マネジメントの学習を通じて，自分の視界の範囲内のみで起こることだけを考えていてはだめで，研究者の理論も活用しながらマネジメントを考えていく必要性に気づいたことがあった，そして第三段階として，自分が細工の一部であると認識し，システム全体を見通す力が重要であると気づくようになったことが挙げられた。吉水ら（2021）は教職大学院における学習成果・効果のあり様を検討しているが，その中で五つの教育委員会と修了生10名にインタビュー調査を行い，現職教員と学部卒の成果の把握を試みている。そこでは現職修了者については，教育委員会の中で期待した成果がみられたとする所が多く，修了生からも実践の裏付けが得られた，視野が拡がり，学校に対して別の見方ができるようになったなどの成果が報告されている。その反面，学部卒修了生については，教育委員会の評価は分散しており，修了生からも知識が増え，自信を持って修了でき

たとの声がある一方で，省察に必要な現場経験が不足しているとの指摘もなされた。柴崎（2018）は教育学研究科修士課程1年生48名を対象に，礼儀・マナー教育に関するワークショップ型授業の事前と事後に自由記述の質問紙調査を行い，礼儀や礼儀教育に関する意識の変容を検討しているが，そこでは教職経験者とストレートマスター（SM）の学び合いの視点も組み入れている。全体としては，授業の前後でマナーに関する記述の文字数と言及されたマナーの内容項目数は有意に増えており，またSM側にとっては，経験者との協働から現場の状況を知る，社会人としてのモデルと出会えるなどの点で，また経験者にとっては若手教員及び生徒に近い考え方と接し，考え方が柔軟になったなどの点で学びがあったと報告されている。

　その他，看護・福祉系の分野においての研究もみられており，看護系大学院の修士論文コース修了者8名を2組に分け，フォーカスグループインタビュー調査を実施した高田・夏原（2021）では，「自己課題の認識」や「物事を考え抜く力の基礎」など，コースにおける学びに関して五つのカテゴリーが，また「しっかりとたどるようになった解決に至る過程」「物事を考え抜く習慣の定着」など，臨床への活用に関しては六つのカテゴリーが抽出されている。これまで臨床の場では科学的根拠の利用は少なく，業務上の課題解決の手段として科学的根拠の利用を推奨することは看護の質を高める可能性があるとしている。介護福祉士養成課程の社会人学生21名を対象とした調査の自由記述の質的分析では（加藤 2017），人権意識の高まり，介護福祉への興味の高まり及びやりがいの向上，学習意欲の増大，自分への自信といった内面的変化が挙げられている。

　前述の短期大学の幼児教育学科を卒業した中年期女性を対象とした調査では（高橋 2017），異なる・苦手なタイプの人々と交流ができた，これまでの日常とは異なる自由な時間を体験できたことなどが有意義であったこととして挙げられていた。同様に，栄養士コースなどを持つ短期大学を社会人学生として卒業した5名を対象としたインタビュー調査では（北田 2016），異世代交流による視野の拡がり，若者とのコミュニケーションの改善，信頼できる友人の獲得，自分に自信がついたことが成果としてあった。その他，社会人入学制度を経て入学した学生4名を対象にした小向（2003）においても，大学進学によって得

られたもの，あるいは得られるであろうものについて書簡で回答を求めており，そこでは視野の拡がり，自信，物の見方，問題の捉え方，経験だけでは得られない知識などが挙げられている。

　このように先行研究からすると，入学者及び修了者の満足度は高く，様々な学び，成果が報告されている。その一方で，経済面やキャリアアップという直接的な便益は限定的であり，実際，出相 (2005) の大手企業 6 社の人事担当管理職を対象としたインタビュー調査では，社員の自主的な大学院での学修は評価しないとされ，その理由として処遇は実際の成果に基づいて行われること，成果と学修内容の関連の不明確さが挙げられていた。吉田 (2020) においても，概して企業は大学院の修了者を評価しておらず，MBA は企業内の育成システムには及ばない，社外で取得した資格に対しては職務遂行能力を認めないという結論が示されている。またそこでは企業は具体的にどのような効果があるのかわかっておらず，日常的に大学院の修了者と接する機会が少ないことから，大学院に関する情報が企業に届いていないとも指摘されている。

　企業以外の職場での評価に関する研究についてみても，70施設の看護管理者を対象とした流郷らの看護職の大学院進学に関する認識調査では (流郷ほか 2014)，大学院を修了した看護職へ期待するとした者は51.4％にとどまっており，院修了看護師の必要性でも必要とした者は38.6％となっていた。また国公私立大学の人事担当者を対象に大学職員の能力開発，自己啓発の場としての大学院教育についてどう捉えているかをアンケート調査した安田 (2015) においても，回答のあった272校において，大学院での学修を支援及び推奨している大学は少なく，在職中に学位を取得した職員は約 4 割いるというものの，その評価については多様であった。このように職場が大学院進学を必ずしも肯定的に評価していない状況があり，それが進学意欲の喚起を抑制する方向に働いていると考えられる。しかし一方で，企業の人事部長等を対象としたインタビュー調査では，就職後，企業内教育と実務を経験し，学歴を再取得した者についていえば，ストレートマスターほどネガティブな評価はされていないとされている (吉田 2020)。

社会人学生が直面する阻害要因

　成人の教育機会への参加に対する阻害要因については，クロスによる状況的，制度的，気質的の３分類や，ダーケンウォルドとメリアムによる情報的要因を加えるなどした４分類が参照されてきた。

　そういった中で高等教育進学に向けて，また修了に向けて，社会人が直面する阻害要因に焦点を当てた研究が進められている。まず進学に向けての阻害要因であるが，これについては調査研究においては三つのパターンがみられている。第一は進学を希望していない者に尋ねるもので，実質的に進学を希望しない理由を聞くものとなる。第二は，進学を希望する者に進学に向けての阻害要因を尋ねるもの，そして第三は進学した者に進学するにあたって阻害要因となったものを聞くもので，これは乗り越えられた阻害要因ということになる。

　調査対象別にみていくと，まず主として企業で働く職業人を対象とした調査がみられている。平日夜間に実施されている職業人向け講座の受講者を対象にアンケート調査を行った出相の研究では（出相 2009b），ダーケンウォルドらの成人教育「参加への阻害要因尺度」を参考に，調査項目を選定し，進学希望者181人を対象に大学院進学に向けての阻害要因を調査している。そこでは「週に３〜４日通学するのは困難」といった「職場の支援不足」因子が一番高得点となっており，「卒業するまで時間がかかりすぎる」といった「院支援不足」因子，「最後までやり通せるかどうか不安」といった「負担不安」因子が続いていた。また大卒者かどうかで，「学習への自信・態度」因子及び「負担不安」因子において有意な差がみられたり，既婚女性の間で「家庭」因子が高かったりなど，属性による認知度の相違もみられていた。インタビュー調査を用いた研究でみると，どのような阻害に直面し，それらをどのように乗り越え，入学に至ったかに焦点を当て，実際に入学した専門職大学院生に対するインタビュー調査を行った出相（2016a）においては，体力的に疲弊するのではないか，勉強時間が確保できないのではないかといった「仕事と学業の両立への不安」が比較的強い要因として挙げられていた。

　教員へのキャリアチェンジを希望する社会人編入学生を対象にインタビュー調査を用いた研究も行われており（出相 2011），そこでは対象者は離職して入

学してきているため，時間的な要因についての言及は少なく，その代わりに経済的な不安や，自分にできるだろうかといった不安，さらには人生転換への不安が強くみられていた。

　また高齢者を中心とした市民大学受講者を対象にした調査も実施されており（出相 2009a），ここでは進学希望者と非希望者双方に，「社会人が大学に入学しない理由として様々な理由が挙げられていますが，以下の項目はあなたにとってどの程度阻害要因となっていますか」と問うている。その結果，進学希望者の間では阻害要因として，「授業料が高い」「どこの大学でどんな内容の教育をしているのかわからない」「週に 4 ～ 5 日通学するのは困難」といった項目で平均値が高くなっており，非希望者との比較でいえば，「どこの大学でどんな内容の教育をしているのかわからない」「入学後の社会人学生に対して大学側の支援が不十分」といった，クロスの言うところの，教育機関側の問題である「制度的要因」において平均値が有意に高かった。ただ概して非希望者の平均値の方が高くなっており，特に「大学に入学するエネルギーはない」「もう試験は受けたくない」といった気質的要因に関わる項目や「学士号（大卒資格）や修士号などの学位は必要ない」「他にもっとやりたいことがある」といった大学外の機会への関心といった項目において，有意に高かった。

　その他，東京大学調査の結果の二次分析を行い，[12] 大学職員を対象に大学院進学の意向と障害感の関係を検討した中元（2019）では大学院入学仮定時の障害は大学院利用意向とは関連しておらず，例えば，就業時間が短いから，勤務時間を障害ではないと思うわけでもなく，逆に就業時間が長いから勤務時間を障害であるとより強く思うわけでもないとしている。

　阻害要因については入学後の学修の継続へのそれに関する研究もみられており，中村（2018）では先行研究レビューを行い，学業継続に影響する阻害要因に関わる部分を抽出し，それを「状況」「制度」「個人差」「非柔軟性」「固定観念」「忌避感情」の 7 カテゴリーに分類している。また中村らは通信教育課程在籍中の社会人学生を対象とし，セルフ・ハンディキャッピング尺度の開発を試みており，そこでは自身の学修の妨げとして「時間不足」「老化」「能力不足」「体調不良」といった因子を抽出している（中村・向後 2019）。ビジネスス

クール就学から修了後に至る期間の職業的アイデンティティの変容プロセスを考察した，前述の豊田の研究（2015）の中でも学修上の阻害について言及されており，残業，出張，転勤に加えて，家庭の事情，さらには異動で来た上司による退学奨励が阻害要因としてみられた。その他，短期大学を卒業した社会人学生経験者5名を対象にインタビュー調査を行った北田の調査では（北田2016），やっていけるかといった不安に加えて，理系教科への苦手意識，私語が多い，いじめといった伝統的学生の幼さ及び社会人学生への冷ややかな視線が挙げられていた。また石川（2021）のオンライン大学に在籍する女性社会人の周りとの関係性の変化を検討した研究では，修学中のみならず，入学前の段階も含まれていると考えられるが，「女性に学歴は不要」「女性は子どもを優先させるべき」といった「女性の学びを取り巻く性役割観」や「大人の学びは道楽」あるいは「仕事優先だぞ」「この歳になって？」といった「学び直しを取り巻く価値観」や「周りの人からの無理解・非協力の声かけ」が阻害要因となっていた。

　阻害要因について，進学に向けての阻害要因と修了に向けての阻害要因をみてきたが，先行研究をみると，阻害要因は属性や進学目的によって変わってくることがわかるが，同時に阻害は各人の認知の問題でもあることから，同じ状況にあっても，中元の研究にもあるように，各人で阻害の認知度は異なってくる。それは各人の持つ特性・行為力，及び進学・修了の優先順位の高さ・動機の強さなどが影響すると考えられる。

社会人学生の特性

　社会人学生の特性については，社会人学生と若年学生の相違に焦点を当てた研究がみられており，学習動機を中心にどのような要因が生涯学習参加の2側面である「積極的関与」と「継続意志」をどのように促進するのかについて検討した浅野（2002）では，その中で放送大学の学生を対象に年齢別，性別間の相違を分析している。その結果，「勉強は好きである」などの項目を含む「積極的関与」では24歳以下の層が35歳以上よりも，また25〜34歳層が55歳以上よりも統計上有意に平均値が低くなっている。「常に学びたい気持ちがある」な

どから成る「継続意志」においても，34歳以下が45歳以上よりも有意に低く
なっているなど，年齢が上になるほど，学習に対していっそう肯定的な態度を
示していた。また放送大学の24歳以上の社会人全科履修生と，文教大学の教職
課程を履修している学部生および専攻科に所属する学生の比較を通じて，社会
人学生の学習態度を考察した郡谷（2007）では，社会人学生の方が一般大学生
よりも学習イメージが肯定的で，学習への積極性においても有意に高かった。
また意識的に連想的に記憶したり，準備を行ったりと学習方略においても，社
会人学生の方が工夫をしていた。また原（2015）も看護専門学校における社会
人学生と伝統的学生の学習意欲の差異の検討を行っているが，社会人学生の方
が「卒後の職業が決まっている」という点で得点が有意に高くなっており，卒
業後のキャリアは社会人学生の方が明確であった。また「地道な勉強を積み重
ねる」といった学習に必要な資質や「予習してから講義に臨んでいる」「不明
点は教員に直接質問する」といった学習活動に関わる項目においても，社会人
学生の方が多くで有意に高くなっており，社会人学生の方が能動的に学習に取
り組んでいた。

　ノールズのアンドラゴジー論で指摘されている特性を実際に社会人学生が
持っているのかを検証する研究も行われている。江頭・堀（2008）はアンドラ
ゴジーの五つの仮説をもとに調査項目を作成し，看護専門学校の学生を大卒学
生及び社会人経験のある成人学生と，高校卒業後ストレートに入学してきた一
般学生に分け，両グループを比較した。その結果，アンドラゴジー論に基づく
仮説は支持されず，成人学生と一般学生の間で顕著な意識の差はみられなかっ
た。同様に専門学校生を対象にした風穴（2014）の調査においても，就労経験
者と未経験の学生の間で自己決定性に関わる項目において有意な差はみられず，
どちらのグループにおいても平均値は低く，成人学生の自己決定性は顕在化し
ていないとされた。ただ教職大学院における学修の成果を検証した，前述の吉
水らの研究では，現職修了生には実践を振り返ったり，実践の裏付けを得たり
など，自身の実践・経験を学習資源とする学習がみられていた一方，学部卒の
学生は省察する現場経験がそもそも不足しており，知識の獲得が学習の中心に
なっており（吉水ほか 2021），経験を学習資源とするというアンドラゴジー論

の一要素はこの研究では当てはまっていた。

　また正規の社会人学生と非正規の社会人学習者の相違に焦点を当てた研究も
みられている。小池らは大学院で学ぶ社会人学生と公開講座受講者の学習スタ
イルの比較を行っているが，学習目標，内容，方法，ペースという点では社会
人学生が学習者主導的で，公開講座受講者は教師中心であったが，評価の面で
は逆に社会人が教師主導的である一方，公開講座受講者の中では学習者中心が
多くみられた（小池ほか 2002）。

　その他，社会人学生と教員の認識の乖離に焦点を当てた研究も進められてい
る。小池・佐々木（2004）は社会人学生と教員双方に調査を行い，社会人学生
の認識とそれへの教員の理解度を検討している。そこでは社会人学生の学習目
的に関しては，教員の回答にはずれがあり，また教員は社会人学生が抱えてい
る学習上の心理社会的阻害についての理解は低くなっている。さらに教員は社
会人学生の自己主導性に一定の理解をしながらも，教員主導的な教育を実施し
ているなど，教員の学習支援上の力量は低いわけではないが，十全な状態では
ないと指摘されている。看護専門学校の社会人学生とその指導経験を持つ教員
を対象としたインタビュー調査研究（三木ほか 2014），及びアンケート調査研
究もみられており（三木ほか 2015），そこでも社会人学生の実態と教員の認識
間には様々な乖離がみられている。また社会人経験についても社会人学生はプ
ラスになると考えているが，教員はマイナスにもなりうると思っていることが
示されている。

　このように社会人学生といっても年齢という点だけでみても幅があり，実際
20代の社会人学生と40, 50代の社会人学生の間でも相違がみられているなど，
社会人学生の特性についてはさらなる検討が必要であるが，これまでのところ
社会人学生と伝統的学生の間では相違のみられない部分と異なっている部分が
みられている。また教員との関係では教員の社会人学生への理解が十分ではな
いことや，社会人の経験を教員が必ずしも肯定的に捉えているとは限らないこ
となどが指摘されている。

社会人学生が増えない理由

どうして日本の高等教育において，社会人学生が増えないのかについての言及もなされている。これについては中央教育審議会も指摘しており，これまで昼夜開講制や長期履修生，遠隔授業の制度化等により，大学等における社会人学生の受け入れは推進されてきたが，その受け入れ水準は低調で，その背景として，学習目的にあった教育プログラムの不在，職業との両立・時間の確保の問題，学修の成果に対する企業等の評価の問題といった点を挙げている。また岸田内閣の教育未来創造会議も「我が国においては，時間，費用等の制約から学び直しに二の足を踏む傾向が見られ，社会人の大学・大学院入学者割合は諸外国に比べて低くなっている」と指摘している。

研究者等の見解についていえば，本間（2016）は仕事は職場で仕事をしていくことを通じて学ぶものという強固な考え方があることや大学に通いたいという要望は職場では我儘と受け取られたり，転職は腰の据わらない者と否定的に思われたりするといった職場の文化・慣習を要因として挙げている。

金子（2021）は原因として，第一に日本の雇用慣行を挙げており，新卒一括採用・終身雇用や長時間労働に加えて，職場で働きながらインフォーマルな教育を受け，必要な知識・技能を習得する手法が取られていることから，職場で要求される知識・技能を必要に応じて，学校での再学習によって補うというメカニズムは働きようがないことを指摘している。また第二に従業員の長時間労働，及び従業員の時間管理に管理者が影響力を持ち，従業員の時間の使い方に自由度がないことも挙げている。また大学側も教育課程は学問領域での知識体系をもとに作られており，そういった原則に立つ限り，職場での具体的な要求と大学での教育課程を結び付けることは可能ではないとも述べている。

矢野（2011）も新規学卒採用や企業内教育による内部人材育成システムといった日本的雇用システムについて言及しているが，加えて「日本的大衆大学」の特質のひとつに大学入学者の18歳主義を挙げており，また成人年齢になると若年学生とは異なり，成人は学費を自己負担することになるが，その学費は自己負担するにはあまりに高額すぎることも理由としている。

また吉田（2018）は，これまでの進学者は職業的な地位の向上というよりも

学習そのものが目的で進学している者が多いが，そういった内発的な動機に支えられた学習を継続できる者は実際には多くなく，それが社会人学生が増加しない理由としている。

　まとめると，第一にはメンバーシップ型と言われる新規学卒者採用，企業内教育による内部人材育成，及び長期雇用，年功序列といった日本的雇用システムを含めた職場の文化・慣習が原因として挙げられている。第二には企業側の高等教育，特に大学院教育についての理解が不十分で評価されておらず，そのため現状は内発的な動機づけのみで進学している者が多数で，そういった者は元々限られているということ，そして第三には気軽に入学できるような額の学費ではなく，長時間労働の日本の労働者にとっては金銭的，時間的に阻害が大きくなっていること，第四に長年にわたり伝統的学生の受け入れを進めてきた大学は成人のニーズに合った課程を提供できていないこと，そして第五に日本社会の持つ年齢主義，年齢に関わる規範意識により，大学は18歳で入学するものという認識を人々が持っていることが挙げられる。これらは1980年の『日本の生涯教育』の中で指摘されたことと類似しており[16]，日本社会は指摘にもかかわらず，40年以上にわたって同様の課題を抱えているといえる。

受け入れる意義並びに今後の在り様

　大学等による社会人学生の受け入れの今後については，変わらぬメンバーシップ型社会においては，リカレント教育の立ち位置は当分変わりそうもないというように，長年にわたり，雇用慣行は変わっていくと言われながらも，その変容は遅々としているなかでは，職業人の進学が増加に転じることは考えにくいという意見もみられている（濱口 2021）。

　しかし，一方で社会の動向からすると，今後は増えていくであろうとの指摘もなされている。例えば，本間（2016）はその理由として，新たな知識や技能を身につけなければならない社会状況，18歳人口の減少，日本型の雇用システムは近いうちに揺らぐであろうことを挙げている。金子も構造に変化はありうるとの見方を示している。その背景として，必要とされる知識・技能は従来の職場の OJT あるいは企業内教育で習得することは難しくなっていることや，

第 2 のキャリアをどのように計画するかが問題になってきていることを挙げている。また大学の持つ組織としての能力を異なる形で発揮する必要性は社会の側からだけでなく，大学の側からも認識されるようになってきていると指摘している（金子 2021）。

　このように雇用環境や日本の雇用システムの変容といった雇用面からの言及がみられる。

　その他，大学等が社会人学生を受け入れる意義について言えば，格差社会是正の視点がある。矢野ら（2016）は高度専門職のための院レベルの教育を社外に準備しないと働く者の雇用格差がますます大きくなると述べており，若者のための大学教育と学び直しが一体になった高等教育政策が不平等の是正政策となるといった意見もみられている。

　また出相（2009c）も制御能力を超えたものと個人の責任の区分をどう捉えるかは容易な問題ではないとしながら，競争をするのであれば，できるだけ公平な状況にしていき，自己責任を問うのであれば，責任を担いうる個人の形成に向けた教育機会を生涯にわたって保障しなければならないと述べている。

　その他，大学教育の活性化という点で社会人学生の存在は寄与できるという言及もなされている（秋山 2018）。また出相（2008）は1970年代のアメリカのカーネギー高等教育審議会の提言を取り上げ，どのような理由から大学等が成人の入学を促進する提言を行ったのかを分析しているが，多様な年齢で占められる学生層が伝統的学生に発達上肯定的な影響を与えるであろうこと，セカンドチャンスとしての開かれた高等教育機会による格差是正など，その理由の中には今日意義が高まっているものも多いとしている。

　現代社会における大学教育の重要性の高まりから，今後は人生において 3 回大学に入るのが望ましいという意見もみられている（吉見 2020）。1 回目は18歳から20歳前後の伝統的な入学時期，2 回目は大学を出て働いて，自分の将来像を持てるようになり，その職種にとどまり続けるのか，それともキャリアチェンジをするのかを判断する大卒10年程度の30代，そして第 3 回はこれまでの役割を終える50代後半から60代前半の定年退職前で，その後の未来を再構築する時期に大学は戻る存在となるという考え方である。

　そこでどのように社会人学生を増やしていくかであるが，その点については，社会人が生涯教育に参加できるように私的負担を減らすべきという意見や（矢野ほか 2016），産業，地域，教育機関が一体となって人材を育成・活用する社会協働型システムに移行し，高等教育機関で優秀な成績を獲得した人材こそが産業界の待望する人材という図式を作り上げれば，個人の学習意欲も高まり，大学等で学ぶ社会人も増えるといった意見がみられている（豊田 2016）。その他，他の学習機会との接続や，対話・振り返りを伴う多方向性の授業や修了生を活用した学習内容の継続的なブラッシュアップといった教育内容の改善などについての言及もみられている（乾 2019）。また企業からの評価の低さが進学への阻害要因となっていると言われているが，吉田（2010）も指摘している通り，今日の入学者の中には評価は最初から期待せず，自己の向上に向けて内発的な動機で進学している者も多い。彼らの中には比較的時間的ゆとりのある部署に異動したり，自分で時間を自由に管理できる立場についたりしたことから進学したといったケースもあることから（出相 2016a），せめて定時に帰宅できることが普通の社会になれば，あるいは社員が自律的になり，自身の労働時間を自分で管理できるようになれば，第一段階として内発的な動機で進学を希望している者の進学は促進される。

　第二段階として，進学希望の裾野を広げるために，教育未来創造会議が述べているように，[17] 企業等の高等教育段階における学び直しの評価が不安感を招かないようにしていくことが重要な課題のひとつとなる。

4　残された研究課題

　社会人として大学等に入学するプロセスについては一定の研究の蓄積がみられ，職業人，女性などがどういった経緯で進学に動機づけられ，どのように実際に進学を決意するのかは明らかになってきている。しかし，動機づけられる環境は多くの人々に該当するものであっても，誰もが進学を希望するわけではなく，ある人々は進学を考え，他の人々は考えないという状況になっている。そこでどういった特性を持った人が進学を考えるようになるのかといった進学

する者の特性がひとつの研究課題として考えられる。

　諸外国の動向については，本書では取り上げているが，実際にはこの点の研究は今世紀に入って歩みは遅々としている。学会誌では管見によるところ，五島（2014）のアメリカ，出相（2017）のオーストラリア，金（2017）の韓国などがみられるにとどまっている。特に社会の様相が歴史的に高等教育にどのように影響し，社会人学生の受け入れという点で各国はそれぞれどのように自らの特徴を持つに至ったのかという点については，海外においては五島（2014）のアメリカの事例にとどまっている。また日本についても本章でも紹介したように雇用面を中心に指摘がなされているが，歴史研究についていえば，明治時代に焦点を当てた出相（2016b）がみられる程度で今後の研究が待たれる。

　また日本の高等教育は社会人学生が少ないことがその特徴となっており，特に大学院段階についていえば，若年期に進学する者も多くなく，社会人でも同様という状況で大学院の修了者そのものが比較的少ないことになるが，そういった特性が変動著しい，また知識基盤社会化している今日の日本社会にどのような影響を与えているのか，特に経済競争力，民主主義社会の成熟度，精神的・文化的な豊かさの視点などから関心を払うべきであろう。

注
(1)　中央教育審議会「今後における学校教育の総合的な拡充整備のための基本的施策について（答申）」1971年（https://warp.ndl.go.jp/info:ndljp/pid/11293659/www.mext.go.jp/b_menu/shingi/old_chukyo/old_chukyo_index/toushin/1309492.htm［2023.5.1］）。

(2)　中央教育審議会「我が国の高等教育の将来像（答申）」2005年（https://www.mext.go.jp/b_menu/shingi/chukyo/chukyo0/toushin/05013101.htm　［2023.5.1］）。

(3)　中央教育審議会「2040年に向けた高等教育のグランドデザイン（答申）」2018年（https://www.mext.go.jp/b_menu/shingi/chukyo/chukyo0/toushin/1411360.htm［2023.5.1］）。

(4)　「学校基本調査」では，「社会人」とは，5月1日現在，①職に就いている者（給料，賃金，報酬，その他の経常的な収入を得る仕事に現に就いている者），②給料，賃金，報酬，その他の経常的な収入を得る仕事から既に退職した者，③主婦・主夫の数，とされている。

⑸　Cross, K. P., *Adults as Learners: Increasing Participation and Facilitating Learning*, Jossey-Bass Publishers, 1981. pp.124-131.

⑹　Darkenwald, G. G. & Merriam, S. B., *Adult Education: Foundations of Practice*, Harper & Row, 1982, pp.141-150.

⑺　Rubenson, K., *Participation in Recurrent Education: A Research Review*, OECD, 1983, pp.30-39.

⑻　E・カッツ／P・F・ラザースフェルド，竹内郁郎訳『パーソナル・インフルエンス──オピニオン・リーダーと人びとの意思決定』培風館，1965年，190-192頁。

⑼　G・H・エルダー／J・Z・ジール編著，正岡寛司・藤見純子訳『ライフコース研究の方法──質的ならびに量的アプローチ』明石書店，2003年，43-52頁。

⑽　Cross., op. cit.

⑾　Darkenwald and Merriam, op. cit.

⑿　東京大学大学院教育学研究科大学経営・政策研究センター（2010）「大学事務組織の現状と将来──全国大学事務職員調査」中元はこの報告書を大学院進学に関する意識も含め，大学職員を対象とした調査として最も大規模な調査（1万7645名に依頼し5909名が回答）と紹介している。

⒀　M・ノールズ，堀薫夫・三輪建二監訳（2012）『成人教育の現代的実践──ペダゴジーからアンドラゴジーへ』鳳書房。

⒁　中央教育審議会「個人の能力と可能性を開花させ，全員参加による課題解決社会を実現するための教育の多様化と質保証の在り方について（答申）」2016年，11頁（https://www.mext.go.jp/b_menu/shingi/chukyo/chukyo0/toushin/__icsFiles/afieldfile/2016/10/24/1371833_1_1_1.pdf　〔2023.5.1〕）。

⒂　教育未来創造会議「我が国の未来をけん引する大学等と社会の在り方について（第一次提言）」2022年，7頁（https://www.cas.go.jp/jp/seisaku/kyouikumirai/pdf/honbun.pdf　〔2023.5.1〕）。

⒃　市川昭午「生涯教育構想の課題」NIRA 生涯教育研究委員会編『日本の生涯教育──その可能性を求めて』総合研究開発機構，1980年，213-226頁。

⒄　教育未来創造会議，前掲提言，29頁。

先行研究一覧

秋山弘子「人生100年時代の大学」『IDE 現代の高等教育』604，2018年，15-20頁。

浅野志津子「学習動機が生涯学習参加に及ぼす影響とその過程──放送大学学生と一般大学学生を対象とした調査から」『教育心理学研究』50，2002年，141-151頁。

石川奈保子「オンライン大学で学ぶ女性社会人学生の卒業後の展望と学びに対する周りの人の協力」『日本教育工学会研究報告集』21(4)，2021年，158-165頁。

稲垣恵つ子「社会人学生のキャリア形成過程——社会人学生体験事例集から」『奈良女子大学社会学論集』16，2009年，95-110頁。

乾喜一郎「大学・大学院での社会人学習者を，いつまでもマイノリティにしないために」『大学マネジメント』15(3)，2019年，18-24頁。

江頭典江・堀薫夫「看護学生の学習への意識に関する研究調査——成人学生と一般学生の対比」『大阪教育大学紀要　第Ⅳ部門　教育科学』56(2)，2008年，159-173頁。

風穴香織「社会人学生の看護師志望動機と看護学校で学ぶことへの期待——一般学生との比較を通して」『看護教育研究集録』40，2014年，9-16頁。

加藤英池子「離職者訓練としての介護福祉士養成教育を受ける社会人学生の意識変容」『浦和論叢』56，2017年，67-82頁。

金子元久「リカレント教育の新局面」『IDE 現代の高等教育』630，2021年，4-11頁。

北田和美「社会人学生の成長と学び」『大阪女子短期大学紀要』41，2016年，80-84頁。

木村嘉延・福本みちよ「教職大学院における現職教員の意識変容に関する実証的研究——学校組織マネジメントに関する学びをとおして」『東京学芸大学紀要．総合教育科学系』70(2)，2019年，111-120頁。

金美姫「韓国における高等教育改革下の大学開放」『比較教育学研究』55，2017年，111-133頁。

小池源吾・志々田まなみ・佐々木保孝「大学における成人学生の学習スタイル——公開講座受講生と社会人学生を中心に」『広島大学大学院教育学研究科紀要　第三部　教育人間科学関連領域』51，2003年，1-10頁。

小池源吾・佐々木保孝「大学における社会人学生の受容と学習支援」『大学教育学会誌』26(1)，2004年，74-81頁。

郡谷寿英「社会人学生の学習態度に関する研究——顕在性および潜在性レベルでの測定」『教育研究所紀要』16，2007年，121-134頁。

五島敦子「第二次大戦後アメリカの大学における成人学生の受容過程」『社会教育学研究』50(1)，2014年，31-39頁。

小向敦子「大学の危機時代における現代的課題——社会人学生に対するケーススタディ分析を通じて」『国際文化研究所紀要』9，2003年，59-102頁。

柴崎直人「教職大学院における「礼儀」の要素を取り入れた「生徒指導」の授業の効果——ストレートマスターと現職教員の学び合い活動を通して」『岐阜大学教職大学院紀要』1，2018年，83-92頁。

白山真澄「社会人学生の進学の動機とリカレントな学びの諸相——保育士・教員養成課程の場合」『東海学院大学短期大学部紀要』42，2016年，21-30頁。

関和子・向後千春「e ラーニング主体の大学に入学する社会人の潜在的動機に関する分析」『日本教育工学会研究報告集』5，2011年，9-16頁。

関和子・冨永敦子・向後千春「オンライン大学を卒業した社会人学生の回顧と展望に関する調査」『日本教育工学会論文誌』38(2)，2014年，101-112頁。

高橋美枝「中年期女性における社会人学生生活の意味について」『小池学園研究紀要』15，2017年，23-28頁。

滝沢哲也「医療系専門学校に進学する大学等卒業者社会人の実態——専門学校におけるリカレント教育に関する研究」『産業教育学研究』50(1)，2020年，11-18頁。

高田由美・夏原和美「看護職として実務経験のある社会人学生が振り返る大学院での学びと臨床での活用状況」『日本看護科学会誌』41，2021年，166-174頁。

田中理恵子・向後千春「オンライン大学の社会人学生はどのような動機で入学するのか」『日本教育工学会研究報告集』17(1)，2017年，443-450頁。

田中理恵子・向後千春「コロナ禍におけるオンライン大学に入学した社会人の入学動機」『日本教育工学会研究報告集』21(4)，2021年，120-127頁。

出相泰裕「職業人向け大学院における従業員の学修に対する企業の対応」『大阪教育大学紀要 第Ⅳ部門 教育科学』54(1)，2005年，145-158頁。

出相泰裕「成人の大学等への入学が持つ意義に関する一考察——カーネギー高等教育審議会の見解から」『大阪教育大学紀要 第Ⅳ部門 教育科学』56(2)，2008年，93-103頁。

出相泰裕「市民大学受講者の大学への入学志願に対する阻害要因——大阪府内における受講者調査から」『大阪教育大学紀要 第Ⅳ部門 教育科学』57(2)，2009a年，123-135頁。

出相泰裕「職業人向け大学院への入学志願に対する阻害要因——インテリジェントアレー撰壇塾受講者調査から」『日本学習社会学会年報』5，2009b年，114-120頁。

出相泰裕「大学が成人の生涯学習に関わることの意義に関する一考察——教育機会均等の視点から」『教育実践研究』3，2009c年，9-14頁。

出相泰裕「社会人の教員養成課程3年次編入学に向けての決断過程——O大学における調査から」『日本学習社会学会年報』7，2011年，45-54頁。

出相泰裕「職業人の大学院進学に向けての決断過程——K大学専門職大学院ビジネススクール在学生へのインタビュー調査から」『高等教育研究』19，2016a年，145-163頁。

出相泰裕「明治期の高等教育における成人学生在籍の背景」『社会教育学研究』52(1)，2016b年，1-10頁。

出相泰裕「オーストラリア高等教育における成人学生——近年の動向」『日本生涯教育学会年報』38，2017年，187-199頁。

出相泰裕「職業人の大学院進学に向けての動機づけに関する考察——専門職大学院ビジネススクール在学生へのインタビュー調査から——」『日本生涯教育学会年報』

39, 2018年, 233-249頁。

豊田香「専門職大学院ビジネススクール修了生による生涯学習型職業的アイデンティティの形成」『発達心理学研究』26(4), 2015年, 344-357頁。

豊田義博「大学・大学院で学ぶ社会人が倍増する日」『IDE 現代の高等教育』577, 2016年, 41-48頁。

中村康則「非伝統的学生の学業継続に影響する阻害要因についての文献的考察」『日本生涯教育学会年報』39, 2018年, 213-229頁。

中村康則・向後千春「通信教育課程で学ぶ社会人学生のためのセルフ・ハンディキャッピング尺度(SHS-ASCC)の開発」『日本教育工学会論文誌』42(4), 2019年, 355-367頁。

中元崇「大学職員の大学院進学の意向・障害感と関係する要因は何か」『名古屋大学大学院教育発達科学研究科紀要』66(2), 2019年, 109-125頁。

馬場貞子・村中陽子「看護系大学院修士課程社会人学生の特性と学習ニーズに関する研究」『日本看護医療学会雑誌』13(2), 2011年, 1-12頁。

濱口桂一郎「メンバーシップ型社会のねじれたリカレント教育」『IDE 現代の高等教育』630, 2021年, 12-15頁。

原ちひろ「看護専門学校における社会人学生と現役生の学習意欲の検討」『日本看護学会論文集』45, 2015年, 55-58頁。

日沼千尋「看護系大学に編入した看護専門学校卒業生のライフコース」『産業教育学研究』37(2), 2007年, 37-44頁。

兵藤郷「国内の経営学系大学院における社会人の学び直し——社会人入学した卒業生データより」『Works Review』6, 2011年, 122-131頁。

平尾智隆「リカレント教育による高度職業人養成——大学院修士課程における社会人教育のその後」『立命館経済学』52(2), 2003a年, 115-127頁。

平尾智隆「大学院修士課程における社会人教育後のキャリア展開」『立命館高等教育研究』2, 2003b年, 59-71頁。

平尾智隆・梅崎修・松繁寿和「社会人大学院教育と職業キャリアの関連性——あるビジネススクール卒業生のその後」『日本労務学会誌』11(2), 2010年, 30-42頁。

本田由紀編『社会人大学院修了者の職業キャリアと大学院教育のレリバンス——社会科学系修士課程(MBA を含む)に注目して』東京大学社会科学研究所, 2003年。

本間政雄「大学の社会人学生を増やすために」『大学マネジメント』12(5), 2016年, 2-5頁。

三木隆子・關戸啓子・檀原いづみ「社会人経験をもつ3年課程看護専修学校生の学習支援のあり方——社会人学生と教員に半構成的面接を行って」『インターナショナル nursing care research』13(3), 2014年, 155-165頁。

三木隆子・關戸啓子・檀原いづみ「3年課程看護専修学校の社会人学生と教員のもつ「学習および学習支援」に関する認識の違い」『四国大学紀要人文・社会科学編』45，2015年，35-48頁。

三好きよみ「専門職大学院で学ぶ中高年社会人の学習動機と学習行動」『横幹』15(1)，2021年，4-12頁。

安田誠一「大学職員が社会人大学院で身につけた能力」『大学アドミニストレーション研究』4，2014年，21-34頁。

安田誠一「大学職員の能力開発における大学院教育の位置づけ――大学人事部への調査からの考察」『大学アドミニストレーション研究』5，2015年，107-120頁。

矢野眞和『「習慣病」になったニッポンの大学――18歳主義・卒業主義・親負担主義からの解放』日本図書センター，2011年。

矢野眞和・濱中淳子・小川和孝『教育劣位社会』岩波書店，2016年。

吉田文「社会人学生の進学動機を探る」『カレッジマネジメント』28(2)，2010年，24-30頁。

吉田文「社会人の再教育と経営系専門職大学院」『日本生涯教育学会年報』33，2012年，3-21頁。

吉田文編著『「再」取得学歴を問う――専門職大学院の教育と学習』東信堂，2014年。

吉田文「労働市場・社会人学生・大学(院)のトリレンマ」『IDE 現代の高等教育』604，2018年，10-14頁。

吉田文「文系大学院修士課程修了者の採用の論地――その幻想と現実」吉田文編著『文系大学院をめぐるトリレンマ――大学院・修了者・労働市場をめぐる国際比較』玉川大学出版部，2020年。

吉水裕也・片山紀子・山中一英・遠藤貴広・新井肇・山口圭介・田原俊司・筒井茂喜「教職大学院の学びとその成果――この10年の課題と今後の展開可能性」『兵庫教育大学研究紀要』58，2021年，1-14頁。

吉見俊哉『大学という理念――絶望のその先へ』東京大学出版会，2020年。

流郷千幸・木村知子・原田小夜・森下妙子・筒井裕子「看護職の大学院進学に関する看護管理者の認識――滋賀県内の看護管理者を対象として」『聖泉看護学研究』3，2014年，39-45頁。

第4章
現代日本におけるリカレント教育の意味
——OECD の理念からの変容を踏まえて——

出相泰裕

　近年，下記に述べるように，「リカレント教育」という用語がよく聞かれるようになり，ブームとさえ言われるようになっている。本書においても，第5章で京都女子大学の「リカレント教育課程」の事例報告がなされているが，リカレント教育と銘打った事業が多くみられるようになった。それらを通じて成人にも大学による教育機会が開かれるようになっていけば，それはそれで望ましいことである。

　しかし，筆者は1990年度に「リカレント教育の視点からみた高等教育改革——比較考察」というタイトルの修士論文を，また今から約四半世紀以上前の1996年に「リカレント教育再考——理念の変容と政策化への制約」という論文を書いており，1960年代後半から70年代にかけての OECD（経済協力開発機構）提唱のリカレント教育に関わる文献を読んできた。そういった中で理解したリカレント教育の理念やその提唱の背景からすると，今日の日本で「リカレント教育」と言われる際の言葉の意味に違和感を持ってしまうことも多い。

　そこで本章ではまず OECD のリカレント教育提唱時の理念等を改めて振り返り，続いて今日の日本におけるリカレント教育の意味について検討し，今後の日本におけるリカレント教育の在り方について考えたい。

1　リカレント教育の提唱

リカレント教育の提唱と定義

　リカレント教育はスウェーデンの経済学者レーンが提唱し，1969年のヨーロッパ教育相会議で当時のスウェーデンのパルメ教育相がその用語を使用した

ということはいろいろな場で紹介されている[2]。ただこの時期にこの用語を最初に用いたのはストックホルム大学のフセーン教授で，パルメ氏は彼にあらかじめ用語の使用を断ったうえで使用している[3]。

　その後，OECD による1969年の『平等な教育機会』とそれに続く73年のリカレント教育の最も基本的な文献とされる『リカレント教育——生涯学習のための戦略』という二つの文書によって，リカレント教育は用語としての定着をみるに至った。

　『平等な教育機会』では，教育は社会における平等を実現する重要な手段であるが，1950年代，60年代の急激な教育機会の拡大では平等の達成という点で限界があることが明白となってきた。そこで就学前教育や初等教育段階における補償教育などが実施されてきたが，十分な効果は得られなかった。しかし一方で人生経験を積み，パーソナリティが成熟したり，自分が何をしたいのかを明確に知ったりすることによって，学習に動機づけられることもあるため，人生の中で学習に動機づけられた際に教育機会に戻れるようにすることが平等の問題の解決に対しては好ましいと考えられ，リカレント教育こそがその教育機会の均等化を目指すうえでいっそう有望な戦略のひとつであるとされた[4]。

　OECD がリカレント教育の概念の明確化を試み，リカレント教育をより総合的な戦略として打ち出したのが『リカレント教育——生涯学習のための戦略』である。この文書によれば，

　　　リカレント教育は，義務教育ないし基礎教育後の全ての教育を対象とする総合的な教育戦略である。その基本的な特徴は，教育を個人の全生涯にわたってリカレントに，すなわち労働をはじめ余暇，退職などの他の諸活動と交互に行う形で分散させることにある。

とされている。このように伝統的システムではあらゆる正規のフルタイムの教育が5歳，あるいは6，7歳から社会人生活に入るまでの時期に限定されているのに対して，リカレント教育は生涯学習の原理を受け入れ，高等教育のみならず，後期中等教育も含めた義務教育後の教育を個人の全生涯にわたって拡げ

ようとするものであった⁽⁵⁾。

リカレント教育提唱の社会的背景と目的

　73年の報告書では，OECD はどのような現状に危機感を抱いて，どのような目的のために，リカレント教育を提唱したのかが記されている。それらからリカレント教育提唱の背景並びに目的を振り返ってみる。

　目的の第一は個人の発達に関わるもので，既存の教育システムは個人の発達の視点から考えて，最善なのかという疑問を持たれていた。知的能力は関心や動機づけに影響されるが，学習への動機づけは各人の様々な発達パターンに応じて，生じる時期などは異なっている。人生における何がしかの経験が学習への動機づけの源になることもあり，また成人教育への参加によって，自身の発達や人生におけるチャンスへの教育の貢献について気づくこともある。そういった点からすれば，リカレント教育は各人の動機づけや関心に沿った形で個人の能力を発達させることができるという点で既存の教育システムよりもより良い機会を提供できるというものである⁽⁶⁾。

　またリカレント教育は偶発的な学習が生じる様々な社会活動と組織的な学習の場としての教育を交互実施することで，個人の発達にもいっそう効果的な枠組みを提供するものとして期待された⁽⁷⁾。

　第二には『平等な教育機会』でも指摘された教育機会の平等の推進がある。ここでは二つの不平等が挙げられており，その第一は社会階層間の不平等で，当時は戦後の教育拡大が続いている時期であったが，現行の若年期の教育システムの拡大が社会的平等をもたらすことはなかった。一方で，学習への動機には物理的，社会的環境が強く影響しているが，学習に動機づけられにくい環境に生まれ育ち，若年期に学習意欲を持てなかった者も成人になり，社会人経験を積むうちに学習意欲が沸いてくる場合もみられる。そこでそのような人々にセカンドチャンスの機会を与えるリカレント教育は教育機会の平等に寄与できるというものである⁽⁸⁾。

　また不平等には世代間の教育格差もあり，戦後の急激な教育拡大により，かつてないほど大きな，また許容の範囲を大きく超えたと言われる教育機会の不

平等が世代間で生じた。現在学校に通っている者よりも年長の世代は拡大している教育上の不均等，及びそれに伴う不利益を苦々しく感じ，不満に思っていた。西暦何年に生まれるかは自分では選べないが，早く生まれてきたばかりに生じた不利益を克服するセカンドチャンスの機会をリカレント教育は提供できるという考え方である。⁽⁹⁾

　確かにそれまでにも成人教育部門があったが，それらの教育機会の多くが非学位プログラムであったため，若年期の学校教育での失敗を補うことができず，妥当なセカンドチャンスの機会となっていなかったとの認識がこの考え方の背景にあった。⁽¹⁰⁾

　そして第三に新たな職業環境への対応，職業・雇用との関連の強化がある。⁽¹¹⁾科学技術の発展を始め，社会は急激に変動しており，それに伴い労働慣行も変革されてきた。そういった中では，今後の労働市場ニーズを予測することは困難になり，労働の世界と教育システム間の相互作用はいっそう難しいものとなった。

　このような状況において，リカレント教育システムは柔軟性を提供する。人は変動に対応した職業上のスキルや知識を適切な時期に習得できることに加えて，職業経験を得ることによって，自分の能力・適性などが理解でき，リカレント教育を通じて，その後のより的確な職業選択につながる資質を獲得することができる。

　また失業のリスクがある時期や産業にいる労働者は時代に合ったスキルを習得することによって，労働市場におけるチャンスを拡大できることから，リカレント教育システムはリスクのある人々への代替的な失業対策ともなる。

　第四には，いっそう関心を持たれるようになっている問題として，知識と支配の問題が挙げられた。知識の生産や応用が一部の人々に支配されるようになると，参画型の社会の実現は困難となり，労働環境や生活環境における人々の疎外のリスクが高まる。しかし，リカレント教育は人々に知識そのものやその創造及び活用へのアクセスを与えることにより，こういった問題の解決に寄与できる可能性を持ちうる。⁽¹²⁾

　そして第五には長期化した若年期の学校教育への疑問があった。若年期の教

育が長期化するにつれて，大多数の若年者は学校を卒業するまでにパーソナリ
ティを育み，信念や態度を獲得するようになったが，それゆえ卒業後に社会に
おいて，それまで学校内で培ってきたものとは非常に異なる価値システムに直
面するようになった。このような保護された教育環境の外にある世界との長期
にわたる隔絶は個人の発達という点において望ましいものではなく，社会的に
も若年層ならではの貢献機会が奪われ，社会の創造的機能に良からぬ影響を与
えると考えたのであった。[13]

　また若年層の中での高等教育修了者の増大に伴い，高学歴者の需要と供給間
のバランスが崩壊するという問題も生じていた。高学歴化に伴い，学生は就職
や給与に対する期待を高めたが，雇用環境はそれに追いついておらず，彼らは
期待したような仕事にはつけず，人材の over-qualified，つまり学歴過剰とい
う問題が生じていた。[14]

　加えて，知識の急速な増加と陳腐化により，生涯にわたって知識へのアクセ
スを保障していくことが必要になっている状況においては，人生の初期に教え
る内容を増やしたり，学校教育の期間を長期化したりすることは必ずしも有効
な対応策ではなくなってきていた。[15]

　さらに進学者の増大は財政上の問題も生み出しており，義務教育修了後[16]，
いったん学校を離れ，社会人経験を経て，改めて教育機会に戻るというリカレ
ント教育は進学圧力を抑制するという点で，若年期の学校教育の長期化・拡大
への代替策として期待されていたのであった。[17]

リカレント教育の特性と範囲

　このような目的を持ったリカレント教育の提唱であったが，義務教育後の教
育機会を生涯にわたって分散しようというリカレント教育の特性としては，第
一に単に成人教育機会を拡充するというものではなく，中断なく，長期化する
若年期の学校教育の果てしない拡大への代替策であり，既存の学校教育システ
ムの変革を重視している点が挙げられる[18]。例えば，学校教育については，リカ
レント教育の考え方に沿って，義務教育の最後の数年は普通教育と職業志向的
な教育が密接に統合されたものとなり，生徒が進学か就職かを選択するカリ

キュラムであるべきことが強調されている。

　第二に，労働や余暇活動といった諸活動と交互に教育機会に繰り返し戻るといったことから，経済政策，労働政策，社会政策，文化政策といった他政策と関連性や相互作用を持つという点がある[19]。

　リカレント教育は成人に対する全ての教育提供を含むもので，義務教育後の教育として理解されているが，OECDは具体的にこれまで相互に関連を持たずに別個に存在していた以下の部門を含むと指摘している[20]。

　　1．義務教育後の中等教育と中等後教育を含む伝統的な義務教育後の教育システム
　　2．主として民間部門によって運営されている，あらゆる種類の，またあらゆるレベルのオン・ザ・ジョブ・トレーニング
　　3．主として情報－文化，あるいは一般教育を志向した成人教育
　　4．教育資格を取得できる成人向けのセカンドチャンスプログラム

　このような73年の報告書における記述からすると，第一に「一般教育を志向した成人教育」と述べられているように，教育内容としては必ずしも職業教育に特化したものではないということがいえる。また第二に，リカレント教育はフォーマルな正規の学校教育以外の教育も含むものと理解される。この箇所以外にも，リカレント教育は若年期の学校教育以後の教育を含むが，その中ではフォーマルな教育のみならず，インフォーマルな教育も含む[21]，あるいは全てのリカレント教育が必ずしも学校や高等教育機関の中で行われるわけではないとの記述もみられる[22]。

　またコースはもはやフルタイムだけに限らず，システムの柔軟性を増すために，パートタイム学修も含まれなければならず[23]，それはリカレント教育システムの本質的な部分になるであろうとも述べられており[24]，リカレント教育は離職するなどして，フルタイム学生として教育機関に戻るものとは限らず，パートタイム学生として受けるものでもある旨，記載されている。

　しかし，『平等な教育機会』においては，「リカレント教育は早い段階で中断してしまった教育を再開したいと願う成人に対するフォーマルな，そしてフル

タイムであることが望ましい教育」と述べられており，また先に述べたように，リカレント教育は労働をはじめ余暇，退職などの他の諸活動と交互に行う形で義務教育後の教育機会を分散させることを基本理念として持っている。さらに推進の目標として教育機会の不平等の是正が挙げられており，それは既存の成人教育が非学位プログラムであり，セカンドチャンスの機会となっていなかったことも一因となっていた。その他にも中等教育から直接高等教育に進学する圧力を抑制することが課題とされていたことからも，本質的には当初の理念では学校教育の課程にフルタイムで戻ることを重視していたと考えられる。

2　リカレント教育の理念の変容

この OECD によって提唱されたリカレント教育は実際その後，どの程度各国の政策に反映され，その理念はどの程度実現されていったのであろうか。OECD から1987年に『リカレント教育再訪』という報告書が出されており，また90年代の複数の報告書でも，リカレント教育に関する言及がなされている。ここではそれらをもとに，リカレント教育の理念がどのように変容を遂げたのかを中心にその後の動向をみていくこととする。

　リカレント教育は多くの OECD 加盟国の中で教育の発展を導く原理として受け入れられた。しかし，確かに進展とみなされうる部分もあるが，概してリカレント教育は社会環境の変化により，進展を妨げられたといえる。87年の報告書では，その主たる背景として経済状況の変化を挙げている。果てしなく続くと思われた経済成長と完全雇用に近い雇用状況は経済の構造的変化に伴う雇用危機に取って代わられた。その結果，80年代前半以降，OECD 諸国は高い失業率に苦しみ，また経済状況の悪化は国家予算における教育予算のカットを含む，緊縮財政をもたらした。

　こうした動向から，報告書は70年代初頭の理念とは異なる，新たな時代に適応したリカレント教育戦略の理念を提示している。

　その第一はフロント・エンド的学校教育とリカレント教育の並存で，当初は拡大する義務教育後の教育機会を人生において分散するという目的であったが，

就職難により，若年層は自身の雇用可能性を高めようとより長く学校にとどまろうとするようになり，また各国政府も失業対策として主として16歳から19歳の若年層向けの教育訓練機会の拡大を図っていった。加えて，後述する「全ての人のための生涯学習」を実現するため，中等教育の修了はひとつの試金石となると考えられるようになり，第三段階の教育の拡大も問題とはされなくなっていた。その結果，リカレント教育は第一期の教育機会の拡大，つまりフロント・エンドのいっそうの長期化と併存し，既存の成人教育を拡大するという穏健なものとなった。

　第二に，経済及び雇用状況の悪化から，人々の解放や機会均等といった伝統的な目的が後退し，経済回復に向けて，すぐれた能力を持った人材の再訓練及び失業者支援の職業訓練がその重要性を増していったことも特徴として挙げられている。

　第三に，当初のリカレント教育はフルタイムの労働とフルタイムの教育受講を交互に実施するものと考えられていたが，有職者も雇用情勢の悪化により，離職して教育機会に戻るよりも，その時点での就労機会にしがみつくようになった。加えてリカレント教育実現のための主要施策のひとつとされた教育休暇制度も当初期待していたような進展をみせなかったことから，フルタイム学生として教育機会に戻るのではなく，仕事を続けながらのパートタイム形式，あるいは遠隔教育での学修が進展することとなった。

　そして第四に，当初，教育を受けるということは公教育機関である学校に行くという前提で，政府の役割も大きかったが，実際には，職場やノンフォーマル教育機関など，様々な民間の教育機会提供者が現れ，提供者が多様になったことが挙げられる。またその結果，リカレント教育は政府が多くの役割を果たし，社会的需要に対応するというよりは，様々な学習の場，及びそれらのパートナーシップにより関心が向けられ，加えて学習の市場化に伴い，個人的な需要を重視するものとなった。

　このように，実際には初期の改革の機運は，急激な改革を伴いにくい，より現実的なものに取って代わられ，また求められた急進的な改革は必要だったのか，あるいは実現可能であったのかといった疑問も投げかけられるなどしたが，

OECD はこういった現実を進展として受け入れ，新しいリカレント教育の特色とした。

ただ OECD はその後，1996年に『全ての人のための生涯学習』を発行し，生涯学習が特権的なグループに限定されており，それが全ての人々に広がっていないということから，関心を「リカレント教育」から「全ての人のための生涯学習」に移していった。そして，研究分野においても，論文タイトルに「リカレント教育」という用語を含むものは少なくなった。

3　日本における動向

1992年生涯学習審議会答申

こうしたリカレント教育の概念の変容は，日本においては1992年の生涯学習審議会答申「今後の社会の動向に対応した生涯学習の振興方策について」に反映されている。

この答申では，生涯学習振興上，当面重点的に充実・振興方策を考えるべき四つの課題のひとつとして，社会人を対象としたリカレント教育の推進が挙げられた。そこではリカレント教育は多義的な概念であり，諸外国でもその捉え方や重点の置き方は一様ではないが，「職業人を中心とした社会人に対して学校教育の修了後，いったん社会に出た後に行われるフルタイムの再教育のみならず，職業に就きながら行われるパートタイムの教育も含む」とされた。このようにここではリカレント教育の理念の変容に対応し，パートタイム形式での教育受講もリカレント教育に含めており，対象は「職業人を中心とした」とあるように，職業人が主となるが，その他の社会人も含まれるものとされている。

教育提供者については，職業や社会生活に必要な知識・技術を習得するため，大学院，大学，短期大学，専門学校などを中心に行われる専門的・体系的な，職業人を主な対象とした教育が大きなウェイトを占めると説明されている。

また答申はリカレント教育の機能について，三つに類型化できるとしており，第一は社会の変化に対応する，専門的で高度な知識・技能のキャッチアップやリフレッシュのための教育機能，第二はすでに一度学校や社会で学んだ専門分

野以外の幅広い知識・技術や，新たに必要となった知識・技術を身に付けるための教育機能，第三は現在の職業や過去の学習歴・学習分野に直接関わりのない分野の教養を身に付け，人間性を豊かにするための教育機能といったように類型化している。[41]このように，生涯学習審議会はリカレント教育について，提供者は高等教育機関が主となるもので，機能は職業能力の向上のみならず，人間性の向上も含むものとして捉えている。

　ただ1991年度からパイロット事業として開始された「リカレント教育推進事業」においては，前記の機能のうち，第一と第二に着目し，「高度で専門的かつ体系的な職業人を中心とした再教育」に絞って実施された。[42]

リフレッシュ教育

　この時期には技術革新の進展の加速化や産業構造の変容などにより，国の産業の発展を維持していくためには，職業人が職業上の知識・技術を新たに習得したり，更新したりすることが重要と考えられるようになっていた。またそれまでは我が国では社会人の再教育は企業内教育を中心に行われてきたが，技術の高度化や融合化，学際化などに対応して，大学等の高等教育機関がこの役割を積極的に果たすことが産業界などから求められるようになっていた。[43]

　そこで1990年には，文部省高等教育局長の裁定により，「社会人技術者の再教育のための調査研究」が開始され，92年に文部省高等教育局「社会人技術者の再教育のための調査研究協力者会議」による「リフレッシュ教育の推進のために」という報告書が出された。そこでは「技術革新の進展や産業構造の変化等に対応して，新たな知識や技術を修得したり，陳腐化していく知識や技術をリフレッシュするため，大学等が実施する職業人を対象とした教育」を「リフレッシュ教育」と呼んだ。[44]

　文部省高等教育局によると，リフレッシュ教育はリカレント教育の一環として行われるもので，①対象が職業人であること，②内容が職業上の知識・技術であること，③教育機関が大学院を中心とする高等教育機関であることなどが大きな特徴とされている。[45]このリフレッシュ教育はリカレント教育の中でも，機会均等というよりも，92年の生涯学習審議会答申による機能分類の主と

して第一及び第二が該当する，産業や経済の発展に向けて，職業人が大学院等の高等教育機関で職業関連の知識や技術の向上を図ることに焦点を当てたものであった。

　しかし，この「リフレッシュ教育」は用語として定着をみることはなかった。また「リカレント教育」についても，佐々木は理念としても放置されがちで，しばらく忘れられた存在になったと指摘したが，実際，その後，学術論文でも，新聞記事においても取り扱いが少ない状態が続いた[47]。

4　近年の動向

「学び直し」としてのリカレント教育への注目

　ところが近年になり，日本国内においてはマスコミ等でにわかに「リカレント教育」について目にするようになったとの声も聞かれるようになり[48]，笹井もリカレント教育論は大きくクローズアップされていると述べる状況となっている[49]。また文部科学省もリカレント教育の一層の推進が必要という認識のもと，「大学等におけるリカレント講座の持続可能な運営モデル構築事業」に取り組んでいる。

　このように「リカレント教育」は再び注目されてきているわけであるが，それでは「リカレント教育」はどういった背景で注目されるようになり，今日どういった意味で使われているのであろうか。

　直接的には，「リカレント教育」への再度の注目は，第二次安倍政権の発足と関わっており，2017年6月の国会閉幕後の記者会見において，当時の安倍首相は「人づくり革命」に向けて，リカレント教育を抜本的に拡充すると述べている。この考えはその後の同年所信表明演説や翌年の施政方針演説でも繰り返されているが，例えば施政方針演説では以下のような演説を行っている。

　　いくつになっても，誰にでも，学び直しと新たなチャレンジの機会を確保する。雇用保険制度も活用し，リカレント教育の抜本的な拡充を図ります。

　　人生百年時代を見据えて，教育の無償化，リカレント教育の充実など，経済社会の在り方を大胆に改革していく。あらゆる人にチャンスがあふれる一億総活躍社会に向けて，人づくり革命を，皆さん，共に，進めていこうではありませんか。⁽⁵⁰⁾

　ここでは「学び直し」という用語が使われているように，リカレント教育は学び直しの促進という文脈の中で改めて使用されるようになった。所信表明演説においても，「いくつになっても，誰にでも，学び直しと新しいチャレンジの機会を確保する。そのためのリカレント教育を抜本的に拡充します」というように，学び直しを促進するため，リカレント教育を拡充すると述べられている。⁽⁵¹⁾さらには人生100年時代構想会議中間報告では「リカレント教育（学び直し）」と表現されているように，「リカレント教育」と「学び直し」とを混同，同一視しているケースも見受けられる。⁽⁵²⁾

　この「学び直し」に関して言えば，2006年に当時の第一次安倍内閣において，「再チャレンジ支援総合プラン」が策定され，その中で社会人の学び直しの機会の拡大が支援における重点課題とされ，2007年度から２年間にわたり実施された「社会人の学び直しニーズ対応教育推進プログラム」がひとつの大きな転機になっている。⁽⁵³⁾具体的には，社会人の再就職やキャリアアップ等に資する実践的な短期の取り組みに関するもので，この時に選定された事業のひとつに，日本女子大学の「キャリアブレーク中の女子大学卒業生のためのリカレント教育・再就職あっせんシステム」があった。

　その後も，例えば，第二次安倍内閣発足後に設置された教育再生実行会議の2013年第三次提言において

　　大学・専門学校等で学び直しをする者や社会人受講者の数について，５年間で倍増（12万人→24万人）を目指し，支給要件の緩和など奨学金制度の弾力的な運用，雇用保険制度の見直しによる社会人への支援措置の実施，従業員の学び直しプログラムの受講を支援する事業主への手厚い経費助成等の支援策を講じる。⁽⁵⁴⁾

と述べられ，大学・専門学校等での学び直しの拡大が数値目標を設定したうえで目指された。続く2016年の中央教育審議会答申「個人の能力と可能性を開花させ，全員参加による課題解決社会を実現するための教育の多様化と質保証の在り方について」においても，変化の激しい社会を生きる職業人が，自らのキャリアを主体的に切り拓いていくため，また，一人一人のスキルアップを通じ，我が国産業全体の生産性と競争力を高めていくために社会人の学び直し環境を整備していくことが重要とされている。

このように「学び直し」の重要性が引き続き強調されたわけであるが，この「学び直し」は経済競争力の強化がその目的の重要な部分とされていることがわかる。例えば，岩崎も学び直し施策の重点は産業界から要請される（再）訓練にあり，教育界が推進してきた個人の自発性に基づく生涯学習の枠組みにとどまるものではないと述べている。

そのため，リカレント教育についても，2018年の人生100年時代構想会議「人づくり革命基本構想」において，

　　　リカレント教育は，人づくり革命のみならず，生産性革命を推進するうえでも，鍵となるものである。リカレント教育の受講が職業能力の向上を通じ，キャリアアップ・キャリアチェンジにつながる社会をつくっていかなければならない。

と記されている。また前述の施政方針演説でも，人生百年時代を見据えて，リカレント教育の充実など，経済社会の在り方を大胆に改革していくと当時の安倍首相は演説しているが，リカレント教育は職業能力の向上，経済の活性化が重要な目的であることがわかる。実際，リカレント教育は労働のための教育，すなわち職業教育訓練のことであって，職業とつながりの薄い純アカデミックな教育でもなければ，趣味的な学習でもないと述べる向きもある。

リカレント教育と位置付けられている事業をみると，大きく分けて二つのパターンがみられ，第一には，中央教育審議会大学分科会が経済社会の急速な高度化，複雑化に伴い，今後，リカレント教育の中心は大学院となると述べてい

るように，職業人向けの正規の大学院教育があり，これまでも技術者向けの
MOT 専門職大学院などがリカレント教育の事例として紹介されている。

　第二には本書掲載の京都女子大学の「リカレント教育課程」もそうであるが，
その他，農業経営者の経営能力開発プログラム，学校図書館員の育成プログラ
ムなど，職業能力向上に向けた短期の非正規プログラムがある。

　加えて，「リカレント教育の拠点は大学に限られるものではなく」，
「non-formal 教育を含む，多様な学習機会を提供」といった説明がみられたり，
実際に「リカレント教育」の具体的な取り組みとして，民間企業の事例が紹介
されたりしていることから，リカレント教育は大学といった高等教育機関のみ
が提供するものではないといった認識を持つ向きもあることがわかる。

　これまでリカレント教育と他の用語の違いについて様々な論がみられている
が，例えば，ボイルは，リカレント教育では不平等など労働者階級に関わる社
会的な諸問題への対処や生徒・学生の教育課程への積極的な参加が重要となる
一方で，継続教育（continuing education）は既存の階層化された教育システムの
中で，社会のあらゆるニーズへの対応を行っていこうとするもので，職業
（再）訓練により重点が置かれるものとしている。

　クロス－ドュラントもリカレント教育は義務教育後の学習にとって，義務教
育段階の改革は不可欠としている点で教育制度全体を包括するものであるが，
継続教育はリフレッシュ・プログラムや再訓練プログラムを意味し，既存の成
人教育プログラムの提供を拡大するもので，その関心は主として義務教育後に
限られるものであるとしている。

　これらの用語の分類からすると，上述した非正規の短期プログラムといった
日本のリカレント教育の一端は「継続教育」に該当するもので，職業教育分野
の成人教育といえる。

　1992年の生涯学習審議会答申では，リカレント教育の機能に教養の向上や人
間性を豊かにすることが含まれていたが，継続教育的事業にしろ，職業人向け
大学院教育にしろ，日本のリカレント教育として理解されているプログラムは
今や基本的に職業能力の向上を目指すものが一般的となっている。

　また教育機会は非正規プログラムまで，提供者も高等教育機関以外も含めて

考えられており，高等教育機会の均等という当初の理念は意識されないものとなっている。

5 今後のリカレント教育推進に向けて

日本のリカレント教育は元々，産業界の要請が反映され，労働力モビリティの増大を志向するという点で経済次元・効率基準に偏っているといった旨のことが言われてきたが，上述した今般のリカレント教育の在り方に対して，推進の力点が経済成長への貢献や個人のキャリアアップ等にあまりにも偏りすぎているのではないかといった危惧も聞こえている。

確かに，経済の再生は特にコロナ禍を経て，最重要課題のひとつとなるであろうし，離職者や非正規労働者を対象とした就職支援なども喫緊の現代的課題である。しかし，それ以外の元来 OECD が唱えていた理念の中には今日においても重要であると考えられるものもある。

例えば，進学率の上昇により，トロウの高等教育のユニバーサル化理論にみられるように，周りが進学するから自分もという思いで大学に進学し，在学時には学習意欲が持てない不本意就学者も少なからず存在すると思われる。リカレント教育は元々，学習に動機づけられる時期は人それぞれという考え方に基づくものであるが，社会人になり，強い関心を持つ分野やテーマに出会ったり，あるいは先行研究にもみられるように，自身の大学時代の不勉強を後悔したりしている成人も存在する。そういった学習に後になって動機づけられた人々が進学することは個人の発達にとっても望ましいうえ，学生層が多様化し，高等教育の活性化にもつながる。

また進学率が上昇したといっても，4年制大学への進学者は5割超で，半数弱が4年制大学に進学していない。進学しなかった理由，背景は様々であろうが，若年期の進学への意思決定には自身の生まれ育った環境が影響するとされ，階層の再生産，格差の問題も改めて指摘されている。

世代間の不平等も進学率が上昇した1990年代前半以降に18歳を迎えたものとそれ以前の世代間で進学率に大きな差異がみられ，不平等は引き続き存在して

いる。子どもの大学の入学式で，子どもの入学を喜びつつも，自分もここに立ちたかったなという思いを持つ親もいるであろうが，今日，リカレント教育が唱えたセカンドチャンスの機会はいっそう重要性を帯びているといえる。

　ただ第１章でも示されたように，2022（令和４）年７月に取りまとめられた「第11期中教審生涯学習分科会における議論の整理」では個人のみならず個人を取り巻く「場」が持続的によい状態であるウェルビーイングの実現を図るという文脈の中で，リカレント教育は職業とは直接的に結びつかない技術や教養等に関する学び直しも含む意味で使用されていた。[73]今後の動向に注目である。

　　[付記]　本章は，拙稿「OECDのリカレント教育の理念と今日の日本におけるリカ
　　　　　　レント教育の意味」『UEJジャーナル』36，2021年，1-19頁を一部修正して掲
　　　　　　載している。

注
(1)　出相泰裕「リカレント教育再考──理念の変容と政策化への制約」『フィロソ
　　　フィア』84，1996年，76-63頁。
(2)　例えば，新井郁男「リカレント教育を考える」『教育と医学』44(3)，1996年，
　　　192頁。藤井佐知子「リカレント教育」森隆夫ほか編著『生涯学習の扉──理念・
　　　理論・方法』ぎょうせい，1997年，47-59頁。佐々木英和「リカレント教育につい
　　　ての歴史的考察──平成の生涯学習振興政策を再考すべき必然性」『社会教育』74
　　　(6)，2019年，6-16頁。
(3)　中嶋博「スウェーデンにおける大学改革の動向」『大学研究』5，1989年，70頁。
　　　中嶋は筆者の修士課程時の指導教員であったが，フセーン教授と親交のあった当人
　　　からも直接伺った。
(4)　Centre for Educational Research and Innovation (CERI). *Equal Educational*
　　　Opportunity 1- A Statement of the Problem with Special Reference to Recurrent
　　　Education, Organisation for Economic Co-operation and Development (OECD),
　　　1969, pp.15-26, 33.
(5)　CERI., *Recurrent Education: A Strategy for Lifelong Learning,* OECD, 1973, p.24.
(6)　Ibid, p.34.
(7)　Ibid, p.18.
(8)　Ibid, pp.35-41.

(9)　Ibid, pp.10, 37, 40.

(10)　Ibid, p.9.

(11)　Ibid, pp.41-44.

(12)　Ibid, p.45.

(13)　Ibid, pp.8, 46.

(14)　Ibid, pp.9, 46.

(15)　Ibid, pp.9-10, 45.

(16)　Ibid, p.46.

(17)　Ibid, p.5.

(18)　Ibid, pp.7-8, 21.

(19)　Ibid, pp.21, 27.

(20)　Ibid, pp.25-26.

(21)　Ibid, p.12.

(22)　Ibid, p.78.

(23)　Ibid, p.56.

(24)　Ibid, p.59.

(25)　CERI, 1969, p.33.

(26)　この理念の変容については，本間や藤井も取り上げている。本間政雄「OECD とリカレント教育」『日本生涯教育学会年報』11，1990年，159-178頁。藤井，前掲書。

(27)　Schütze, H. G. & Istance, D. (eds.), *Recurrent Education Revisited-Modes of Participation and Financing. Report prepared for the Centre for Educational Research and Innovation (CERI) of the Organisation for Economic Co-operation and Development (OECD),* Almqvist & Wiksell International, 1987, p.14.

(28)　Ibid.

(29)　OECD., *Lifelong Learning for All,* OECD, 1996, p.89.

(30)　Schütze & Istance, op. cit., p.18.

(31)　Ibid, p.10, Papadopoulos, G. S., *Education 1960-1990: The OECD Perspective,* OECD, 1994, p.194. OECD, op. cit., p.89.

(32)　Schütze & Istance, op. cit.

(33)　Ibid, p.16.

(34)　Ibid, pp.17-18.

(35)　OECD, op. cit., p.89.

(36)　Ibid, p.88.

(37)　Ibid.

(38)　出相泰裕「OECDのリカレント教育の理念と今日の日本におけるリカレント教育の意味」『UEJジャーナル』36，2021年，9-11頁。
(39)　生涯学習審議会「今後の社会の動向に対応した生涯学習の振興方策について（答申）」1992年，11頁。
(40)　同上。
(41)　同上，12頁。
(42)　文部省生涯学習振興課「『リカレント教育推進事業』の意義と今後の展開」『教育委員会月報』45(10)，1993年，59頁。
(43)　本間政雄「リフレッシュ教育――現状と課題」『IDE 現代の高等教育』359，1994年，21-23頁。
(44)　社会人技術者の再教育のための調査研究協力者会議『リフレッシュ教育の推進のために』文部省高等教育局，1992年，2-3頁。
(45)　文部省高等教育局専門教育課「リフレッシュ教育の推進について」『大学と学生』325，1992年，45-50頁。
(46)　佐々木英和「リカレント教育についての歴史的考察――平成の生涯学習振興政策を再考すべき必然性」『社会教育』74(6)，2019年，12頁。
(47)　出相，2021年，前掲論文。
(48)　萬「リカレント教育の復活」『IDE　現代の高等教育』609，2019年，67頁。
(49)　笹井宏益「日本におけるリカレント教育の構造と機能の分析――学び直し論との関連を踏まえて」『玉川大学学術研究所紀要』26，2020年，17-32頁。
(50)　「第百九十六回国会における安倍内閣総理大臣施政方針演説」2018年1月22日（https://www.kantei.go.jp/jp/98_abe/statement2/20180122sisei-housin.html　[2023.5.1]）。
(51)　「第百九十五回国会における安倍内閣総理大臣所信表明演説」2017年11月17日（https://www.kantei.go.jp/jp/98_abe/statement2/20171117shoshinhyomei.html [2023.5.1]）。
(52)　人生100年時代構想会議「人生100年時代構想会議中間報告」2017年，12頁（https://www.mext.go.jp/b_menu/shingi/chukyo/chukyo2/siryou/__icsFiles/afieldfile/2018/02/22/1401465_8.pdf　[2023.5.22]）。
(53)　「多様な機会のある社会」推進会議「再チャレンジ支援総合プラン」2006年，3-4頁（https://warp.ndl.go.jp/info:ndljp/pid/12251721/www.kantei.go.jp/jp/singi/saityarenzi/hukusenka/dai2/siryou1_1_2.pdf　[2023.5.22]）。
(54)　教育再生実行会議「これからの大学教育等の在り方について」（第三次提言）」2013年，8頁（https://warp.ndl.go.jp/info:ndljp/pid/8701486/www.mext.go.jp/b_menu/shingi/chukyo/chukyo0/gijiroku/attach/__icsFiles/afieldfile/2013/10/16/13

40415-91.pdf　[2023.5.22])。

⒂　中央教育審議会「個人の能力と可能性を開花させ，全員参加による課題解決社会を実現するための教育の多様化と質保証の在り方について（答申）」2016年，11頁。（https://www. mext. go. jp/b_menu/shingi/chukyo/chukyo0/-toushin/__icsFiles/afieldfile/2016/10/24/1371833_1_1_1.pdf　[2023.5.1])。

⒃　岩崎久美子「「学び直し」に至る施策の変遷」『日本労働研究雑誌』62(8)，2020年，4-14頁。

⒄　人生100年時代構想会議「人づくり革命　基本構想」2018年，10頁（https://www.kantei.go.jp/jp/singi/jinsei100nen/pdf/torimatome.pdf　[2023.5.1])。

⒅　浜口桂一郎「メンバーシップ型社会のねじれたリカレント教育」『IDE 現代の高等教育』630，2021年，12-15頁。

⒆　中央教育審議会大学分科会「2040年を見据えた大学院教育のあるべき姿〜社会を先導する人材の育成に向けた体質改善の方策〜（審議まとめ）」2019年（https://www.mext.go.jp/b_menu/shingi/chukyo/chukyo4/houkoku/1412988.html　[2023.5.1])

⒇　岡本史紀「専門職大学院でのリカレント教育」『大学時報』334，42-47頁。

(61)　木下幸雄・木村伸男「農業経営者向けリカレント教育プログラムの開発と実践」『農業経営研究』52(1-2)，2014年，13-20頁。

(62)　朝倉久美・野口久美子「学校図書館員のリカレント教育におけるeラーニング型協同学習の試み――学習活動支援特論の実践を例に」『八洲学園大学紀要』16，2020年，21-34頁。

(63)　人生100年時代構想会議，2017年，前掲報告。

(64)　田中茉莉子「リカレント教育の経済への影響」『日本労働研究雑誌』62(8)，2020年，51-62頁。

(65)　例えば，「〈特集2〉「リカレント教育」の効用」『FCC REVIEW』1758，2020年，29-42頁。

(66)　Boyle, C., "Reflections on Recurrent Education", *International Journal of Lifelong Education,* 1(1)，1982, pp.11-13.

(67)　Cross-Durant, A., "Lifelong Education in the Writings of John Dewey", *International Journal of Lifelong Education,* 3(2)，1984, p.115.

(68)　木村光朗「生涯学習政策とリカレント教育論」『日本の社会教育』40，1996年，73-77頁。

(69)　萬，前掲論文。

(70)　M・トロウ，天野郁夫・喜多村和之訳『高学歴社会の大学』東京大学出版会，1976年，28-37頁。

⑺1)　出相泰裕「職業人の大学院進学に向けての動機づけに関する考察――専門職大学
　　院ビジネススクール在学生へのインタビュー調査から」『日本生涯教育学会年報』
　　39，2018年，240-242頁。

⑺2)　例えば，吉川徹『学歴分断社会』ちくま新書，2009年。

⑺3)　中央教育審議会生涯学習分科会「第11期中教審生涯学習分科会における議論の整
　　理〜全ての人のウェルビーイングを実現する，共に学び支えあう生涯学習・社会教
　　育に向けて〜」2022年，9頁（https://www.mext.go.jp/content/20201013-mxt_
　　syogai02-10074_01.pdf　〔2023.5.1〕）。

第Ⅱ部

近年の特色ある大学開放事業の事例

第5章
実践と省察のサイクルを通して
学び合いを支える実践力を培う
——東京学芸大学コミュニティ学習支援コーディネーター養成講座——

倉持伸江

1　はじめに

　東京学芸大学公開講座「学び合いを支える実践力を培う〜コミュニティ学習支援コーディネーター養成講座」（通称「学芸大 CLC 講座」）は，2015年に開設し，2023年で9年目を迎える。コーディネーターやファシリテーターとして，地域・コミュニティ・組織の学び合いと協働の展開を支えるための実践力を培うことを目指し，自分自身の実践経験を語り合い・聴き合い，書くことを講座の中心に据え，実践を省察する活動に約1年をかけて取り組む本講座は，「実践と省察のサイクル」「学び合うコミュニティ」「協働とネットワーク」を重視したカリキュラム・デザインとなっている。本講座の展開を紹介したうえで，地域，分野，職，立場が異なる受講者が，実践交流を通してどのように学び合っているのかについて，検討したい。

2　講座の目的と背景

　現在の地域社会は環境，福祉，国際化，高齢化，青少年育成など，様々な問題に直面している。社会の構造が変化する中で，コミュニティは弱体化し，地域に山積する課題を解決することが難しくなってきているといわれている。多様化する変化の激しい社会の中で，地域の様々な課題を解決するためには，住民自身が課題を捉え，協働して解決に向けて取り組んでいくことが求められる。一人ひとりがこうした社会の中で生き抜く力を培うためにも，生涯を通じた学

習が不可欠になってきている。生活や社会における課題を学習課題として捉え，コミュニティにおける一人ひとりの学びと，分野や領域を超えて人や活動をつなぎ，コミュニティを編み直し，新しい協働を創り出していく学び合いを支援するコーディネーターが求められている。

学び合いを支えるコーディネーターの力量形成について，日本社会教育学会[1]や全国社会教育職員養成研究連絡協議会（社養協）[2]における1980年代以降の社会教育研究・実践における職員論・学習支援者論，学習過程研究，社会教育実践分析研究，評価論，省察的実践論，実践コミュニティ論，組織学習論などから学んできたことをもとに，実践を展開する機会をうかがってきた。国が中央教育審議会で現代社会の要請に応える社会教育主事や社会教育関係職員等の配置と養成について審議し，制度の見直しを進めていた時期とも重なって[3]，これまで研究として取り組んできたことを実践しようと講座を構想しはじめた。

この構想を実現する後押しになったのは，東京学芸大学が所在する都内の社会教育関係職員の声である。社会教育をはじめとした市民の学習支援に関わる多くの現場の職員が人手不足や短期間の異動，非常勤化などで不安定で孤立化した状況にある。また予算の削減によって研修が廃止される，多忙な職員が現場から出られず参加者が集まらないため研修が開催できない，職場内での実践の共有や学び合いも継続的に進められないなど，研修や実践研究の場や時間が取れないという課題が深刻である。さらには各自治体によって社会教育・生涯学習の部門や施設の設置・運営形態が多様化し，自治体を越えた職種でのネットワーキング組織の継続も困難な状況になっている。東京学芸大学の立地する東京都の多摩地域は，社会教育活動・公民館活動が活発な地域として歴史的に知られているが，こうした状況は例外ではない。東京の社会教育実践を長年支えてきた東京都公民館連絡協議会（以下，都公連）も，加盟市が年々減少し，研修の企画・運営が容易でない状況に陥っていた。しかし厳しい現状であるからこそ，現場での課題を解決するための実践的な力量を身につけたい，他の事例から学びたい，悩みや関心を共有してネットワークを持ちたい，と能力開発や交流の機会を求める職員・コーディネーターの声も多い。大学と協働することで，こうした職員たちの学びの機会を創造することができるのではないか，

との期待に応えたいと考えた。

　一方で大学としては，学部・大学院に生涯学習の専門的コースを設置し，社会教育主事をはじめとした社会教育関連の資格課程を運営する中で，より実践的な力量形成を目指し社会教育主事養成課程のカリキュラムの改善に取り組んできた。実践と省察のサイクルを基軸に，現職者の生涯を通じた研修と，学部における養成をリンクさせ，長期にわたる学習支援コーディネーターの実践的な力量形成とそのネットワークを支えることが，教育の総合大学をうたう本学の使命と捉え，都公連と連携して公開講座という形で開催に至ったのである。

3　プログラムの概要

プログラムを構成する考え方

　学習をコーディネートする実践的な力量の形成は，一定の知や技術を短期間で習得させ現場に適用しようとする方法では難しい。D. ショーン（Shön, D.）は「省察的実践者」の提起の中で，基礎・応用・実習という学習過程を経て理論を実践に適用することには限界があり，実践の中で省察し学習していくことを示している。E. ウェンガー（Wenger, E.）はあるテーマに関する関心や問題，熱意などを共有し，その分野の知識や技術を，持続的な相互交流を通じて深めていく人々の集団を「実践コミュニティ」と定義した。孤立し分断された学習支援者の力量形成に継続的に取り組むためには，コミュニティと協働が不可欠な概念といえる。

　日本社会教育学会社会教育・生涯学習関連職員問題特別委員会「議論のまとめ」では，〈学びあうコミュニティ〉のコーディネーターの力量形成や研修を継続的に支えるシステムについて次のように示している。

　　学習をコーディネートする力量は，学習過程の展開を支える経験を省察し，さらに経験を積み重ね，省察を積み重ねていくというような継続的な「実践と省察のサイクル」によって形成される。地域の〈学びあうコミュニティ〉の学習過程に関わるコーディネーターは，職場や仲間とともに自分

の実践を省察し，実践に関わり，また省察するというサイクルを通して力量を形成していく。そして，一定期間継続された実践を長期的に省察する中で，実践をより大きな社会的文脈の中でとらえ返し，意味を確認していくことができるが，こうした省察を，大学・大学院などでの実践研究が支えていくことが必要となっている。

　本講座では，「学びあうコミュニティ」の学習過程に関わるコーディネーターの実践的な力量形成の場としての「学びあうコミュニティ」の形成と，「実践と省察のサイクル」をカリキュラムの基軸において展開している。受講者が積み重ねた実践を語り聴き書くことを通して省察し，相互に研究・交流し，実践のネットワークを支える営みを通して，コーディネーターとしての力量を培うことを目指している。⁽⁷⁾

講 座 概 要

　2021年度の講座概要は以下のとおり。

「学び合いを支える実践力を培う～コミュニティ学習支援コーディネーター養成講座」
① 対　　象
　社会教育・学校支援・まちづくり・地域福祉等に関わる職員，スタッフ，市民等
② 講習料
　11,000円
③ 定　　員
　30人
④ 呼び掛け文
　コーディネーターやファシリテーターとして，学び合いと協働活動を支えるための実践力を培う研修講座です。
　自らの実践を語り合い，聴き合い，書くことを通して，自分の課題を見つけ，具体的な力量を形成します。協働の取り組みをどう支援し，持続的な活動をどうつくりだしていくのか，実践の省察を通して考えていきましょう。
⑤ 講　　師
　倉持伸江（本学准教授），柴田彩千子（本学准教授），伊東静一（都公連顧問），南

波素子（都公連）

⑥ 会　場（方法）

　東京学芸大学（対面で開催が難しい場合はオンライン開催）

⑦ プログラム

　7月23日（金）　実践から課題を探る

　8月20日（金）　ラウンドテーブル

　9月17日（金）　学び合うコミュニティ

　10月22日（金）　協働を支えるコーディネーター

　11月19日（金）　実践から学び合う

　12月17日（金）　実践と省察のサイクル

　1月21日（金）　実践記録を読み合う

　3月4日（金）　コーディネーター・コミュニティ

＊全8回，1回4時間，いずれも金曜日13時15分〜17時15分

⑧ 連　携

　東京都公民館連絡協議会（都公連）・立川市

　対象は，社会教育関係職員に限らず，広く学び合いを支援することに関わる人を対象とした。学び合いをコーディネートする力の育成は，様々な分野で求められていると考えたためである。定員は30名だが，例年受講者数は20人を少しこえる程度で安定している。

　実践的な力量を形成するためには，実践の中で省察に取り組み，実践と省察を往還しながら学ぶ必要がある。現職者が無理なく通えるように，月1回のペースで全8回とした。回数の多い講座は参加者が集まりにくいという大学の公開講座担当職員の助言を受け，2015年度のスタート時点では8回をⅠ期・Ⅱ期の4回ずつに分けて応募していたが，数年実施していくうちにほとんどの受講者が年間を通して参加するため，5年目の2019年度から通年での募集に切り替えた。また6年目の2020年度から，募集期間4月〜5月，講座開始が6月だったのを，事業や職員の異動が落ち着く7月に講座開始を変更するなど，受講者の実情に応じた講座運営を心掛けている。

　内容は，基本的には少人数に分かれてお互いの実践を語り，聴くこと，それに基づいて実践記録を書くことをプログラムの中心に位置付けて取り組み続け

てきた。3年目からは，受講者や運営メンバーと相談し，講座の一部にパネル
トークや話題提供，テーマに基づくディスカッションなども取り入れている。
また年1回程度連携先の社会教育・生涯学習施設を会場にし，見学やフィール
ドワークを行っている。初めて参加する人にも，継続して参加する人にも意欲
を継続して学べるよう，工夫している。

4　実践と省察のサイクルによる学び合いの展開

「実践と省察のサイクル」を基軸においたカリキュラムは，実践を語り・聴
き・書くという方法を積み重ねることによって展開されるが，実践を通じた
コーディネーター相互の交流，「学びあうコミュニティ」がそれを支えている。
コーディネーターが，自分自身の実践から課題を発見して設定し，ふりかえり，
探究し，捉え直し，試し，発展させていく。そうしたプロセスを共に歩みなが
ら，生涯を通じた力量形成に向けた学び方を学ぶ。それを支えるのが，協働で
の運営体制と，講座外の活動・組織とのネットワークの仕組みである。ここで
は本講座の特徴を挙げていきたい。

実践と省察のサイクル

実践の省察に取り組むために，互いの実践を語り合い，聴き合うこと，また
それを文章にしていくことを中心的な活動としている。こうした講座での省察
と，自分の仕事や活動などとの実践の往還を積み重ね，有機的に結びつけるサ
イクルを実現するために，月1回のペースとした。

語ること，聴くこと，記録化することによる実践の省察を，定期的に相互的
な検討を通して進めるために，5〜6人の少人数グループでの話し合い活動を
講座の主要な活動に据え，交流を通して学び合っている。

プログラムの前半は，実践をとにかく語り合い，聴き合う。例えば第1回で
は，講座の受講動機について事前に書いてきたものを参考にしながら，どんな
実践に取り組んでいるか，どんな関心を持っているのかを紹介し合う。回を重
ねるごとに，語り合いの時間を長く設定し，取り組んできた実践のプロセスや

思いを聴きとり，自分の実践の核となることや課題を多様な視点から検討し合っていく。

　最初は何をどう話せばいいのか，とまどい緊張の面持ちの受講生たちだが，回を重ね，お互いの実践の取り組みを共有するにしたがって，学ぶ関係と環境が創り出され，信頼感とともに実践の中で感じる問題意識や疑問を率直に出し合い，議論も活発になっていく。

　実践を語ることで取り組んできたことや課題を整理し，自分の役割について深く考え，これまでの歩みをふりかえり，意味づけ，これからの実践につなげていきたいことを意識化することができる。また他の人の実践を聴くことで，似た悩みから学んだり，共感したり，レパートリーを広げることができる。受講者からはこうした学習成果が共有されている。

　講座の後半には，「実践を書く」ことに取り組んでいく。前年度の実践記録集を読んだり，実践記録を書いた経験談を聴いたりすることを通して，なぜ書くのか，何をどのように書くのかについて議論しつつ，自分の実践を語り，書き，読み合い，書き直すという作業を繰り返して実践記録を仕上げていく。こうした作業を進めていく中で共有されていったのは，実践記録はいわゆる「報告書」や「日誌」「日記」とは異なるということであった。

　実践を書くことを進めていく中で，受講生からは次のような意見が多く示された。「自分自身の活動をとらえ直すことができた」「他者とともに取り組むことで，自分の実践の意味を見出すことができた」「事実の羅列だけではなく，思考のプロセスや変化を書くことに意味がある」「社会的に発信する公共的なものとして，守秘義務の問題もあり，職場の上司や関係者に確認してもらう必要があった」など。

　多忙な仕事や活動の中で実践を書くことはたやすいことではないはずだが，実践を語り，聴き合うこと，書くことの意味を講座中に発見・共有し，難しさをともに考え合う中で，やがて受講者たちは熱心に実践を文章化することに取り組み，実践記録集が完成するのである。

学びあうコミュニティ

　実践を語り，聴き合う交流を通した学び合いのために，毎回，5 ～ 6 人の少人数グループに分かれて活動に取り組んでいるが，前半は多様な視点との出会いから実践を多角的に捉えることをねらい，毎回異なるメンバーのグループ編成とし，後半は実践記録を書き，読み合い，また書く中で実践を捉え直していくための信頼関係を構築するために固定メンバーでのグループ編成としている。

　受講メンバーは，年齢・キャリア・地域・職種など多種多様である。公民館や生涯学習施設職員，社会教育・生涯学習部門の職員を中心に，福祉や医療，まちづくり，学校支援などの分野から，正規・非正規職員，指定管理者社員，ボランタリーな立場で関わる市民などの立場で参加している。キャリアも配属されて 1 年目の新人から，中堅，数十年取り組むベテランまで幅広く，年齢も20代から70代まで毎年ほぼすべての年代の方がいる状況である。

　多様なメンバーで構成されていることは，受講者にとって本講座の魅力として捉えられている。自分にとって当たり前だったことが違う視点から疑問や問いが投げかけられることで改めて考えさせられる実践を，市民の立場・施設職員の立場・教育委員会事務局の立場など多様な視点から吟味できる，実践の中の問題意識を共有し関心を持って受け止めてもらえる，などと好評である。一般の研修や講座では同業種・同職種・同年代などであることがテーマの探究にとって必要な条件のように捉えられるが，実践を多様な観点から読み解き，問い返すために，様々な年齢，地域，職，経験，立場の人々が共に学び合うのが不可欠な要素として位置付いている。

協働とネットワーク

　講座の背景でも述べた通り，本講座は開設したときから東京都公民館連絡協議会（都公連）と協働して企画・運営を行ってきた。具体的には都公連の研修として位置付けられ毎年10名を上限に受講者を受け入れ，講師としても都公連の顧問や研修担当部門と相談して例年 2 名が運営に参画している。3 年目の2017年度からは本学と立川市教育委員会との連携・協力に関する協定締結をきっかけに立川市とも連携し，教育委員会内に限らず市全職員を対象とした研

修として3名の予算措置が実現し，毎年の受講につながっている。

　講座の企画・運営やグループ活動のファシリテーションは，講師（大学教員，都公連研講師）と継続して受講する社会教育主事，公民館等職員，市民活動リーダー等，フィールド研究として参加する大学院生の約10名が運営チームを作って取り組んでいる。運営メンバーとは日常はメールで，講座前と講座後は集まって打ち合わせを行い，講座の内容や進行を検討し，受講者一人ひとりの学びの様子などを共有している。多様な立場の運営メンバーだからこそ気づく観点が異なり，様々な受講者の立場から意見を出し合うことで運営に活かすことができている。協働での講座の企画・準備・運営・省察のプロセスそのものが，運営メンバーにとってのコーディネーターとしての学習の機会にもなっている。

　本講座は，学部の授業ともゆるやかにつながっている。例年8月の回は，学部学生も参加するラウンドテーブルとして設定している。社会教育主事養成科目である「社会教育実習」「社会教育演習」を受講する学生や関心のある学生と講座受講生の混合グループを編成し，互いの実践報告を語り合い，聴き合う取り組みである。実践的な力量形成を目指すコーディネーターの力量形成と，地域の社会教育実践への関わりを通した学生の社会教育・生涯学習の学びをつなげるこの試みは，双方から自分の実践とその見方を問い直す刺激的な機会となったと好評である[8]。

　さらに，大学と現場が連携・協働した実践力の育成を目指す新しい継続型研修として，研究組織や実践コミュニティから注目される機会もあり，学会や研修会などで報告する機会もたびたび得ている。今後も積極的に様々な場での発信や関連コミュニティとの交流に努め，そこでのフィードバックをもとに講座をよりよいものにしていきたい。

5　学習の成果——受講者の実践記録から——

　学習の成果として，実践記録の中から，本講座での学びを省察した記述をいくつか紹介したい。

　CLC講座に参加し実践記録を書く中で，自分なりの柱を持たずに講座を企画してきたということに気づきました。今までは日常業務でさえ目の前のことをこなすのに精一杯で，自分の企画した講座が何を目的に，どこを目指しているのかなんてことは考えずにいたと思います。ここで自分の実践を振り返ったからこそ見えた気づきです。今後は，CLC講座の振り返りで得た学びをもとに，講座にどんな人が来て，どんなつながりができていくのか，職員としてどうかかわるかも常に意識ながら取り組んでいきたいです。

（2020年度，A市公民館職員）

　普段目の前の仕事をこなすことに手いっぱいで，なかなか自分の行った仕事をじっくり振り返る時間を持つことができない。しかし今回自分の実践をふりかえることで，様々なことが見えてきた。

　一つ目は，公民館1年目にして行った講座は，これまで自分が築いてきた人とのつながりによって実施できたということだった。（中略）二つ目は，公民館利用者にとって，「つながり」がとても大切なことであるということだ。公民館とカルチャーセンターとの違いを考察しながら，様々な市民の声や，公民館を愛して止まない方々の姿を思い出し，つながれる場所としての公民館と，そこに置かれている職員としての自分の役割について考えることができた。

　最後に，自分自身が物事を「ふりかえる＝検証」し慣れていないために，どのようにふりかえれば良いかが分からず，検証するための自分の「引き出し」が少ないことにも気がついた。しかし，より良い事業を展開していくためには，その事業を様々な視点で検証し，次に向けて改善していくことは，行政において基本的なことであり，非常に重要なことでもあると思う。

　今回，この自分の拙い文章を何人かの方に読んでもらい，自分では気づかなかった視点での意見や感想をいただいたことで，自分の引き出しを増やすことができた。

（2017年度，H市公民館職員）

　今回 CLC 養成講座の中で自身の実践を語ったことは，自分が何を行い，何に迷ってきたのかを振り返る良い機会となりました。必要と思いながらできなかったことを，このタイミングで職場外の講座で行ったことで，より深く省みることができたと思います。講座の中で聞いた講師の「人の力を借りて自分の実践を確立する」の言葉通り，他者に語ることは自身の内省とは違う新たな気づきや発見がありました。

　「覚悟を持ってやり続ける」。この言葉も語り合いの中で迷いを話した時にかけられた言葉です。一見難しく思えた営利企業の指定管理者と生涯学習・社会教育施設の行政サービスの二面性は，さほど重要なことではなく，大切なことは区民・利用者の生涯学習支援を「覚悟をもってやり続ける」こと。すでに答えは自分の中にあって，この講座の中で人の力を借りてそれに気づき，実践を振り返る中で覚悟を持つことが少しはできました。この実践記録を今後迷ったり，ぶれたりした時に立ち返る場所にします。

（2018年度，K区指定管理者職員）

　この実践レポートを作成することによって，市民推進委員会での10年間の活動状況を，改めて整理することができました。…（中略）「市民の声を活かしていく仕掛けづくり」は，ある程度実践できたかと思います。今後の課題は，この実践状況を，いかにして今後の講座づくりや運営に反映していくか，いかにして継続して実践していくか，だと思います。

　市民推進委員会が発足してから13年が経って，当初のメンバーも高齢化してきています。新しいメンバーの加入増と，市民の立場で「生涯学習で市民の輪を広げる」というスタンスを，いかに引き継いでいくかが重要になっています。このレポートの想いを伝えていくことも含めて，いろいろと対応策を考えていきたいと思います。

　この公開講座は，いろいろな自治体の職員およびボランティアの方々と語り合いつつ，非常に有効な講座だと思います。是非次回から，当会のメンバーの参加を促していきたいと思います。これからも，1ボランティアとして継続して実践していきたいと思っています。

（2020年度，T市ボランティア）

　　様々な場面で提案実行することができたのは，サポーターの会とCLC講座での学びに負うところが大きい。当初プレーヤーとして，そしてコーディネーターへと進化することができたのは，学び合う環境に自らを置くことで学びと実践の往還を見据えた実践の積み上げがあったからこそと言える。なぜこの活動に加わっているのか，目的は何なのかを問うてみると，社会とかかわりながら生きる「大人の学び」を楽しみながら学び続けたいと答えが返ってくる。

（2019年度，N区ボランティア）

　公民館職員，指定管理者職員，ボランティア（市民）という，異なる立場の参加者による記録からは，公開講座の中にコーディネーターについて学ぶコミュニティが形成され，実践と省察のサイクルを重ねる支えになっていることがうかがえる。また自らの実践の省察を通した学びが次の実践を展開する原動力を生み，継続して学び続けていくエネルギーとなっているようである。

6　これからの展望

　受講者同士が実践を語り・聴き合い，書くことを柱に据えつつ，運営メンバーや受講者とともに，学び合いに取り組んできた。本講座はコミュニティ学習支援コーディネーターについて学ぶ「おとなの学習」の場でもある。学習支援者も成人学習者である，ということを常に意識して講座の企画・展開にあたってきた。本講座が「実践と省察のサイクル」や「学びあうコミュニティ」の理念や方法をプログラムの中心に据えているのは，まさにおとなの経験を学習資源とし，相互主体的に学び合うことが，意識や行動の変容につながり，コミュニティの知と実践を創造することの重要性と意義を強く実感しているからである。

　ポストコロナ時代のコミュニティでの学び合いをどのように支えていくのか，コーディネーターの実践力を培う学び合いを社会の変化やニーズに応じてどの

ように継続していくのか，その探究はまだ途上にある。大学が学習支援者・コーディネーターの学びを支えることは，学習支援者たちが支える多くの人々の地域の学び合いを支援することでもある。本文で指摘した通り，コーディネーターたちの働く・活動する現場は力量形成に取り組むのに厳しい現状がある。先にあげた「議論のまとめ」では，「研修や実践研究の場を大学・大学院と連携して確保し，長期にわたる発展的な積み重ねの条件が作り出されたところでは，自治のための学習が持続的に発展し，その学習の展開を支える職員がコーディネーターとしての力を培ってきている」として，コーディネーターの力量形成における大学の役割について「実践の活動サイクルを尊重し，実践と省察のサイクルを組み込んだ生涯にわたる力量形成を支援する教育機関としての位置づけを増しつつある[9]」と指摘している。

　よりよい社会の実現に向けて，多様な主体と対等なパートナーシップを結び，ネットワークを広げながら，コミュニティの豊かな学びの展開に貢献していきたい。

注

(1)　以下の文献を参照。すべて日本社会教育学会編，東洋館出版社。『成人の学習』2004年，『学びあうコミュニティを培う──社会教育が提案する新しい専門職像』2009年，『社会教育における評価』2012年，『地域を支える人々の学習支援──社会教育関連職員の役割と力量形成』2015年。

(2)　以下の文献を参照。全国社会教育職員養成研究連絡協議会『社会教育研究』20，2013年；21，2014年；22，2015年。

(3)　生涯学習分科会「社会教育推進体制の在り方に関するワーキンググループにおける議論の整理」2013年，「社会教育主事養成の見直しに関する基本的な考え方について」2017年など。これらの提言をふまえて，2018年2月28日付で文部科学省は「社会教育主事講習等規定の一部を改正する省令の施行について」を通知，「社会教育士」の称号が生まれた。

(4)　D・ショーン，柳沢昌一・村田晶子監訳『省察的実践者の教育』鳳書房，2017年。

(5)　E・ウェンガー／R・マクダーモット／W・M・スナイダー，野村恭彦監修，櫻井祐子訳『コミュニティ・オブ・プラクティス──ナレッジ社会の新たな知識形態の実践』翔泳社，2002年。

(6)　日本社会教育学会編『学びあうコミュニティを培う──社会教育が提案する新し

い専門職像』東洋館出版社，2009年，16頁。

(7)　生涯を通じた学習支援者の実践と省察のサイクルによる力量形成のカリキュラム
　　デザインについては，以下で詳しく検討している。倉持伸江「実践と省察のサイク
　　ルによる力量形成を支える大学——専門的実践力を培う養成・研修カリキュラムの
　　デザイン」，日本社会教育学会編『社会教育職員養成と研修の新たな展望』東洋館
　　出版社，2018年，206-217頁。

(8)　学生の学習支援者としての養成については，以下で詳しく検討している。倉持伸
　　江「地域社会教育実践と連携した学習支援者の養成——東京学芸大学の取組み」日
　　本社会教育学会編『地域を支える人々の学習支援——社会教育関連職員の役割と力
　　量形成』東洋館出版社，2015年，131-142頁。

(9)　日本社会教育学会編，2009年，前掲書，17-18頁。

第6章
大学におけるリカレント教育課程
──女性を対象とした働くための学びの場──

小椋幹子

　Society5.0の進展や少子高齢化による急激な外的環境の変化に対応するため，大学が担う「リカレント教育」の役割の重要性が増してきている。特に少子高齢化に伴う労働力不足については，女性の労働力率を上げることが必要とされ，そのためには就労意欲を持つキャリアにブランクのある専業主婦や女性の就労の長期にわたる継続および女性労働者の活躍推進が課題となる。本章では，この社会的課題に着目し，特に女性のリカレント教育についての事例を取り上げた。事例を分析することで大学が社会的課題解決に貢献できることを提示する。また，大学がリカレント教育課程を企画・運営するにあたり，大学職員に求められることについても言及した。

1　女性のためのリカレント教育

女性のためのリカレント教育の開設

　女性を対象にしたリカレント教育課程は，すでに日本女子大学や明治大学，関西学院大学等，長い実績を有する大学もある中で，筆者の所属する京都女子大学も2018年（＝リカレント教育元年）に女性を対象としたリカレント教育課程を開設した。当初は，京都府からの要請を受けて連携事業としてスタートしたが，2019年度からは大学独自の事業として運営している。初年度は，就業にブランクのある女性（主に専業主婦）をメインターゲットとしたコースのみであったが，2021年度現在は，文部科学省の委託事業も含め，働く女性をターゲットにしたコースを増設し4コースを運営している。

　リカレント教育課程の対象を女性に限定しているのは，少子高齢化にともな

い労働力人口が減少する中で，人口構造の変化に対応する最善の解決法が女性のエンパワーメントであると考えるからである。現在，日本の抱える社会的課題の解決の方策として「女性のためのリカレント教育」を複数の大学が展開している。また，日本女子大学を幹事校として「女性のためのリカレント教育推進協議会」が2019年に発足された。参加校は，女性を対象としたリカレント教育課程を運営している日本女子大学，関西学院大学，明治大学，福岡女子大学，京都光華女子大学，山梨大学，京都女子大学である（2021年度現在）。「女性のためのリカレント教育は，女性の社会的活躍を推進し，労働力不足を改善し，持続社会を実現するために必要不可欠な要素として，その拡充進展が喫緊の重要課題」としている。

　この7大学のカリキュラムを見てみると，パソコンや会計，プレゼンテーションなどの汎用性のあるビジネススキルを身に付けるための基礎的な科目や個人のキャリアを棚卸し，見つめ直す科目（ライフキャリアデザイン等）が編成され，キャリアブランクによる知識・スキル不足をフォローすることに重点をおいているものや（日本女子大学・京都女子大学・明治大学・山梨大学・京都光華女子大学），経営戦略，組織マネジメント等，企業内キャリア発達に必要なマネジメントに関連する科目を重点的に擁するプログラムもあり（関西学院大学・日本女子大学・京都女子大学・明治大学・福岡女子大学・山梨大学），女性の労働力の実質化に貢献を目指すものとなっている（表6-1）。

　プログラムの履修期間は1年あるいは半年に分かれているが，このカリキュラムの特性（汎用的ビジネス系，マネジメント系）と履修期間を軸に，各大学のリカレントプログラムをマトリックス図に配置すると，マネジメント系の半年期間プログラムが多いことが明らかになった（図6-1）。

　文部科学省「社会人の大学等における学び直しの実態把握調査研究報告」（平成27年度先導的大学改革推進委託事業）によると，大学等で学び直しを行ったことがない社会人が大学等のカリキュラムで重視する内容としては，「特定の分野を深く追求した研究・学習が可能な内容」（22.6%）が最も高く，次いで「最先端にテーマを置いた内容」（21.9%），「幅広い仕事に活用できる知識・技能を習得できる内容」（21.3%）の回答であった。各大学のリカレン

表6-1　女性のためのリカレント教育課程（2021年現在）

大学名	プログラム（コース名）	開講期周	略称
日本女子大学	再就職のためのキャリアアップコース 働く女性のためのライフロングキャリアコース	1年 半年	日本女子② 日本女子①
関西学院大学	ハッピーキャリアプログラム女性リーダー育成コース ハッピーキャリアプログラム女性のキャリアアップ・起業コース	1年 半年	関学① 関学②
明治大学	女性のためのスマートキャリアプログラム昼間コース 女性のためのスマートキャリアプログラム夜間・土曜コース	半年 半年	明治① 明治②
福岡女子大学	イノベーション創出力を持った女性リーダー育成プログラム	半年	福岡女子
京都光華女子大学	リカレントプログラム	半年	京都光華
山梨大学	女性のためのステップアッププログラム	半年	山梨
京都女子大学	平日通学コース 再就職支援コース ブラッシュアップコース キャリアアップコース	半年 半年 半年 半年	京都女子① 京都女子② 京都女子③ 京都女子④

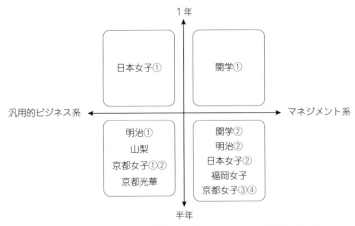

図6-1　リカレント教育課程のポジションマップ（2021年現在）

ト教育プログラムのコンセプトとほぼ合致している。また，同調査で，学び直しの障害要因の一つとして「1年間未満の短期間で学べるプログラムが少ない」（8.7%）が挙げられていた。1年前と比較してほとんどのプログラムが半年間に変わってきているのもこのような障害要因を排除し，アクセシビリティを高めた結果である。

2　事例：京都女子大学リカレント教育課程

　本節では，京都女子大学で開設しているリカレント教育課程を事例として取り上げ，女性のリカレントについてその特性を分析した。分析に利用するデータとしては，2021年度の受講生のリカレント教育課程への「履修申込書」および入学時に実施した受講生アンケートである。

リカレント教育課程設置の背景

　京都女子大学は，京都府リカレント連携事業の一環として，京都府で初めて2018年10月にリカレント講座をスタートさせた。対象は，「短期大学・大学以上の卒業者で，就業経験を有する女性」である。出産・育児でキャリアを中断した女性がメインターゲットであるが，リカレント講座の受講にあたっては，子どもの「預け先」が課題となるため，2018年・2019年は学内に「保育ルーム」を設け，保育士を学外から派遣し，リカレント受講生の未就学児を保育する環境も整えた。また，2020年度からは，大学が立地する京都市東山区保育園連盟と連携協定を締結し，定員に空きのある保育園への一時預かりを必要な受講生に提供している。

　2018年度開設当初は，「就業経験があるが，一旦離職してキャリアにブランクのある女性」（主に専業主婦）をターゲットとしていたが，2020年度からはeラーニングシステムを導入し，ビジネス知識を習得する科目群を編成することで「働いている女性」をターゲットとしたコースも展開している。

　2021年度は，文部科学省の委託事業も加えた4コースで開設した。各コースのターゲットと入学者の属性に関する特徴は表6-2のとおりである。

　ブラッシュアップコース，キャリアアップコースには，RPA（Robotic Process Automation）[3]科目を置き，DX 時代に対応した。RPA を対面で教える機関は少ないため，RPA 受講に関する問い合わせも多かった。なかには人材派遣会社の企業内教育の代替として登録派遣社員に本学のリカレントプログラムを勧められた例もあった。

表6-2　2021年度京都女子大学リカレント教育課程

	平日通学コース	再就職支援コース	ブラッシュアップコース	キャリアアップコース
受講生数（人）	7	12	30	15
平均年齢（歳）	37.4	42.8	42.9	43.1
雇用形態（%）	正　規　43 非正規　42.9 無　職　14.1	正　規　0 非正規　42 無　職　58	正　規　40 非正規　47 自営・その他　10 無　職　3	正　規　60 非正規　40
平均転職回数（回）	1.9	2.8	3.3	3.4
コースの特徴	パソコン，簿記等基本的なビジネススキルを身に付け，キャリアブランクからの就業をめざす。	パソコン，簿記，組織マネジメント等のビジネス知識・スキルを身に付け，再就職をめざす。	AI，IT リテラシー，RPA のスキルと汎用性のあるビジネス知識を身に付ける。	AI，IT リテラシー，RPA，ビジネス統計学，組織マネジメント等のマネジメントに必要なスキルと知識を身に付け，キャリアアップをめざす。
メインターゲット	キャリアブランクのある女性	求職中の女性	働いている女性	キャリアアップをめざす働いている女性

受講生の履歴に見る特徴

　リカレント教育課程入学者の学歴を見ると，医療福祉・芸術系の学部や海外や理系の大学院を卒業しているケースがあり，修めた学業が多彩である。また，キャリアの継続に着目すると，結婚，出産，育児，配偶者の転勤（海外帯同含む）等，家族の影響を受けたキャリアの中断がある。また，非正規雇用者の場合，契約年数の上限が決まっているため転職を繰り返す傾向にある。2021年度のリカレント教育課程受講生の場合，平均転職回数は，働いている女性の多いブラッシュアップコースでは3.3回，キャリアアップコースでは，3.4回となっていた（表6-3）。さらに詳しく見ると，最頻値は0回であり，正規雇用者は長く1カ所で働いている傾向にある。最高値は9回であり，非正規雇用の契約が切れても正規雇用の転換ができず，非正規雇用を繰り返していた。

　クラウドサービス・コンサルティング事業を手掛けるリスクモンスターが実施した「社会人の転職事情アンケート」[(4)]によると，転職経験ありと回答した女

表6-3　リカレント受講生の転職回数　　（単位：回）

	平日通学コース	再就職支援コース	ブラッシュアップコース	キャリアアップコース
平均値	1.9	2.8	3.3	3.4
中央値	2	2	2.5	3
最頻値	3	2	0	0
最大値	4	9	9	8

性の割合は63.2％であり，男性の50％を超える結果である。また，40代女性の転職回数については「4回以上」と回答したものが46.7％，50代女性では48.5％である。ほぼ，本学のリカレント受講生の転職回数と一致している結果となった。

　正規雇用を望みながらも非正規の仕事に従事しており，責任ある仕事や専門性のある業務に携わる機会がなく，そのためにビジネススキルも向上させることが難しい。契約が切れてもビジネススキルにおいて「強み」がないために正規雇用へ転換することができず，非正規雇用を繰り返すという負のループに陥っている。

受講生の志望動機に見る特徴

　リカレント教育課程出願に必要な書類である「履修申込書」には志望動機・受講目的欄を設けており，リカレント生が志願するに至った動機が記されている。本節では，2021年度の「履修申込書」に着目し，以下のリサーチクエスチョンを設定し，質的分析としてテキストマイニングを実施し，分析することとした。

　　① リカレント教育課程を志望する社会人の志望動機にはどのような特徴があるのか。コースごとに違いがあるのか。
　　② どのようなことをリカレントに期待しているのか。

「履修申込書」を分析するにあたり，分析ツールとしてフリーのテキストマイニングソフト「ユーザーローカル」を利用し，特徴語と頻出語を抽出し，その傾向をみた。また，ワードクラウドで，tf-idf法による文書中の単語の重要度を評価し，そのスコアを計算し，視覚化した。各コースのリカレント志望動

機に記述されている出現頻度および重要度の高いワードが，値に応じた大きさ
で図示されている。ここでは，ターゲット層が似ている「平日通学コース」と
「再就職支援コース」間の比較および「ブラッシュアップコース」「キャリア
アップコース」間の比較を通じてその特徴を分析する。

ⅰ）平日通学コースと再就職支援コース

　平日通学コースの特徴語としては，共通の特徴語「リカレント教育」の他は，
「社会復帰」「専業主婦」「再就職」「キャリアプラン」といった属性と目的を示
す名詞が目立つ（図6-2）。

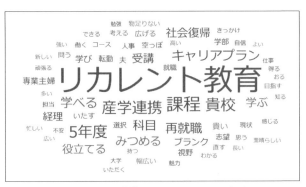

図6-2　平日通学コースのワードクラウド

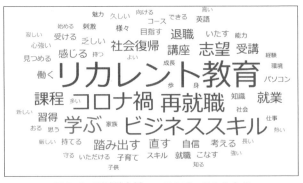

図6-3　再就職支援コースのワードクラウド

表6-4　共通頻出語の出現割合

（単位：％）

	平日通学コース	再就職支援コース
仕　事	56	44
自　信	34	66
志　望	19	81
再就職	30	70

　一方で，再就職支援コースでは，「コロナ禍」「再就職」「ビジネススキル」が目立っており，目的を示す名詞の他，志望動機に「コロナ禍」の影響を受けていることも示唆するものとなっている（図6-3）。

　また，両コースの文書に共通する頻出語に着目し，上位4位までを抽出すると（表6-4），再就職支援コースの方に「自信」「志望」「再就職」の頻出割合が高く，コロナ禍で就業に影響を受け，再就職を志望している傾向があらわれている。

〈再就職支援コース志望動機の一例〉

Aさん

　……コロナ禍で仕事が減少し，今後の働き方について真剣に考えていた時にこのリカレントを知り，学び直して自信を取り戻したいと思いました。

Mさん

　……コロナ禍でリモートワークなど勤務形態が変わる中，パソコンスキル等を身に付け，しっかりスキルアップして自信を持って再就職に挑みたいです。

　なお，平日通学コースのみに出現する名詞は「夫」「不安」「専業主婦」「きっかけ」等があり，リカレント教育課程への出願に際して，長期のキャリアブランクによる社会復帰への不安感や家庭での懸念事項（夫の理解，説得など）を示唆するものとなっている。

　再就職支援コースのみに出現する名詞は「就業」「コロナ禍」「ビジネススキル」「スキル」「成長」等があり，学び直しの目的を示唆するものとなっている。

ⅱ）ブラシュアップコースとキャリアアップコース

　これらのコースは，前述の2コースと比較して，就業者が多いことが大きな違いである。就業者の割合は，平日通学コース85.9％，再就職支援コース42％に対し，ブラッシュアップコースでは97％，キャリアアップコースでは100％である。特徴語・頻出語分析においてもその特性が顕著にあらわれた。

　ブラッシュアップコースについては，共通の特徴語「リカレント教育」の他は「ビジネススキル」「ブラッシュアップ」「RPA（Robotic Process Automation）[5]」といった講座の特性や講座名が重要度の高い名詞として表れた（図6-4）。

　キャリアアップコースについては，「エンプロイアビリティ」「キャリアアップ」といった効果を表現するものや，外的要因を表す「コロナ禍」，講座名で

図6-4　ブラッシュアップコースのワードクラウド

図6-5　キャリアアップコースのワードクラウド

表6-5　共通頻出語の出現割合 （単位：%）

	ブラッシュアップコース	キャリアアップコース
仕　事	59	41
知　識	35	65
受　講	42	58
ＲＰＡ	29	71

ある「RPA」が目立つ結果となった（図6-5）。

　また，共通の頻出語である「知識」「RPA」に関してはキャリアアップコースのほうが高い出現割合となった（表6-5）。キャリアアップコースのカリキュラムがビジネス知識とRPAスキルをブラッシュアップコースよりも強化したものとなっているため，プログラムの特性が影響しているといえる。

　また，キャリアアップコースのみに出現する名詞には「エンプロイアビリティ」「体系」「モチベーション」「リテラシー」「管理」「責任者」があった。一方で，ブラッシュアップコースについては「パソコン」「子育て」のみが当該コースのみに出現している。

　これは，キャリアアップコースでは全員が就業中であり，また，正規雇用者の割合が全コースの中で最も高いといった属性が影響していると思われる。

　キャリアアップコースの中には大企業の管理職などのキャリア層や銀行や大企業の総合職も含まれており，キャリア開発への興味や企業へのコミットメントが高いことが示唆されている。

〈キャリアアップコース志望動機の一例〉
Mさん
　……責任者として働くうえで，知識やスキルの構築を体系的に行い，自身の弱みを克服し，強みを強化することで学びを自社内に展開して組織の強化につなげたいと思っています。
Rさん
　……ITリテラシーやRPAを学び，少ない工数で大きな成果を上げる方法を今後の業務に取り入れ，会社の改善点や改良方法を提示して利益の

拡大に貢献したいと思います。

3　リカレント教育課程における学びと成果

　前項のテキストマイニングの結果により，リカレント教育課程を志望する社会人の志望動機にはコースごとに違いがあり，申込者の属性（非正規，正規，専業主婦等）や状況（キャリアブランクが長いか，管理職であるか等）が影響している傾向にあることがわかった。平日通学コースには，「社会復帰」「専業主婦」「再就職」「キャリアプラン」など，長いキャリアブランクから復帰のための学びとしてリカレントを選択したことが志望動機に表れていた。再就職支援コースについては，「コロナ禍」「再就職」といったコロナ禍での再就職を目指す傾向にあることが志望動機に表れていた。ブラッシュアップコースでは，「ビジネススキル」を身に付け，「ブラッシュアップ」することを志望動機とし，キャリアアップコースでは，「エンプロイアビリティ」を高め，「キャリアアップ」することが志望動機としている特徴があった。

　リカレントに期待していることも，各コース間で違いがあり，志望動機と連動していた。特に，キャリアアップコースについては，正社員の比率が高いことから，所属企業への学びの成果の適用と企業内でのキャリアアップを目指しており，企業へのコミットメントが高いことが特徴といえるだろう。

　2020年度に実施した本学のリカレント教育の成果については，修了時アンケートによると，満足度（「大変満足」と「おおむね満足」の合計）84.9%を示しており，有用度（「リカレントでの学びがキャリアに役に立った」「まあまあ役に立った」の合計）については，100%を示した。[6]

　さらに，2020年度リカレント教育課程平日通学コースの就職状況を見ると，受講前においては受講生の55.6%が就業にブランクのある専業主婦が占めており，正規雇用27.7%，非正規雇用5.6%であった。受講修了時には全員が再就職を果たし，その結果，非正規雇用55.5%，正規雇用33.3%に転じた（図6-6）。再就職先としては，官公・教育機関，医療・福祉機関が多い。また，勤務形態については，非正規の短時間労働（パートタイマーなど）がほとんどで

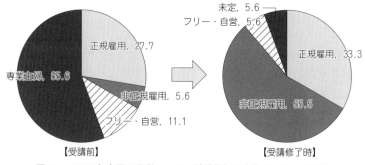

図6-6　2020年度平日通学コース　就職状況の変化（n=18，単位%）

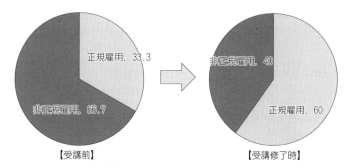

図6-7　2020年度土曜通学コース　キャリアの変化（n=15，単位%）

ある。その理由としては，専業主婦歴が長かったために，ただちに「正社員・フルタイム」の復帰ではなく，スモールステップでビジネスの社会に慣れていくために，まずは「非正規・時短勤務」を選択する傾向があることが挙げられる。

　再就職先の業界についても，落ち着いて仕事に慣れていくために，競争社会から距離をおいた「官公庁，教育，医療機関」が好まれる傾向にある。

　また，2020年度リカレント教育課程土曜日通学コース受講生のキャリアの変化を追うと，受講前は非正規雇用が66.7%，非正規雇用が33.3%を占めていたが，受講修了時は，正規雇用が60%，非正規雇用が40%を占める結果となり，正規雇用と非正規雇用の比率が逆転し，キャリアアップに成功している（図6-7）。

　非正規雇用から正規雇用への転換の他にも，「勤務する企業で希望する職種へ転換した」「勤務先で，RPAを導入した業務改善を提案し，採用された」等，

リカレントで得られた知識や経験を自分の仕事や所属する組織に適用している様子が見られた。

　大学での学び直しについては，平成30年度内閣府「多様な選択を可能にする学びに関する調査」によると，学習方法別に仕事のための学びを活かせているかという実感に関して，「教育機関での講座や大学・大学院等で学び直すこと」に効果があると報告されている。[7]

　京都女子大学が2019年度に大学コンソーシアム京都より受託し，実施した委託調査[8]においても，大学で学び直しをした層の全員が，学習活動が現在の仕事やキャリアアップ・転職・就職に活かせていると回答している。

　本学のリカレント教育課程土曜通学コースのみであるが，2020年度卒業生の追跡調査として web アンケートを実施（2020年10月18日～25日）したところ，93.3%が何らかの形で学びを継続していることが分かった（表6−6）。

　なかには大学院（正規課程）に進学した卒業生や専門分野のインターネット講座を受けている卒業生も存在しており，リカレント教育をきっかけに学びがより専門的に発展している事例といえる。

　なお，本学だけではなく，他大学でも同様にリカレントの学びから大学院の学びへの発展的な行動変容は起きており（例：関西学院大学のリカレント教育修了後，神戸大学大学院 MBA プログラムに進学），重層的な学びの体制が大学に求められているといえる。

　大学のリカレント教育課程での学びは，職場を越えた「越境学習」[9]の場である。リカレント教育課程で多様な人々と出会うことで，客観的な視点を得ることになるため内省が促され，学んだ事を経験に照らし合わせて一般化することができる。さらに，そのことにより，自分の仕事への理解を深化することができる。実際に，リカレント受講生からは，「異業種の方と話す機会があり，刺激となり視野が広がった」「苦手な分野や今まで関わらなかった分野の事を知る機会ができて良かった」「現在の仕事と，学問の理論が根底でつながっていて，業務を深く理解するきっかけとなった」等の声が聞かれた。[10]

　大学は，「職場」でも「家庭」でもない場所「サードプレイス」であり，仕事へつながる「知見」が得られる貴重な場所である。「越境学習」ができる場

表6-6　卒業後の学びの状況（n=15）

内容	％
インターネットや書籍などで自分で勉強している	73.3
異業種／同業種交流会や勉強会に参加している	13.3
大学・大学院（正規課程）に入学し，学んでいる	6.7
特に活動していない	6.7
民間のスクール（通信含む）で学んでいる	0
大学のリカレントで学んでいる	0
その他	0

所として大学が担う役割は大きいものがある。加えて，2020年度よりコロナ禍によりキャリアの不確実性が浮き彫りになり，変化に対応し続けるために「学び続ける」ことが重要であることも認識され，[11] その機会を提供する役割を担う大学にますます期待が寄せられている。

4　大学職員に求められる役割
——リカレント教育課程に関わる職務の視点から——

「大学は新しいことを最初に形にし，拡散し，後世につなぐ場」とされる。[12]「リカレント教育」の領域は大学の社会貢献のうちの新しい分野である。

　実際に，リカレント教育課程を運営するには，教える側の教員と運営側の大学職員の教職協働が必須である。まず，リカレント教育課程運営に関する業務プロセスとして，①マーケティング調査，②プログラム設計（教員手配含む），③広報・募集・選考活動，④プログラム運営，⑤評価・次年度への反映がある。教職協働が特に必要とされるのは，②プログラム設計（教員手配），③広報・募集・選考活動，④プログラム運営である。

　①マーケティング調査においては，前年度受講生からの評価（アンケート，インタビュー）をもとに課題や改善が必要な事項を洗い出すと同時に，企業のニーズについてインタビューを通して分析し，リカレントプログラム設計の参考に資する。②プログラム設計のプロセスにおいては，必要な講義と担当する教員への協力要請など，キーパーソンとなる教員を中心に手配する。③広報・募集・選考活動においては，学内教員のゼミ生や卒業生，リカレント修了

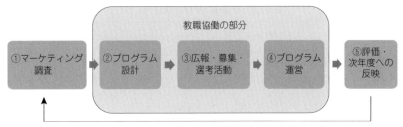

図6-8　リカレント教育課程運営に関する業務プロセス

生のネットワークや協力機関への PR 活動を幅広く行う。④ プログラム運営
においては，リカレント教育課程に携わる大学職員には，企画・広報・データ
分析，プロジェクトマネジメントなど，ほかの部署に比して求められる役割が
幅広い。市場のニーズにあわせたプログラムを考えるために，マーケティング
やデータ分析に関する専門知識が必要であり，専門性が求められる。

　また，学内の組織的支援を求めるためには，インナーコミュニケーションが
必要である。本学では，リカレント教育課程のシンポジウムやイベント等の
PR やリカレント教育課程の志願者状況の報告などの情報発信・共有を続けた
ところ，学内の認知度が上がり，協力を要請しやすくなった。以上の様に，リ
カレント教育課程の業務プロセスにおいては，大学職員が担う領域は幅広いも
のとなっている（図6-8）。

　大学改革時代において，中央教育審議会に言及されるように大学職員が担う
役割はますます大きくなってきている。大学職員の高等教育政策上の位置付け
が大学経営をはじめとした可能な限りの大学管理運営業務を大学職員が担って
いくことを期待するものに変わってきており，リカレント教育課程企画・運営
においても，このように多くのプロセスを大学職員が担っていることが示唆さ
れる。大学職員が専門性を身に付けるには，OJT のみでは不十分であるため，
学外の研修・勉強会や，自発的に職務に関連する資格を取得する，あるいは積
極的に外部の情報を収集し，仕事に役立てる等の所属組織を越えた学び（越境
学習）が必要である。

　大学教員には「教育」「研究」が主たる職務であり，大学職員と比較すると
教職協働といえどもリカレント教育等の政策立案に携わる時間に限界がある。

したがって，リカレントをはじめとする大学の政策立案過程においては，専門性と強みを身に付けた大学職員が積極的に構築・提案していくことが重要であり，そのことが組織のパフォーマンス向上に寄与し，大学の価値の最大化につながると考える。

注
(1)　女性のためのリカレント教育推進協議会ホームページ（https://www5.jwu.ac.jp/gp/kyogikai/ ［2021.10.1］）。
(2)　文部科学省 平成27年度 先導的大学改革推進委託事業「社会人の大学等における学び直しの実態把握に関する調査研究報告書」（イノベーション・デザイン＆テクノロジーズ）
(3)　RPA（Robotic Process Automation）。これまで人間のみが対応御可能と想定されていた作業，もしくは高度な作業を，人間に代わって実施できるルールエンジンや AI，機械学習等を含む認知技術を活用した新しい労働力（Digital Labor）を創出する仕組み（日本 RPA 協会　https://rpa-japan.com ［2021.12.1］）。
(4)　リスクモンスター「第 1 回「社会人の転職事情アンケート」」調査（https://www.riskmonster.co.jp/mailmagazine/post-8706/ ［2021.10.1］）。
(5)　(3)に同じ。
(6)　『京都女子大学地域連携研究センター　アニュアルレポート2020』京都女子大学，2021年 3 月。
(7)　「多様な選択を可能にする学びに関する調査報告書」（平成30年度内閣府調査）。
(8)　大学コンソーシアム京都2019年度指定調査課題「京都のリカレント教育のあり方と，加盟校及び財団における取扱の推進について」（https://www.consortium.or.jp/wp-content/uploads/page/14214/2019_shiteichousakadai_01.pdf ［2021.10.10］）。
(9)　「越境学習」を「個人が所属する組織の境界を往還しつつ，自分の仕事・業務に関連する内容について学習・内省すること」と定義している（中原敦『経営学習論――人材育成を科学する』東京大学出版会，2012年，186頁）。
(10)　2021年11月27日開催「リカレント・カフェ」イベントより（受講生意見交流会イベント）
(11)　『日本経済新聞』「コロナで仕事に不安　社会人の学び直しが加速」2020年 9 月 3日（https://www.nikkei.com/article/DGXMZO63376630T00C20A9CE0000/ ［2021.10.11］）。
(12)　文部科学省　里見朋香氏による。京都大学私学経営アカデミーでの講義資料より（2020年10月）。

第7章
大学が地域連携機関を構築する意義と課題
——龍谷大学 REC 30年の事例から——

河村能夫

1 はじめに

　日本の大学としては初めての地場企業を対象とした産官学連携機関となった「龍谷エクステンションセンター（以下，REC）」が設立されたのは1991（平成3）年のことで，すでに30年の経験が蓄積されている。REC 設立を機に，龍谷大学では，大学の社会的役割を「教育・研究・エクステンション（普及または拡張）」であると内外に公表している。この地域連携の経験に基づき，本章では，大学にとって地域と連携することの意義を問うとともに，大学との連携関係の構築が地域社会にとってどういう意味を持つのかについて考察する。

2 REC の理念と設立背景

　龍谷大学のホームページにおける REC の説明は，「REC は設立当初からコミュニティ・アイデンティティ（地域をどう認識するか）を重視しており，大学の持つ資源を地域に還元する活動にとどまらず，地域の人材や資源を大学に活かして，これを本学の教育や研究に活用した上で，その成果をさらに改めて地域に還元する，この双方向のサイクルを本学のエクステンション活動の基本理念としている」に始まる。この短いステートメントには，大学と地域の関係性に関する重要な基本的視点が込められている。第一の視点は，大学の持つ資源を地域に還元するというベクトル，第二の視点は，地域の持つ資源を大学に活かすというベクトル，そして第三の視点は，地域社会のアイデンティティ

（自己認識）のあり方が大学と地域の連携関係を規定すると同時に，その連携関係は地域社会の発展プラットフォームとして機能するという枠組である。

　エクステンション（extension）は，アメリカ合衆国の高等教育制度の例に照合すれば，「普及」と訳すのが妥当と思われる。日本の場合，普及事業は政府の役割との認識があるため，エクステンションを大学の枠組の中で理解するのは一定の困難を伴うが，本書で扱う大学開放と重なる概念と言える。アメリカ合衆国では，エクステンションは高等教育制度の主要な社会的機能のひとつとして発展してきた。

　アメリカ合衆国の高等教育システムでは，2種類の普及事業が実施されている。ひとつは，ユニヴァーシティ・エクステンション（University Extension：以下，大学普及）で，もうひとつは，ユニヴァーシティ・コーオペレイティヴ・エクステンション（University Cooperative Extension：以下，大学協同普及）である。大学普及は，大学に蓄積されている知識を地域社会のニーズに合う形で教育プログラムとして提供する事業を指し，大学の教育機能を重視した普及事業と定義でき，ほぼ全ての大学で実施されている。具体的には，学位取得の必要性のない社会人のニーズに合う形態で教育・研修を提供し，その実施形態は夜間授業や集中授業などで，受講者が通常の就業形態を崩さずに修得できる。

　他方，大学協同普及は，土地付与大学（Land Grant University）で実施されている普及事業で，地域との協同を概念の柱に置く。土地付与大学とは，1862年のモリル法（The Morill Act）に基づいて原則として各州に1校選定された大学で，連邦政府が大学に土地を付与する代わりに，大学に地域産業（特に農業）および地域社会の発展に寄与することを義務付けた制度である。したがって，土地付与大学では，設立当初から研究・教育とともに普及が大学の重要な社会的役割として制度化されていた。土地付与大学では，地域社会のニーズに合った教育プログラムにとどまらず，地域社会が抱える課題に対して研究プログラムを組み，その研究成果を地域社会に還元する相互関係を構築している。大学協同普及は，大学の研究機能を重視した普及事業と定義できる。したがって，地域産業・社会のニーズに合った教育とともに研究をどう構築するか，が主要課題となる。

　REC設立の理念には，この大学協同普及の概念が濃厚に反映されている。
それは，龍谷大学が第3キャンパスの瀬田キャンパスを滋賀県に開設した経緯
と密接に関係している。滋賀県は大企業の誘致により1970年代後半に急速に農
業県から工業県に転換し，財政状況も好転していった。一般的に言えば，それ
は成功例であったが，県の認識はそうではなかった。多くの大企業が誘致され
たが，県内の地場産業の中小企業には全く関係しない産業構造が出来ていた。
この二層構造は油（誘致の大企業）と水（地場産業の中小企業）のように分離
し，大企業誘致により工業化した県のマクロ経済は潤ったが，地場産業の中小
企業の発展には結びつかなかった。しかも，大企業の人材，特に頭脳に相当す
る人材は県外からの流入で，地元から雇用される状況にないことが県の課題で
あった。これは，滋賀県にかかわらず他地域でも，開発途上国でも見られる一
般的問題であり，「外資導入の罠」とも言える課題である。県は，この理由を
技術や人材育成を担う理工学部の欠如にあると判断し，当時の知事（武村正義
氏）が非常勤で教えていた龍谷大学に理工学部設置の可能性を打診してきた。
　当時，龍谷大学では1985年からスタートさせる第2次長期計画の策定中で，
学部教育の教育改革（後に学内では88改革と称された教育制度改革）を基軸に
計画を立てていた。急遽，第2次長期計画期間（1985～1990年）の後半に理工
学部を軸とする瀬田キャンパスの開学による大学全体の構造的拡充を追加し，
第3次長期計画（1990～2000年）では大学院教育の教育改革とともに，REC
を軸とした大学と外部機関や組織，地域社会との連携関係（普及）構築を推し
進める方向に転換した。
　瀬田キャンパス開設に際して，滋賀県と大津市から多大の援助があった。資
金援助とともに，土地提供があった。この点で，アメリカ合衆国の土地付与大
学に類似した状況に龍谷大学が置かれた。瀬田キャンパス設立当初から，大学
が地域社会とどのように関わっていくか，地域発展のために大学がどういう役
割を果たすかが，大学の課題として問われる立場にあった。瀬田キャンパスを
日本型土地付与大学として認識してスタートしたのは，このような背景が働い
ていた。

3　REC の機能構造と事業展開

　大学の持つ資源を地域に還元するという基軸は，教育機能の提供，研究機能の提供，施設の提供の3機能が考えられる。教育機能の提供の具体的な形としては，アドホックに実施される出前講義・講演，より制度化したものとして生涯教育やリカレント教育がある。研究機能の提供の具体的な形は，受託研究や共同研究，コンサルテーションがある。施設の提供としては，図書館の利用，教室の利用，体育施設の利用，精密計測機器の貸し出しなどがある。これをREC の事業構造との関係から検証する。

REC の教育を軸とする事業展開：生涯教育事業と連携教育事業

　大学開放3機能のうちの教育機能の提供としては，REC 事業の視点から見ると，生涯学習事業がある。生涯学習事業の目的は社会に豊かな「学びの場」の提供であり，その枠組の中心は REC コミュニティカレッジ（以下，コミカレ）である。その開講形態は，1988年の教育改革（88改革）に合わせて前期・後期のセメスター制を取り，1回の授業時間（コマ）は講義・演習（語学など）の場合90分，フィールド実習の場合3～4時間と，授業内容により異なる。1講座のコマ数はフィールド実習の場合は1回，通常の講義形態の場合は4～6回，語学の場合は15回で，普通の大学教育カリキュラムの1単位に相当する内容が目安となっている。学位取得を目的としない一般社会人のニーズに合う内容の教育提供が目的であるので，そのニーズ把握が決定的に重要となる。

　同時に，REC コミカレは，大学の特徴を社会に発信する良い機会でもある。表7-1は，コロナ禍の影響が著しくなる前の2018年に REC コミカレが提供した8コース361講座の内訳である。このうち「仏教・こころ」「文化・歴史」「文学」のコースに属する講座数は241で，全体の3分の2（67％）を占める。理系に関する講座の場合でも，環境や健康が切り口となった内容で，浄土真宗の西本願寺をバックボーンに持つ龍谷大学の特性が，提供講座のあり方に反映されている。REC コミカレのような公開講座は，大学から社会へ発信する

表7-1　2018年度 REC コミュニティカレッジ提供講座数

コース分類	前期	後期	計（％）
仏教・こころ	28	29	57（16％）
文化・歴史	76	69	145（40％）
文　学	19	20	39（11％）
自然・環境	7	7	14　（4％）
暮らしと健康	7	9	16　（4％）
現代社会	10	13	23　（6％）
外国語	33	28	61（17％）
資　格	6	0	6　（2％）
計	186	175	361（100％）

出典：REC コミュニティカレッジ2018（4-9）および2018（9-3）案内パンフ
レットより筆者計算。

メッセージの役割を担っている。

　REC コミカレが開始された1993年後期の開講講座数は4，受講者数は146に
過ぎなかった。開講講座数が年間100を超えるのは1997年以降，REC 京都が設
置された2001年には開講数は200，2004年には300を超える規模になった。開講
講座数がほぼ400に近づいている2017年までの7年間の動向を見ると，表7-2
のとおりである。

　開講講座の構造を2017年度で見ると，REC コミカレ（REC 京都，REC 滋
賀，REC 大阪の3カ所で実施）の受講定員数は1万3643人，受講者数8325人
（定員充足率61％）であった。設置講座388のうち，不開講数40（不開講率
10％：受講希望者10人未満の場合は不開講），専任担当講座数87（専任担当率
22％），新規講座数21（新規講座率5％）であった。低い専任担当率は，REC
コミカレが学内の専任教員以外の講師によって担われていることを示している。
これらの講師には龍谷大学関係者（非常勤講師や名誉教授）以外に，学外の人
材（弁護士，医師，臨床心理士などの専門家，行政や NPO の職員など）が含
まれる。このことは，REC の基本理念「大学の資源を地域に還元するにとど
まらず，地域の人材や資源を大学の教育や研究に活用する双方向のサイクルの
構築」のためには重要である。地域のニーズ把握に基づく講座を企画し，それ
を担う人材を確保して講座を開設・運営し，講座をモニタリング・評価し，そ
れに基づいて次の企画につなぐ（これはプロジェクト PDCA サイクルそのも

表7 - 2　REC コミュニティカレッジ講座数，受講者数等推移（2011～2017年）

		2011	2012	2013	2014	2015	2016	2017
開講状況	設置講座数（A）	357	379	395	385	386	423	388
	不開講数（B）	22	20	33	45	44	49	40
	開講数（C）	335	359	362	340	342	374	348
	不開講率（B/A）	6.2%	5.3%	8.4%	11.7%	11.4%	11.6%	10.3%
専任担当状況	専任担当講座数（D）	67	71	83	75	88	102	87
	うち不開講数	6	2	5	9	15	9	12
	専任担当率（D/A）	18.8%	18.7%	21.0%	19.5%	22.8%	24.1%	22.4%
申込状況	当初定員総数（E）	12,091	13,306	13,679	13,198	13,403	14,617	13,643
	受講者総数（F）	8,640	9,211	8,946	8,654	8,983	8,902	8,325
	定員充足率（F/E）	71.5%	69.2%	65.4%	65.6%	67.0%	60.9%	61.0%
	実人数	2,803	2,801	2,861	2,660	2,635	2,574	2,782
新規講座	新規講座数（H）	16	35	40	36	38	51	21
	新規講座率（H/A）	4.5%	9.2%	10.1%	9.4%	9.8%	12.1%	5.4%
	不開講数	0	0	4	6	4	6	4
会　員	〈会費入金者数〉	3,247	3,286	3,078	2,794	2,624	2,341	2,209

注：同条件で比較するため，8コースのみ対象（東京講座・講演会等除く）。
　　不開講座には学生のキャリア・センターから定員枠を提供してもらっている資格講座も含む
　　（REC 講座としての申込みが0 であれば不開講としてカウント）。
　　専任担当は，専任教員担当講座数を集計（不開講含む）。チェーンレクチャーの講座は，1 コマ
　　でももっていると専任担当講座1 講座として集計した。
出典：REC 京都事務局データ。

の）というコーディネーション機能が，REC コミカレ事業の中軸となる。

　この2017年度の開講講座の構造は，2011～2017年の期間を通して共通する特徴といえるが，この期間を通して定員充足率が70％から60％へと逓減し，不開講率が2014（平成26）年以降に5 ％水準から10％水準に上がっている点は，講座開設の企画と受講者のニーズとのマッチングが次第に難しくなってきていることを示唆している。

　さらに受講者の受講行動を表7 - 2 のデータで見ると，2017年度の受講者数は8325人，その受講者実数は2782人であるので，一人の受講者が平均して3 講座受講したことになる。この傾向は2011～2017年の間ほとんど不変である（こ

の間の平均値は3.0〜3.5での微変動）。この傾向には，REC コミカレの提供する講座は有料であることが影響していると言える。REC コミカレの2018年度案内パンフレットに基づいて計算すると，一般的な講義形式の講座の場合，1回（1コマ：90分）当たり1850円の受講料を徴収している。REC コミカレは会員制（年会費3080円）をとっており，会員の場合の受講料は1,230円となっている。会員は必ず講座を受講していると仮定すると，2017年度の REC 会員数は2209人であるので，受講者のうち8割（79％）が REC 会員，残りが非会員の一般人という構成になっている。換言すれば，REC 講座を受講しようとする者は REC 会員になる確率が高いと言える。提供講座の有料化という制度は，大学の内外を問わず講師に対しては講師料が支払われるので，REC コミカレを財政的に自立化するための最低限の財源確保である。これによって，講座提供の狭義でのフローコスト（事業費）はバランスが取れる状況は担保されているが，その企画・運営を司る事務体制のコスト（一番大きいのは人件費）をカバーできる状態には至っていない。

　この REC コミカレを構築するに際して重要な役割を果たしたのは，「龍谷講座」の経験であった。「龍谷講座」は「現代社会の要請に応え，研究の成果を地域社会に還元し，大学の社会的使命の一旦を果たすこと」を目的として，1997（平成9）年に初めて開講して以来，現在に至るまで800回を超える講座を実施してきている。この「龍谷講座」は，無料の1回限りの公開講座である。REC コミカレは，これとは対極に位置付けられる講座として設計された。両者は，社会人を対象とする生涯教育事業であっても，提供する目的も，提供する教育内容も教育の仕方も，対照的に異なる。龍谷講座が REC コミカレとともに現在も継続的に展開しているのは，その対極性ゆえであり，両者は補完的な生涯教育の形態として位置付けられている。

　REC コミカレや龍谷講座が社会人一般の個人を対象とした教育のコーディネート事業であるのに対して，大学コンソーシアム京都の「京（みやこ）カレッジ」への講座提供や京都市伏見区の「伏見連続講座」などは団体・組織を対象とした教育コーディネート事業である。その中でも特徴的なのが，JICAとの連携による開発途上国の行政職員を対象とした「地方自治体能力強化研

修」プログラムである。これは龍谷大学が関係した JICA のインドネシア貧困軽減農村開発計画プロジェクト（1997〜2002年：当時，世界銀行によって先端的プロジェクトと評価された）の経験に基づいて，2003年から2021年まで実施された。この研修プログラムでは，研修員が事前にそれぞれの派遣組織でプロジェクト・プロポーザルを作成し，日本での研修経験（2カ月）を生かして，帰国後に現地 JICA 事務所と連携して参加型地域社会開発プロジェクトを形成することを狙っている。2003〜2012年の10年間で57カ国，207名の研修修了者を輩出している。これは，龍谷大学が通常の研究・教育において蓄積してきた自治体・NPO・農協などの連携関係を基盤として展開できた，新しい大学のグローバル化モデルともいえる。同時に，龍谷大学の大学院生がプログラムに参加することで，大学院の教育にも寄与するものとなっていた。

REC の研究を軸とする事業展開：産官学連携事業

　大学開放3機能のうち研究機能の提供としては，REC 事業の中では，産学連携事業がこれに当たる。産官学連携事業の目的はモノづくりの「イノベーション支援」で，REC 設立当初からの中心的事業である。大学開放の第3機能「施設の提供」で説明する REC レンタルラボも産官学連携事業の中軸である。産官学連携事業においては，生涯教育事業以上に，コーディネーション機能が中心的重要性を持ってくる。

　モノづくりの「イノベーション支援」に関するコーディネーションの重要なステップは3段階ある。第1ステップは，企業がモノづくり等の現場で抱えている技術課題に関する相談・ヒアリングで，企業の研究開発と大学の研究の双方に精通した REC の専門スタッフ（フェロー，コーデイネーター）が対応する。第2ステップは，特定された技術課題に対して指導・助言ができる本学教員を選定し，企業と教員とのマッチングである。このステップには，秘密保持契約の締結も含まれる。第3ステップは，両者の合意に基づき契約締結し，それに基づく研究開発支援の実施である。この研究開発支援の形態には，受託研究，共同研究，奨学寄付金の三つがある。受託研究は，依頼を受けた研究課題について研究経費を受け入れ，本学教員が主体的に研究に取り組み，その成果

を企業に還元する制度である。共同研究は，依頼を受けた研究課題について研究経費を受け入れ，企業と本学教員が役割分担して共同で研究に取り組む制度である。奨学寄付金は，学術研究の奨励を目的とする資金や受託研究・共同研究など調査・研究資金とする寄付金制度である。受託研究・共同研究と連動して大学が企業の社員を受託研究（研修）員として受け入れる制度もある。

　この一連のコーディネーションプロセスで最も重要なのは，企業の研究開発と大学の研究の双方に精通した専門スタッフの役割である。しかし，1990年代の日本の大学では，地域の中小企業と大学とをつなぐ，この種のコーディネーションの必要性も認識されていなかった。京都市（企画調整局活性化推進室）と京都リサーチパーク（株）は，地域の中小企業と大学との連携関係のあり方を検討するために，小グループ（龍谷大学，立命館大学，同志社大学，京都工芸繊維大学）による「産学協同研究会」を1994年4月から約1年半にわたって集中的に行った。この時も，大学コンソーシアム京都の前身組織である「京都・大学センター」の設立の場合と同様，大学間連携には京都市のような中立的な第三機関が糊代として重要な役割を果たした。この研究会の結論は，「中小企業の研究開発と大学の研究の双方に精通した『目利き』の専門スタッフによるコーディネーション機能」の決定的な重要性であった。これを受けて，1995年にREC顧問，2000年にRECフェロー，2010年にはRECコーディネーターを導入し，中小企業の研究開発と大学を連携させるコーディネーションシステムを作り上げている。コーディネーターとしての目利きには，企業で研究開発の経験を積み上げている企業の専門家に依存する形で実現している。

　中小企業と大学とのコーディネーションプロセスは，受託研究・共同研究および奨学寄附金の形を取って成果となる。表7-3は，龍谷大学がREC（一部研究部を含む）を通して受け入れた受託研究・共同研究と奨学寄附金の2001〜2020年の推移を示している。この20年間で総計1452件，37億300万円を受けている。その主要構成要素は受託・共同研究費で，総件数の54％に当たる789件，総金額の87％に当たる32億2200万円を受けている。平均で見ると，年間の受託件数39件，研究費1億6100万円となり，1件当たりの受託・共同研究費は約410万円となる。ただし，受入状況は年により異なり一般的傾向を導

表 7 - 3　受託研究（共同研究含む）と奨学寄附金推移

対象年度	受託研究（共同研究含む）			奨学寄附金			合　計		
	件数	金額（円）	金額/件	件数	金額（円）	金額/件	件数	金額（円）	金額/件
2001	13	76,181,013	5,860,078	27	16,100,000	596,296	40	92,281,013	2,307,025
2002	10	64,428,100	6,442,810	18	7,590,000	421,667	28	72,018,100	2,572,075
2003	14	68,041,377	4,860,098	41	27,250,000	664,634	55	95,291,377	1,732,570
2004	25	174,940,130	6,997,605	50	28,090,000	561,800	75	203,030,130	2,707,068
2005	35	159,229,186	4,549,405	41	30,023,333	732,276	76	189,252,519	2,490,165
2006	38	188,377,800	4,957,311	36	21,391,000	594,194	74	209,768,800	2,834,714
2007	33	111,302,021	3,372,789	24	14,729,000	613,708	57	126,031,021	2,211,071
2008	37	173,489,142	4,688,896	23	15,355,000	667,609	60	188,844,142	3,147,402
2009	46	238,993,620	5,195,513	32	25,099,907	784,372	78	264,093,527	3,385,814
2010	45	194,843,759	4,329,861	25	16,581,225	663,249	70	211,424,984	3,020,357
2011	48	232,864,048	4,851,334	22	17,640,000	801,818	70	250,504,048	3,578,629
2012	54	185,228,620	3,430,160	25	19,739,334	789,573	79	204,967,954	2,594,531
2013	52	172,859,224	3,324,216	20	10,980,000	549,000	72	183,839,224	2,553,323
2014	41	105,692,512	2,577,866	12	11,894,555	991,213	53	117,587,067	2,218,624
2015	57	197,257,169	3,460,652	34	28,165,013	828,383	91	225,422,182	2,477,167
2016	50	190,815,377	3,816,308	53	42,211,755	796,448	103	233,027,132	2,262,399
2017	49	215,032,052	4,388,409	45	44,441,340	987,585	94	259,473,392	2,760,355
2018	47	162,990,488	3,467,883	64	46,196,880	721,826	111	209,187,368	1,884,571
2019	45	145,588,867	3,235,308	40	28,525,000	713,125	85	174,113,867	2,048,398
2020	50	164,127,619	3,282,552	31	28,810,000	929,355	81	192,937,619	2,381,946
合　計	789	3,222,282,124		663	480,813,342		1,452	3,703,095,466	
年平均	39	161,114,106	4,084,008	33	24,040,667	725,209	73	185,154,773	2,550,341

出典：REC 事務局データ。

き出すのは難しい。2001～2003年は年間受入れ件数20未満，金額は7000万円程度であったが，2004（平成16）年受入れ件数25，金額1億7000万円超となったのを境に，2005～2008年は件数で35件を超え，2009年以降のほとんどで45件を超えている。この受入れ件数の逓増は REC コーディネーター導入の効果と考えられる。金額で見ると，年による差異は大きい。2004年以降の年間受入れ研究費は概ね1億5000万円を超えているものの，辛うじて1億円を超えた年（2007，2014年）もある一方で，2億円を超えた年（2009，2011，2017年）もある。その結果，1件当たりの受託・共同研究費は，2004年の700万円をピークに，それ以降は逓減傾向を示し，2020年では330万円となっている。

　以上のことは，龍谷大学と受託・共同研究に取り組む企業にとっては，経済的により取り組みやすい状況となってきていることを示唆している。一般社団法人日本経済団体連合・経済産業省・文部科学省から出版されている『大学ファクトブック2022』によると，龍谷大学の受託・共同研究資金の2020年度の獲得状況は57件，1億8000万円となり，1件当たりの研究資金は3200万円となる。ところが，そのうち民間との受託・共同研究は20％に当たる3600万円にすぎず，その件数は24件（全体の42％）で，1件当たりの研究資金は150万円となる。これは全国的傾向と同じで，全国の大学全体の2020年度受託・共同研究資金3416億円のうち，民間との受託・共同研究資金は980億円で全体の29％にしか過ぎない（『大学等における産学連携等実施状況について　令和4年度実績』文部科学省，2022年）。地域の中小企業の発展を大学がサポートするには，特にこの民間との受託・共同研究を強化していく必要がある。この強化の指標としては，研究資金の増加よりも件数の増加の方が重要な意味を持つといえよう。

　龍谷大学の2020年度の民間との受託・共同研究資金24件のうち，大企業との受託・共同研究は10件，2040万円，1件当たり200万円となる。中小企業との受託・共同研究は14件，1550万円で，1件当たり110万円の研究費となる。これを研究費規模別の分布で見ると，100万円未満が10件（42％），100万～300万円が11件（46％），300万～500万円が2件（8％），500万～1000万円が1件（4％）であった。この状況は，中小企業にとって，龍谷大学と受託・共同研究に取り組むのは経済的ハードルが相対的に小さいことを示唆している。

　さらに2005年には知的財産センターが設置され，REC・研究部・知的財産センターの3者の連携によって，受託・共同研究の成果の知的財産権を保護・支援するシステムが始動した。また，研究成果の事業化を金融機関との連携によって支援していくなど，イノベーションをトータルに支援する方向の展開を模索してきている。

REC の施設提供を軸とする事業展開：インキュベーション事業

　大学開放の第3機能「施設の提供」としては，典型的な事業として REC レンタルラボが挙げられる。REC レンタルラボ事業は，REC を制度として立ち

上げた1991（平成３）年以降２年以上かけて建設した REC ホール（1994年竣工）の中に設置されたレンタル実験室14室を使って始めたインキュベーション事業である。現在は，企業ニーズの多様化に対応して，実験室タイプ13室，オフィスタイプ12室がある。実験室タイプのレンタルラボの広さは60〜120㎡，月額使用料は13万〜25万円，オフィスタイプのレンタルラボの場合は広さ23〜45㎡，月額使用料５万5000〜10万円である。REC が開設しているビジネスネットワーククラブ（REC Biz-net）会員の企業には，会員割引料金が設定されている。使用料金は，ほぼ公的施設の場合の料金と同程度の低さに設定されている。入居資格は，① 法人格を有すること，② 本学教員が指導できる研究開発テーマを有していることである。教員の日常的な指導・連携のもとに，入居企業は独自の技術を３カ月〜３年間（最大限５年間）の期間内で開発することを目標としている。ここでの重要な枠組は，大学は企業に対して技術開発の環境を提供するが，技術開発をする研究主体は入居企業であるという点である。

　旧来の産学連携のあり方は，大学と個別大企業との受託・共同研究関係である。個別の大企業のニーズに応じて大学が実施し，研究開発資金は企業から提供される。大企業にとっては，これによって企業独自の先端的技術を開発したり，それに関連する分野での研究蓄積によって技術力の強化につなげたり，さらには，将来の人材確保に結びついたりのベネフィットがある。

　この伝統的な産学連携とは異なり，REC のレンタルラボは，大学の施設という場と大学の研究者とを中小企業に提供することによって，中小企業が独自の技術を研究開発するインキュベーションシステムである。リスクを背負って研究開発を担うのは，レンタルラボ入居企業であり，研究開発の資本投資も中小企業が担える規模のものである。大学は，中小企業が独自に技術開発を進めていく環境を提供することによって，中小企業をバックアップしているという立場を守っている。

　既述したように，龍谷大学は瀬田キャンパス開学当初から，瀬田キャンパスを日本型土地付与大学として展開することを認識していた。理工学部を持つ大学として，地域の発展にとって意味のある大学のあり方はどうあるべきなのか，の回答が REC レンタルラボであった。滋賀県工業会（当時）の加盟企業約

表7-4　REC レンタルラボ入居企業の経過（1994～2021年）

年	入居ラボ室	入居企業	ラボ室数	使用率	退出企業
1994	2	2	14	0.14	0
1995	5	5	14	0.36	0
1996	9	8	15	0.6	0
1997	14	13	16	0.88	1
1998	15	12	16	0.94	4
1999	13	13	16	0.81	4
2000	14	13	16	0.88	3
2001	16	13	16	1	2
2002	16	14	17	0.94	1
2003	18	17	19	0.95	6
2004	18	17	19	0.95	3
2005	18	18	19	0.95	4
2006	18	18	19	0.95	5
2007	16	15	19	0.84	1
2008	18	18	19	0.95	3
2009	19	18	19	1	6
2010	18	18	20	0.9	2
2011	18	17	20	0.9	3
2012	14	14	20	0.7	4
2013	17	17	21	0.81	0
2014	18	18	22	0.82	1
2015	22	21	22	1	1
2016	23	21	23	1	3
2017	21	20	23	0.91	1
2018	23	22	23	1	4
2019	22	18	23	0.96	2
2020	23	20	23	1	2
2021	23	19	25	0.92	7
合計	471	439	538	0.88	73
年平均	16.8	15.7	19.2		2.6

出典：REC 事務局データ。

500社（その全てが地元の中小企業）のうち100社がオンリーワン企業になれば，滋賀県の地場産業の持続的発展は可能との判断が基礎にあった。そのことに龍谷大学が主体的にどこまで関わるかに，滋賀県における龍谷大学の存在意義の本質があるとの認識が大学にはあった。さらに，大学にとっては，教員が現場のニーズに対応した技術開発に直接的に関わることによって，大学の教育・研

究が中長期的には，より現実的妥当性の高いものになっていく基盤ができるという期待値もあった。

　表7-4は，RECレンタルラボの利用状況を開始した時点から現在に至るまでを示している。この表は，RECレンタルラボが認知されるのに少なくとも3年かかり，ラボ使用率が9割水準になるのが1997（平成9）年以降であることを示している。この28年間のラボ入居企業の延べ数は439社，入居企業の実数は85社であるので，1企業当たりの平均入居年数は約5年となる。しかし，ラボ2室を同時に借りる企業もあれば，再入居する企業もあるなど，その利用状況は企業によって異なる。ラボ入居年数で企業分布を見ると，1〜2年が35社（全体の41%），3〜5年が26社（31%），6年以上が24社（28%）となる。全体としてラボ利用状況は，1〜2年利用の短期的利用タイプ（4割），3〜5年利用の中期的利用タイプ（3割），6年以上の長期的利用タイプ（3割）の3層分化傾向が読み取れる。

　この28年間にRECレンタルラボから退出した企業数は73社ある。退出企業の分布は，当然，入居企業の分布と同様であるはずなので，ラボ入居期間によって3層に分かれていると推定できる。退出理由は把握されていないため，退出の特徴を一般化できないが，企業は明確なレンタルラボ利用目的を持って入居するので，目的と利用期間とには一定の傾向は存在すると言える。短期的利用の場合は，技術開発よりもビジネス開発を目的とする企業が多く，中期的利用の場合は，すでに基本的な技術能力を持つ企業が3〜5年で先端的技術開発を行う場合が多く，長期的利用の場合は，企業が技術開発に初期段階から本腰を入れて取り組み，独自の先端的技術を開発する傾向が認められ，結果として，中期的・長期的利用の企業はベンチャー企業として展開する可能性が高いと言える。事例として，代表的なオンリーワン企業として成長した企業をいくつか挙げることができる。例えば，RECラボを開設当初から利用したIST（入居期間：1994〜1998年，2014〜2017年）は，いわゆる燃えないカーテンで知られる機能性複合繊維の先端的技術開発に成功し，現在ではアメリカや中国にも関連工場などを持つグローバルなベンチャー企業に成長している。

　ベンチャー企業は明確な定義はないが，独自のアイデアや技術を基に新しい

サービスやビジネスを展開する企業とされている。2018年の龍谷大学の大学発ベンチャー企業は43件であった。『日本経済新聞』（地方経済面関西経済，2019年11月30日）に「龍谷大学　隠れた起業の雄」の記事によれば，関西地区での１位は京都大学の164件，２位は大阪大学の106件，３位が43件の龍谷大学であった。経産省の大学発ベンチャー企業の分類に従うと，これら43企業のうち，研究成果ベンチャー９件，技術移転ベンチャー２件，共同研究ベンチャー23件，学生ベンチャー７件，関連ベンチャー２件であった。共同研究ベンチャー23件はREC ラボと関連したものである。さらに，龍谷大学の大学発ベンチャーとしての特徴を示しているのは学生ベンチャーにあり，Social ビジネスやCommunity ビジネスを展開している。例えば，（株）Re-Social は，野生鳥獣の狩猟，鹿肉の食肉処理および精肉販売などを企業の目的としており，野生鳥獣害を防ぐとともに捕獲した野生鳥獣の命を食として利用することによって生命の循環システムを地域社会に定着することを願っており，龍谷大学の背後にある仏教思想が基盤となっている。

　以上の成果を持つインキュベーション機能は，REC 設立当初からの中心的事業で，産官学連携事業の中軸でもあった。産官学連携事業においては，生涯教育事業以上に，コーディネーション機能が中心的重要性を持っていることは注目に値する。

4　REC の目指すもの
——IT 革命とグローバル化時代における大学の役割——

　大学が研究機能と教育機能，施設開放という機能を統合して地域社会との連携関係を構築することは，大学の改革にとって重要な基軸となるが，同時に，グローバル化時代の地域社会にとっても基軸的な重要性を持つ。

　図7-1「歴史の中の現代社会」に示されるとおり，現代の社会は脱工業（産業）化社会といわれ，第四の産業革命ともいわれるIT 技術の急激な発展に基づいた経済のグローバル化に特徴づけられる。このような変革期を背景に，経済の実態を構成する産業構造の把握の仕方も変化してきた。従来の経済学，

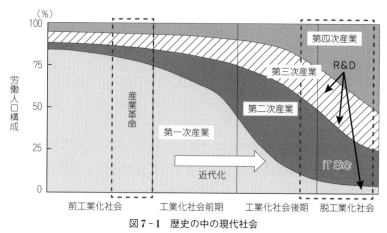

図 7-1　歴史の中の現代社会

出典：産業構造の原図は Brian J. L. Berry, et al., *The Geography of Economic Systems*,
Englewood Cliffs, New Jersey: PrenticeHall, 1976, p.24 による。他は筆者加筆。

社会学では，産業構造を把握する上で，第一次産業，第二次産，第三次産業と
分類していた。第一次産業は自然の生命体のメカニズムを利用し，それを人間
の経済構造の中に取り入れたものである。第一次とされているのは，“命”が
一番の産業基礎だからで，生命系産業ともいわれるのはそのためである。第一
次産業以外は無機的産業であるが，第二次産業は，工業に典型的に現われるよ
うな“ものづくり”を意味している。第三次産業はサービス産業で，大学はそ
の典型であり，政府もここに入る。

　ところが，脱工業化社会を特徴づける産業として「第四次産業」が析出され
ている。この第四次産業は，1970年の初めにはアメリカで定義されていた。産
業技術が進化して，第一次産業・第二次産業といった“もの”を生産する産業
に人が必要ないという状況が生まれ，産業構造における情報・知識・サービス
などの第三次産業の占める割合が圧倒的に高い社会に変化してくるとともに，
社会構造は post-industrial society（脱工業化社会）に変質してきたとの認識
が支配的になってきた。この時代的変化を背景に，第四次産業は第三次産業の
中から析出された。この産業分野は，R&D（Research and Development：研究
開発）を担う産業である。この第四次産業のあり方こそが，その社会の発展性
を規定すると認識された。つまり，第四次産業が独立して存在しているのでは

なく，第一次，第二次，第三次産業とどのような連携関係にあるかが重要となる。この第四次産業の担い手の典型は大学で，大学のあり方が社会発展のあり方を規定する社会になっていることを意味している。そして，第一次・第二次・第三次産業のあり方はまさに「地域社会」そのものである。つまり，大学と地域社会との関係性の構築が，その社会の持続可能な発展性に大きく影響する。言い換えると，大学は地域社会の発展に対する社会的責任を負っているということを意味し，龍谷大学が日本で最初に大学協同普及を担う龍谷エクステンションセンター（REC）を設立し，大学の社会的役割を「教育・研究・普及」と謳ったのは，この認識に基づいている。

　RECは2022年9月に経産省の「第4回地域オープンイノベーション拠点・地域貢献型」に選抜された。経産省のホームページによると，この制度の目的は「大学等を中心とした地域イノベーション拠点の中で，企業ネットワークのハブとして活躍している産学連携拠点を評価・選抜することにより，信用力を高めるとともに支援を集中させトップ層の引き上げを促す」ことにある。したがって，この選抜はRECの30年間の地道な蓄積が評価されたものであることは間違いないが，この段階になって，大学として克服しなければならないジレンマがあることが明らかになった。企業を含む地域との連携を目的とするRECのような制度・機関づくりは，大学の地域連携を推し進める責任主体・実施主体の明確化のためには不可欠である。しかし，その施設の存在をもって大学が総体として地域連携を内実化していることを意味しない。大学が総体として地域と連携していることは，既存の教学主体（学部・大学院）で実施されている研究教育が地域連携を内包したものとして展開されていることを意味する。それには，各教学主体で展開される研究教育と地域社会との関係性に対するそれぞれの専門的視点からの評価，その評価に基づく弛まぬ研究教育の改革が不可欠となる。換言すれば，大学が地域社会に存在する意義とは何かをそれぞれの専門的領域で明確化し，それを自ら展開する研究教育に生かしていく，継続的な自律的改革が不可欠となる。そうなればRECのような地域連携機関は，学内的にも地域連携のハブとして機能することを意味する。その意味で，RECの設立は，大学が地域社会に存在する意義を明確化する道程の出発点に

しか過ぎないといえる。

　[付記] 本章は河村能夫「地域連携機関の構築30年の歩みと意義——龍谷大学 REC
　の事例から」『UEJ ジャーナル』39，2022年，1-18頁に基づく。

参考文献

『毎日新聞』「カレッジ　大学と地域新時代」（夕刊：1993年8月11日）

河村能夫「大学と地域社会の連携を考える——その現代的意義」『理工ジャーナル』6
　(2)，龍谷大学，1994年，73-78頁。

河村能夫「セメスター制とは　定義と構造」『大学時報』44(240)，日本私立大学連盟，
　1995年1月，54-59頁。

河村能夫「学園将来計画の立案方法と実際——龍谷大学の事例に基づいて」『私学経
　営』242，私学経営研究会，1995年4月，31-46頁。

河村能夫「大学運営の観点からみた地域との連携課題——大学をめぐる環境変化と龍
　谷大学の改革事例」『教育制度研究』9，日本教育制度学会，2002年，45-50頁

河村能夫「開発途上国の発展に大学が果たす役割」公開セミナー『国際協力における
　高等教育の役割〜地域に届くアプローチとは〜』報告書，独立法人国際協力機構
　人間開発部/教育課題タスクフォース，2007年2月，8-14頁。

河村能夫「大学政策——大学コンソーシアム京都を事例として」『京都市政　公共経
　営と政策研究』法律文化社，2007年，177-198頁。

河村能夫「戦略的経営の実践——龍谷大学を事例として」『私学経営』387，2007年，
　53-66頁。

河村能夫「龍谷大学における学士課程教育の再構築」『大学教育学会誌』30(1)，2008
　年，29-33頁。

河村能夫・三石博行「国際的な大学教育改革の実践的共同研究の必要性——仏日共同
　シンポジウム「大学とその社会的機能」に参加して」『大学創造』第21号，2008
　年，12-21頁。

龍谷大学龍谷エクステンションセンター「飛翔——REC 20年の歩み・そして未来」
　(座談会)『進取』(REC 設立20周年記念誌) 2011年。

河村能夫「グローバル化時代における日本の大学発展と事務職員の役割——龍谷大学
　の積み重ねを事例として」『2011年度事務職員合宿研修報告書』(龍谷大学) 2012
　年，15-53頁。

河村能夫「農業・資源経済学：グローバル化経済における日本農業・農村の開発枠組
　と方法論　地域活性化と知識集約型水平統合——第4次産業（大学）の社会的責

務」『龍谷大学　経済学論集』52(3)，2013年，399-418頁。

全国大学コンソーシアム協議会「地域の核となる大学づくり（COC（Center of Community））」全国大学コンソーシアム協議会『第10回全国大学コンソーシアム研究交流フォーラム報告集——大学に求められる役割と大学間連携における未来』2013年，203-206頁。

和歌山大学経済学会，平成25年度国際シンポジウム「産業界との連携による実践的教育の新たな像カタチ——Agribusiness 教育プログラムの可能性」『経済理論』378，2014年，110-130頁。

河村能夫「地場産業を育てる大学開放」上杉孝實・香川正弘・河村能夫編著『大学はコミュニティの知の拠点となれるか——少子化・人口減少時代の生涯学習』ミネルヴァ書房，2016年，91-107頁。

『日本経済新聞』「龍谷大　隠れた起業の雄」（地方経済面関西経済）2019年11月30日。

田村光夫『数字で見た産学連携——全国 v.s. 龍谷大学』龍谷大学龍谷エクステンションセンター，2021年10月。

一般社団法人日本経済団体連合・経済産業省・文部科学省『大学ファクトブック2022』2022年。

文部科学省『大学等における産学連携等実施状況について　令和4年度実績』2022年。

Berry, Brian J. L. et al., *The Geography of Economic Systems*, Englewood Cliffs, New Jersey: PrenticeHall, 1976.

Van Drom, Eddy, "Reforms in the Japanese University System & Changes in the Contributions of Universities toward the Japanese Society," 『阪南論集（人文・自然科学編）』44(1)，2008年，35-44頁。

第8章
地域課題の解決にコミットする大学のかたち
──洲本市の域学連携事業から大学の社会貢献を考える──

櫻井あかね

　2005年の中央教育審議会答申で，教育や研究に並ぶ第三の使命として大学の社会貢献が位置付けられてから，地域課題の解決にコミットする大学像が強く求められるようになった。本章では，大学の三つの使命である① 教育，② 研究，③ 社会貢献を切り口に大学開放について紐解いてみたい。

　具体的には，2013年度から筆者が関わってきた兵庫県洲本市の域学連携を事例に，教育プログラムによる学生教育アプローチと研究成果を地域実装した社会的事業アプローチを通して，大学の社会貢献が実現されるプロセスを紹介する。大学開放の視点からみると，教育の現場を地域に開放して大学生と地域住民が共に学びあう，研究成果を社会に開放し地域実装を行った事例である。

1　洲本市の域学連携事業

　本章で述べる域学連携とは，総務省が全国の大学教員や自治体に呼びかけた事業である。総合大学を持たない自治体を対象にした「大学生と大学教員が地域の現場に入り，地域の住民やNPO等とともに，地域の課題解決又は地域づくりに継続的に取り組み，地域の活性化及び地域の人材育成に資する活動」を示す。2010年12月，総務省を事務局にして「地域実践活動に関する大学教員ネットワーク」が設立され，実践活動の発信やノウハウが蓄積された。これをもとに2013年度に「域学連携」地域活力創出モデル実証事業（以下，モデル実証事業と略す）が実施された。域学連携は，その後に始まった大学 COC 事業と比べて認知度は低いが，農山村と都市部に暮らす若者をつないだ先駆的な政策である。

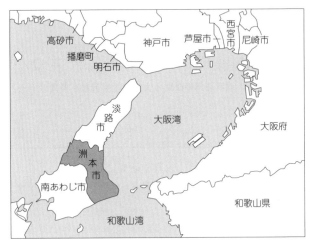

図8-1　洲本市の位置

　2013年度のモデル実証事業には16団体が採択され，兵庫県洲本市は龍谷大学，九州大学，早稲田大学を連携大学として中期滞在型フィールドワークを実施した。大学との継続的なつながりを持たない洲本市であったが，このモデル実証事業を機に龍谷大学を含む複数大学との連携が次々と構築され，2019（平成31）年ふるさとづくり大賞において総務大臣表彰（地方自治体表彰）を受賞し，関係人口創出モデル地域として注目を集めるようになった。

　筆者は，スタート時は龍谷大学地域公共人材・政策開発リサーチセンターのリサーチ・アシスタントとして，現在は政策学部の実践型教育プランナーとして10年間伴走している。

　洲本市は瀬戸内海にある淡路島に位置し，北は淡路市，南は南あわじ市と接する（図8-1）。総面積は約182.4平方キロメートルで，島内のおよそ30％を占めている。人口は4万1614人，世帯数2万289（2023年3月末現在），主要産業は製造業，観光業，農業，畜産，漁業，とくにタマネギの産地として知られる。

　具体的な取り組みについて述べる前に，洲本市と龍谷大学がなぜ連携することになったのか，その背景やきっかけについて触れておきたい。

　洲本市の域学連携事業の重要な柱となる再生可能エネルギー政策は，合併前の旧五色町で築かれてきた。2002（平成14）年に五色町都志に全国でも比較的

早く町営の風力発電施設（1500kW × 1 基）が建設され，2003（平成15）年から回収した廃食油から精製するバイオディーゼル燃料（BDF）に着手した。旧五色町と洲本市が新設合併された2006（平成18）年には，地域新エネルギービジョンとバイオマスタウン構想を策定している。さらに2011（平成23）年，洲本市，南あわじ市，淡路市と兵庫県で取り組むあわじ環境未来島構想が地域活性化総合特区に指定された。この総合特区は，淡路島の共通課題である農業の担い手不足，人口減少，超高齢化社会を解決するために「エネルギー」「農と食」「暮らし」が持続的であることを目指している。

　一方で龍谷大学では，あわじ環境未来島構想が策定された2011年に，独立行政法人科学技術振興機構（JST）社会技術研究開発センター（RISTEX）「地域に根ざした脱温暖化・環境共生社会」に採択された研究開発プロジェクト「地域再生型環境エネルギーシステム実装のための広域公共人材育成・活用システムの形成」を受託した。龍谷大学地域公共人材・政策開発リサーチセンター（以下，龍谷大学 LORC と略す）では，再生可能エネルギー基本条例シンポジウムや再生可能エネルギー塾を開催した。その背景には2012（平成24）月 7 月に施行された固定価格買取制度への批判がある。固定価格買取制度の影響により，都市部の企業が農山村で太陽光発電事業を開始し，メガソーラーの建設ラッシュが起きていた。この現象は国全体でみれば再生可能エネルギーの普及が進んだといえる。しかし地域に目を転じると，発電事業会社の本社が当該地域の外にあるため売電で得られた利益は地元に残らず，地域外に流出するという構造が懸念された（櫻井 2018）。そのため龍谷大学 LORC は，再生可能エネルギーから得た恩恵を地域が享受できるようなエネルギー政策立案や，地域貢献型再生可能エネルギー事業の研究に注力したのである。

　あわじ環境未来島構想の実現のために，洲本市の再生可能エネルギー推進計画を立案していたＴ氏は，龍谷大学で開催された前述のシンポジウムと再生可能エネルギー塾に参加した。その結果2013（平成25）年 6 月に「洲本市地域再生可能エネルギー活用推進条例」を制定し，洲本市は政策として地域主体の再生可能エネルギーを推進していくようになる。

2　地域課題とコンセプト

　前述の JST 受託研究をきっかけに洲本市と龍谷大学が出会い，当時共同研究者だった九州大学と早稲田大学を連携校にして，洲本市はモデル実証事業に応募した。提案は「グリーン＆グリーン・ツーリズムによる地域活力創出モデル構築事業」である。グリーン＆グリーンは龍谷大学政策学部白石克孝教授による造語で，再生可能エネルギーのグリーンと，淡路島の自然や生活文化，農漁業，食を表すグリーンを有機的につなぐという意味を含む。応募に際して，洲本市の地域課題を以下の4点に設定した。

① 定住人口の減少

　淡路島には総合大学がなく，そのため高校卒業時に若者は島外へ出ていく。とくに19〜23歳の人口層が少ない。大学卒業後も島外で就職するため若者が慢性的に不足し，新たな知識や発想が地域に還元されず，地域活性化の中核を担う人材の不足が続く。

② 農漁業の衰退

　農業の担い手の高齢化や減少，有害鳥獣による農作物被害の増加，生産物の低価格化により農業生産額が低下している。過去20年間で販売農家数は42％減少した。漁業においても同様の担い手減少が続いている。

③ 観光業の衰退

　淡路島の観光客入込数は，明石海峡大橋が開通した年をピークに減少傾向にある。その背景にはレジャーの多様化と都市住民のニーズに十分な対応ができていない現状がある。豊かな自然と生活文化，魅力的な食があるが，これらを「グリーン」の観光資源として十分に活用し切れていない。

④ 再生可能エネルギーの活用

　淡路島では豊かな日照量を活用した太陽光発電施設の整備が進み，近年はメガソーラーと呼ばれる大規模施設の建設計画も複数ある。しかし，それらは都市部の大企業による事業が大半で，再生可能エネルギーの恩恵を地域に還元する仕組みが構築されていない。洲本市では各種の再生可能エ

ネルギー事業が展開されてきたが，これらの資源を新たな「グリーン」の観光資源として活用するという発想に乏しい。

これらの地域課題に対して，洲本市の域学連携事業ではどのようなアプローチを用いたのか。プロセスを追いながら説明したい。

3　洲本プロジェクトの特徴

　洲本市の域学連携事業の発展プロセスには，学生教育アプローチと社会的事業アプローチの二つの段階がある。2013〜2015年度は学生教育アプローチが先行し，2016年度以降は社会的事業アプローチが加わった。

　まず学生教育アプローチからみてみよう。総務省のモデル実証事業は，2013（平成25）年 8 月 4 日〜 9 月 4 日の 1 カ月間に中期滞在型のフィールド合宿を実施し，学生75名が 3 クールに分かれて参加した。洲本市農政課とつながりのあった千草竹原，大森谷，五色オーガニックファーマーグループ，五色町漁業協同組合が重点 4 地域に選ばれた。

　9 日間を 1 クールとし，参加条件は 1 クール以上の滞在を求めた。この時 1 カ月近く滞在した数名の学生は，のちに学生団体 Rijin（里人）を設立して大森谷での活動を継続したり，洲本市地域おこし協力隊員として移住するなど，洲本市の地域再生を担うキーパーソンに成長している。

　モデル実証事業で行った中期滞在型のフィールド合宿は2013年度で終わり，翌2014年度からは龍谷大学政策学部のアクティブ・ラーニングである政策実践・探究演習（国内）の洲本プロジェクトとして開講されることになった。政策実践・探究演習（国内）には複数のプロジェクトがあり，学生はフィールドに出て課題解決に取り組む。学部と大学院で開講され，学部 2 年生以上を対象とする。連続して 2 年間，学部と大学院をあわせて最長 4 年間の履修が可能である。異なる学年の学生と学ぶこと，ゼミを超えた横の関係が築かれること，市役所や地域住民との協働を経験できることが特徴である。毎年プロジェクトで定員20名を募集し，洲本市プロジェクトは年によって20〜30名が参加してき

表8-1　龍谷大学政策学部の参加学生数

期	年度	参加学生数	班数	FW 回数	滞在日数
1	2013	学部生75	4	1	33
2	2014	学部生21，院生 1	4	4	12
3	2015	学部生19，院生 1	3	6	9
4	2016	学部生22，院生 1	3	5	11
5	2017	学部生25，院生 1	3	7	10
6	2018	学部生29，院生 1	4	9	17
7	2019	学部生20，院生 1	3	6	11
8	2020	学部生23，院生 1	4	3	3
9	2021	学部生24	4	4	5
10	2022	学部生24，院生 3	4	8	14
計		延べ292名	36	53	125

注：FW＝フィールドワーク。
出典：櫻井・白石ほか（2021）に筆者追加。

た。毎年 3 ～ 4 班を編成してテーマ別に取り組み，日帰りおよび宿泊を伴うフィールドワークを実施する（表8-1）。これまで10年間のテーマは，小水力発電，太陽光発電，かいぼり（農業用ため池の泥さらい），放置竹林の解決をめざした国産メンマづくり，ブランド米の PR など多岐にわたるが，紙幅の都合上述べきれないため，白石・櫻井ほか（2018，2019）を参考されたい。

4　千草竹原における学生教育アプローチ

　学生教育アプローチの具体的な事例として，洲本市千草竹原における小水力発電の取り組みを紹介したい。千草竹原は洲本市街地から車で15分ほど竹原川沿いを上流へ行き，さらに竹原ダムの奥に位置する。2013（平成25）年の人口は 4 世帯 8 人で，人口減少と高齢化，市街地から集落まで続く道路の整備，獣害被害が課題であった。住民のM氏（70代）とO氏（60代）がリーダーで，企業を早期退職したM氏は集落へのリピーターを増やして道路の改善を求めようと，2007（平成19）年に観光農園「あわじ花山水」を開園した。園内の整備をはじめ，東屋など何でも自ら作るM氏は，フェイスブック等を活用してあわじ花山水を宣伝している。いまでは約70種類・4000株のあじさいを誇る人気観光

スポットに成長した。

　千草竹原の活性化にむけて小水力発電を使うことはM氏の発案だった。龍谷大学で開催された再生可能エネルギー塾に通っていた洲本市のT氏は，この意向を受けて大学との連携を築いていく。2013年度のモデル実証事業では，九州大学工学部島谷幸宏教授と院生による流量調査が行われ，龍谷大学 LORC から株式会社リバー・ヴィレッジに対して発電規模や水車選定などの調査が委託された。株式会社リバー・ヴィレッジは九州大学工学部メンバーが設立した社会的企業で，地域に根ざした小中規模の小水力発電導入を専門としている。

　龍谷大学は小水力発電で得た電力の活用方法についてヒアリング調査やワークショップを開催しながら，アイデアをまとめることになった。O氏やM氏の積極的な関与と，洲本市役所を含めた複数回のワークショップを経て，株式会社リバー・ヴィレッジから提案された設計は，集落内を流れる既存農業用水路を使ったペルトン水車の発電システムに決定された。

　このあと小水力発電システムの設置工事や維持管理に洲本プロジェクトの学生が関わることになるが，このような土木工事への参加を「市民普請」と呼び大切にしている。これは集落の道路などを住民が修繕する道普請から取った言葉で，担い手不足で維持が難しくなった農村のインフラを都市部の若者が修繕に参加することで，地域との関わりを深められる可能性に着目した。千草竹原の導水路工事は岩盤の掘削，U字溝の運搬，コンクリートの練混ぜ，用水路の水漏れ修繕などどれも重労働だったが，中村（2017）が指摘するように，これらの作業を通して地域貢献を果たせたという達成感と学生の千草竹原への当事者意識が芽生えた。重要なのは，共同作業の量に比例してコミュニティが育つことである（上村ほか 2018）。

　2015（平成27）年2月に完成した千草竹原の小水力発電システムは以下のとおりである。まず，集落内の既設の農業用水路から水を引き，ヘッドタンクから約4.5mの落差を経てペルトン水車発電機で120Whを発電する。得られた電力は水車からほど近いO氏邸に設置された蓄電池（3kW）で充電される。O氏邸からあわじ花山水まで約400mの道沿いにはフットライト25灯を埋設した。電力をいつでも利用できるようにO氏邸とあわじ花山水にはAC100Vのコンセ

ントを，あわじ花山水入口に防犯カメラを設置した。星空が美しい地域の魅力を残しながら夜間照明を得られるフットライトは，九州大学大学院生のアイデアである。

　小水力発電システムのお披露目イベントを洲本プロジェクトの学生が企画し，2015年3月再生可能エネルギーによる音楽祭を開催した。エレキギターやアンプなどの電源をすべて小水力発電の電力で賄ったこのイベントは好評で，同年10月にも開催し，新聞に掲載されて注目を集めた。小水力発電の取り組みが新聞やテレビで紹介され，千草竹原は再エネ自給村を目指す地域へと変化していく。2015年には風力発電の1年間の風況調査を行ったが，残念ながら発電には風速が足りず実現をみなかった。2021年にペルトン水車発電機からターゴ水車発電機に交換し，太陽光発電と小水力発電を組み合わせたハイブリッド発電に更新した。

　洲本市の域学連携事業により千草竹原に関わる大学が次第に増えて賑やかになった。近畿大学はロングトレイル構想，兵庫県立大学はナルトサワギクの駆除に取り組んでいる。あわじ花山水のあじさい開花シーズンには，大勢のリピーターが訪れるようになった。大学地域連携，関係人口の創出モデル地域として島内外からの視察や研修も受けている。O氏とM氏が地域再生のシンポジウムに講師として招かれたこともある。

　このような変化を遂げた千草竹原が，2021年から次のステージへさらに進もうとしている。都市部で経験を積んだシェフが集落内にレストランを開業した。千草竹原専属の洲本市地域おこし協力隊員が着任し，空き家だった古民家を宿泊複合施設に改修するプロジェクトも始動している。学生の時にモデル実証事業に参加しその後洲本市に移住した龍谷大学政策学部の卒業生が，M氏の原木シイタケ栽培を継承した。小水力発電や域学連携，関係人口の増加などこれまでの取り組みが高く評価され，あわじ花山水は第32回（2022年）全国花のまちづくりコンクールで農林水産大臣賞を受賞した。「若者が活動すると，地域もアイデアとパワーをもらって元気になる」と語るM氏は，社会的評価が励みとなり「10年以上かけたこれまでの苦労がやっと報われた」と笑顔で語る。[3]

5　社会的事業アプローチとため池フロートソーラー発電

　二つめの事例として，社会的事業アプローチによる地域貢献型再生可能エネルギー事業を紹介したい。大学開放の視点からみると，大学の研究成果を地域に開放し社会実装した事例である。白石・櫻井ほか（2019），櫻井・白石ほか（2021）によれば，洲本市で実装された地域貢献型再生可能エネルギー事業の経緯は以下のとおりである。

　龍谷大学 LORC が，再生可能エネルギーから得た恩恵を地域に還元するための事業スキームを研究していたことは先に述べた。この研究成果を実装した施設が「龍谷ソーラーパーク」である。政策学部教員の深尾昌峰氏を中心に設立された株式会社プラスソーシャルが発電事業会社となり，2013年に和歌山県印南町，2016年三重県鈴鹿市に設置されている。この発電所は龍谷大学が社会的責任投資（SRI）として参画し，売電収入から経費を引いた利益を施設設置自治体や地域活動に寄付するというスキームである。

　この事業を洲本市でも実現させるために，プラスソーシャルのグループ会社として，2016年 6 月 PS 洲本株式会社という発電事業会社が洲本市内に設立され，白石克孝氏が代表取締役，深尾昌峰氏が取締役に就任した。発電事業はため池に浮体するフロートソーラー発電 2 カ所が計画された（表 8 - 2）。淡路島には昔からため池が多く，洲本市内には大小約7000を有する。農業の後継者不足によりため池の維持管理が難しくなっている現状に対して，農業利用のうえに発電もできるという，新たな価値と技術を地域実装することが目的だった。発電所の建設にむけて2016年11月に，洲本市，淡路信用金庫，淡陽信用組合，龍谷大学 LORC，PS 洲本株式会社の 5 者で「地域貢献型再生可能エネルギー事業の推進に関する協定」が締結された。

①　塔下新池ため池ソーラー発電所

　洲本市の地域貢献型再生可能エネルギー事業の 1 号機は，五色町鮎原塔下にある塔下新池に設置された。1970年代の圃場整備で造成され，満水面積0.3ヘ

表8-2　洲本市内に設置されたため池フロートソーラー発電所

塔下新池ため池ソーラー発電所の概要

所在地	洲本市五色町鮎原塔下1596
満水面積	0.3ha
設置規模	72.8kW（出力50kW）
年間発電量	8.6万kWh（災害時等は電源に利用可能）
事業主体	PS 洲本株式会社
事業費	2200万円
竣工	2017年1月
事業期間	21年（設置・撤去期間含む）

龍谷フロートソーラーパーク洲本の概要

所在地	洲本市中川原町三木田1242-1
満水面積	4.8ha
設置規模	1,706kW（出力1,500kW）
年間発電量	約207万kWh
事業主体	PS 洲本株式会社
事業費	約7億円
竣工	2017年9月
事業期間	21年（設置・撤去期間含む）

クタールの比較的小規模な人工池である。水利権者かつ管理者である田主員12名、池の所有権は洲本市になっている。発電事業の説明に初めのうちは戸惑いの声があったが、話し合いを重ねるうちに合意へと変化していった。それには、千草竹原をはじめ他の地域で蓄積された洲本市の域学連携事業の評価が後押しとなった。

　発電所の建設には洲本プロジェクトの学生も参加し、太陽光発電パネルの設置工事や2017（平成29）年1月に開催された竣工式を手伝った。発電設備容量は小規模の施設だが、大学と地域による協働事業がかたちになったその意義は大きい。

② 龍谷フロートソーラーパーク洲本

　2号機の「龍谷フロートソーラーパーク洲本」は、洲本市中川原町にある三木田大池に設置された。三木田大池は市が所有するため池で、満水面積4.8ヘクタールと規模が大きい。秋から初冬にかけて水を抜く地域ルールがあり、水位変動にあわせて太陽光発電パネルの浮き沈みを調整できるようにした。この技術は農業と発電の両立を可能にした地域適正技術[4]としてモデル性がある。

　1号機を設置した塔下新池よりもステークホルダーが多く、水利権者の田主員94名、三木田大池が所在する町内会103戸との合意形成が必要だった。池の近隣住戸からの反射光への懸念に対しては、計画よりもパネル枚数を減らして配置を変更することで設計図が合意された。

　2017年9月に竣工した「龍谷フロートソーラーパーク洲本」の発電設備容量

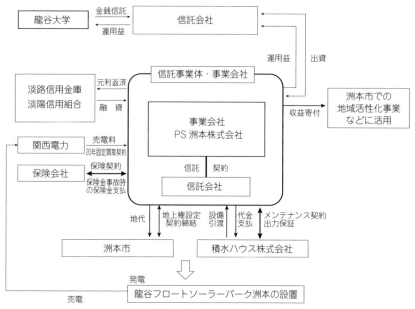

図8-2　龍谷フロートソーラーパーク洲本の事業スキーム
出典：竣工記者会見用配布図，©PS洲本株式会社。

は1706kWと，ため池を利用した発電としては規模の大きな施設である。事業スキームは図8-2のとおりで，特徴は事業を信託事業化したことにある。龍谷大学が社会的投資として出資した3億円の金銭信託と，淡路信用金庫と淡陽信用組合による4億円の融資を組み合わせ，PS洲本株式会社が信託会社と契約を結び信託事業体として運営する。「塔下新池ため池ソーラー発電所」と同じく，収益の一部を洲本市の地域活動や社会的事業，龍谷大学の社会貢献活動にあてる仕組みになっている。

　これら地域貢献型再生可能エネルギー事業の先進性と独自性が評価され，第5回プラチナ大賞優秀賞，平成29年度新エネ大賞審査員長特別賞を受賞した。さらに2021年4月には，一般社団法人洲本未来づくり基金を設立し，PS洲本株式会社からの寄付金を原資として，洲本市の社会的事業や域学連携事業を支援する仕組みづくりを整えた。これにより，学生教育アプローチから生まれた地域活動やローカルビジネスを社会的事業アプローチにおいても支えられるよ

うになった。

6　三つの使命による大学開放のかたち

　以上，洲本市の域学連携事業における学生教育アプローチと社会的事業アプローチの成果を紹介してきた。最後にこれらの取り組みを大学の三つの使命である教育，研究，社会貢献の視点で整理してみよう。

　一つめの千草竹原は，洲本プロジェクトという教育活動を通じて大学の社会貢献が実現された事例といえる。龍谷大学政策学部は2011年の設置以来，学生がキャンパスの外に出て地域の人とともに学びを深めるコミュニティ・ベースド・ラーニング（Community Based Learning）に重点を置いてきた。連携先となる自治体，地域団体，企業，NPO，高等学校，海外大学の協力を得て，大学と地域が協働しながら社会課題の解決にむかう正課や課外活動がカリキュラムに組み込まれている。現実の社会課題に向き合うことで，机上で得た知識よりも深い分析力や提案力，実践力が身につく。このことは学生にかぎらず教員や地域住民にもいえることで，大学や地域に蓄積される経験とノウハウは，何にも代えがたい財産である。学生と地域住民がともに課題解決への取り組みを進める過程で「学びあいのコミュニティ」が形成される。このようなコミュニティの形成は，まさに大学開放といえるのではないだろうか。

　二つめの地域貢献型再生可能エネルギー事業は，大学の研究成果を地域に実装することで社会貢献を果たした事例である。独立行政法人科学技術振興機構（JST）社会技術研究開発センター（RISTEX）の研究成果として，「洲本市地域再生可能エネルギー活用推進条例」が制定され，ため池フロートソーラー発電所が設置された。RISTEXは，問題解決のために科学技術を戦略的に活用し，自然科学と人文科学，社会科学の融合と研究成果を社会実装することを求めてきた（茅・奥和田 2015）。堀尾（2013）は，技術システムや社会システムを持続可能なものに変革していく技術を適正技術と呼び，地域への適合性を重視した。龍谷大学 LORC の研究成果として洲本市に実装したため池フロートソーラー発電所は，再生可能エネルギーという新技術を農業と融合させた適正技術とい

えるだろう。

　本章では，大学が地域課題の解決にコミットするひとつのかたちを描いた。最近は都市部の若者が農山村に移住する田園回帰が注目されているが，必ずしも移住だけがゴールではない。本章で紹介した洲本プロジェクトのような教育プログラムを介して若者が地域と関わり続けることへの意義を筆者は見出している。小田切・平井ほか（2019）が指摘するように，プロセス重視の地方創生が重要で，かかる時間はコストではなく投資と捉え，結論を急ぐより主体形成を大切にし，多様な主体との協働を積み重ねることが地域再生につながるのではないだろうか。

　　［付記］本章は，拙稿「地域課題の解決にコミットする大学のかたち——洲本市の域学連携事業から大学の社会貢献を考える」『UEJ ジャーナル』38，2022年3月，に基づいている。

注

(1) https://www.soumu.go.jp/main_sosiki/jichi_gyousei/c-gyousei/ikigakurenkei.html ［2021.10.21］

(2) 「大学教員との地域実践活動の現状について（地方自治体を対象としたアンケート調査取りまとめ結果）平成23年8月」https://www.soumu.go.jp/main_content/000128052.pdf からダウンロード可 ［2021.10.21］。

(3) 2020年7月実施アンケート調査より。

(4) 堀尾（2013）では，「適正技術」に求められる要件を地域適合性と公正性にあると定義する。

参考文献

小田切徳美・平井太郎・図司直也・筒井一伸『プロセス重視の地方創生——農山村からの展望』筑波書房，2019年。
上村靖司・筒井一伸・沼野夏生・小西信義『雪かきで地域が育つ——防災からまちづくりへ』コモンズ，2018年。
茅明子・奥和田久美「研究成果の類型化による「社会実装」の道筋の検討」『社会技術研究論文集』12，社会技術研究会，12-22頁，2015年。
櫻井あかね「固定価格買取制度導入後のメガソーラー事業者の地域性」『日本エネル

　　ギー学会誌』97(12)，2018年，379-385頁。

櫻井あかね・白石克孝・的場信敬・石倉研「大学地域連携の発展プロセスと課題解決
　　へのアプローチ法——洲本市の域学連携事業を事例に」『龍谷政策学論集』10(2)，
　　2021年，147-164頁。

白石克孝・櫻井あかね・中村保ノ佳「龍谷大学政策学部による域学連携の取り組み
　　（上）——兵庫県洲本市を事例に」『龍谷政策学論集』7(1・2)，2018年，137-150
　　頁。

白石克孝・櫻井あかね・中村保ノ佳「龍谷大学政策学部による域学連携の取り組み
　　（下）——兵庫県洲本市を事例に」『龍谷政策学論集』8(1・2)，2019年，29-46頁。

中村保ノ佳「洲本市と龍谷大学の域学連携型アプローチによる地域振興の考察——再
　　生可能エネルギーを柱にした事業展開について」『龍谷大学大学院政策学研究』6，
　　2017年，93-116頁。

堀尾正靫「現代技術社会においてなぜ「適正技術」思考が必要か」『人間科学研究』
　　26(2)，2013年，163-179頁。

第 9 章
人生100年時代における自分史学習の意義
―――自分・歴史・仲間―――

山本珠美

1　「人生100年時代」における生き方の模索

人生100年時代

　第二次世界大戦が終わって間もない1947（昭和22）年，日本の平均余命は男性50.06歳，女性53.96歳であった。その後，平均余命は右肩上がりで伸び続け，2021（令和3）年には男性81.47歳，女性87.57歳となっている。[(1)]

　「人生100年時代」という言葉が人口に膾炙したのは，2016（平成28）年にリンダ・グラットンとアンドリュー・スコット（Gratton, L. & Scott, A.）による『LIFE SHIFT（ライフ・シフト）――100年時代の人生戦略』が出版され，2017（平成29）年9月に第3次安倍内閣（第3次改造内閣）が「人生100年時代構想会議」を設置したことによるだろう。[(2)]同会議は人生100年時代を見据えた経済社会システムを創り上げるための政策のグランドデザインを検討する会議であり，同年12月に中間報告，2018（平成30）年6月には「人づくり革命　基本構想」を公表した。

　「人づくり革命　基本構想」は，第1章「基本構想の考え方」で「人づくりこそが次なる時代を切り拓く原動力である」と述べ，続く第2章から第6章で，幼児教育の無償化，高等教育の無償化，大学改革，リカレント教育，高齢者雇用の促進を取り上げている。このうち，リカレント教育の必要性を説明するにあたって，「より長いスパンで個々人の人生の再設計が可能となる社会を実現するため，何歳になっても学び直し，職場復帰，転職が可能となるリカレント教育を抜本的に拡充する」（傍点山本）と述べており，長寿化により人生の再設

計が不可欠との認識を示している。

人生の再設計：3ステージからマルチステージへ

　20世紀は，人生を教育・仕事・引退の三つのステージにわける考え方が一般化した。この「3ステージの人生」では，教育→仕事→引退という順番で，同世代が一斉行進する。

　リカレント教育は，人生初期に学校教育を終えた以降も，教育を受ける期間と就労や余暇などの教育以外の期間を交互に繰り返すことによって，教育ステージを人の生涯にわたって循環させるという考え方である。グラットン／スコット『ライフ・シフト』は，かつてのような一斉行進ではなく，どのステージを，いつ，どの順番で，何度経験するか，一人ひとりが自ら決める「マルチステージの人生」が，今後の生き方になると言う。

　「マルチステージの人生」とは，横並びではない，オーダーメイドの人生と言い換えることもできる。それは「どういう生き方をしたいのか」自らに問い続けなければならないことを意味する。グラットン／スコットは，「過去の世代には必要なかったことだが，私たちは，自分がどのような人間か，自分の人生をどのように組み立てたいか，自分のアイデンティティと価値観を人生にどのように反映させるかを一人ひとり考えなくてはならない」[3]と述べている。もちろん，このような問いがかつて全くなかったわけではないが，それは主に青年期の課題であったのに対して，現代は一生涯にわたる課題なのである。人生は一度設計すれば終わりというものではなく，たびたび見直して「再設計」するものと考えなければならない。

自分についての知識

　また，グラットン／スコットは，人生で大きな役割を果たしている無形の資産を，長寿化との関係を基準に「生産性資産」「活力資産」「変身資産」の三つのカテゴリーに分類している。「生産性資産」は主には仕事上の成功（所得の増加）をもたらすスキルと知識であり，「活力資産」は肉体的・精神的な健康と幸福を指す。そして「変身資産」とは，長い人生の途中で経験する大きな変

化にあわせて変身するための資産であり，自分についての知識，多様性に富んだ人的ネットワーク，新しい経験に対しての開かれた姿勢が含まれる。この変身資産こそが「旧来の3ステージの人生ではあまり必要とされなかったが，マルチステージの人生では非常に重要になる[4]」とされ，中でも「自分についての知識」の重要性は繰り返し述べられている。

> 第一に，変身を成功させるためには，自分についてある程度理解していることが不可欠だ。いまの自分を知り，将来の自分の可能性を知らなくてはならない。そこで必要とされるのが，社会学者アンソニー・ギデンズの言う「再帰的プロジェクト」だ。これは簡単に言えば，自分の過去，現在，未来についてほぼ絶え間なく自問し続けることである。この過程では，自分についての知識が要求される[5]。(傍点山本)

「自分についての知識」――これこそ，人生100年時代を生きる鍵と言って良いだろう。

2　自分史という手法

自分史学習のはじまり

　自分についての知識を得るためにはどうすれば良いのか。その有力な手法が自分史を書くこと（自分史学習）である。ただし，そのはじまりは，第1節で述べた事情とは異なる文脈に由来することに留意しなければならない。

　上田幸夫によると，1975（昭和50）年に出版された色川大吉『ある昭和史――自分史の試み』が「たちまちのうちに多くの反響を呼び，各地の読書サークルや学習会で，自分史を書く運動が生まれた[6]」という。色川は「十五年戦争を生きた一庶民＝私の"個人史"を足場にして全体の状況を浮び上らせようと試みた。…これまでの歴史書のように，その時代の構造さえ描けば科学的であり，客観的になるという方法はとらなかった。歴史の枠組がどんなに明快に描けたとしても，その中に生きた人間の中身がおろそかにされているようでは，

専門家のひとりよがりとみなされよう[(7)]」と語っている。自分史に着目したのは「自分の経験を理論化し，精神的な共有財産にも変えさせる[(8)]」ためであると述べている。

　各地の公民館等で自分史学習の講師を務めた横山宏の説く自分史の意義も，色川と共通する点が多い。横山は，自分史の第一の側面は「みずからを見つめ，とくに社会や歴史，周囲や時代，そして，様々な人間関係——人と人とのつながりのなかで己をより客観的に発見していくということ[(9)]」，そして，もう一つの側面として「名もなき民衆が直接見聞し体験した歴史や社会の出来事が書き出され，とくにそれが数多く収集され，あるいは相互に交流・交換されていくことによって，いわゆる「正史」とは異なった庶民（群衆）サイドからの歴史——たとえ外史と呼ばれ，意外史と言われようとも——が 誌[（ママ）]されて歴史や時代の真相とか真実というものが明らかになっていく[(10)]」ことを挙げている。

　横山も色川と同じく戦争（従軍）体験を持っている。「「もう戦争は終わった」「過去のいまわしい戦争のことは一日も早く忘れて…」ということが，いとたやすく叫ばれるたびに，いやそうではない，恥ずかしく愚かしいことであるがゆえに，簡単に忘れたり水に流すことなく，とことんまで追いつめ，その憾み，つらみ，怒りをみずからの骨肉と化していかなければならないと思うのである[(11)]」と述べている。

　「自分自身の世界を読みとり，歴史をつづる権利」をその一部に含むユネスコ学習権宣言（第4回ユネスコ国際成人教育会議）が発されたのは1985（昭和60）年であるが，それに先立つ時期に，日本では自分史を書く動きが広がっていた。人生100年時代をめぐる議論においては，個人の人生設計（主には再就職や転職という意味でのキャリアチェンジ）という観点がクローズアップされるが，自分史を書くことは「自分を知る」ことにとどまらず「歴史を語る」ことに通じるのである。

青年から中高年まで

　自分史を執筆する動機は様々である。必ずしも「自分を知る」ということが第一ではなく，自分史が流行りはじめたころに戦争体験を書く人が多かったよ

うに，自らの体験を子や孫に伝えたいという思いから書きはじめる人は少なくない。「3ステージの人生」を送ってきた中高年が，仕事のステージから引退のステージに移行するにあたり，長寿化によってかつてに比べ長期間におよぶ老後生活をいかに生きるかを考えるために書くという例もある。これらは，相応の人生経験を重ねた中高年世代が書くものとしての自分史である。

　一方，上田幸夫が1970年代半ば以降の自分史学習につながる取り組みとして，戦前からの伝統を有する生活綴方に学んだ生活記録運動（1950年代〜），共同学習を背景とし青年教育の場で展開される生活史学習（1960年代後半〜）を挙げていたように，自分史を書く意義は中高年世代にとどまるものではない。

　このうち，生活史学習については，那須野隆一が次のように述べている。生活史とは，「単にその日暮らしの生活を綴り合わせたものではなくて，形成過程を中心に歴史的・社会的に捉えた生活過程のことであり，その過去の部分である生いたちと，その現在の部分である生きざまと，その未来の部分である生きかたとを総称したもの」である。その学習は，①生いたち学習（青年たちの生いたちについて見直し，過去の生活・形成過程を客観的に把握するための学習），②生きざま学習（青年たちの生きざまについて見渡し，現在の生活・形成過程を自覚的に検討するための学習），③生きかた学習（青年たちの生きかたについて見通し，未来の生活・形成過程を展望的に追究するための学習）の三つの構成要素からなる。

　那須野の述べる生活史学習は，自分史学習と極めて近似している。これまで送ってきた人生の長短にかかわらず，自らの過去・現在・未来を見つめることは，人生に必要とされることである。とりわけ「3ステージの人生」ではなく「マルチステージの人生」を送ることが求められる現在，年齢に関係なく，すべての世代において各自が自分の人生の過去・現在・未来を客観視することは欠かせない。

　なお，かつて社会教育の領域で考えられていた青年の自己形成は，進学率向上に伴い，正規の学校教育（高等教育機関）が直面する問題になっている。谷美奈は，大学における文章表現教育の主流であるアカデミック・ライティング（レポートや論文作成のための専門学術的な知識・技術）ではなく，学生の主

体形成に価値を置くパーソナル・ライティングという取り組みについて，自ら
の実践を踏まえた論考を発表している。谷も，グラットン／スコット同様に，
アンソニー・ギデンズの「自己の再帰的プロジェクト」に依拠しつつ，現代に
おいて人はたえず「自分は何者なのか」を問い続けなければならないという認
識に立っている。谷の実践するパーソナル・ライティングとは，自分を題材に
文章を書き，それを他者と共有することを通しての自己省察である。谷の論考
は「自分史」を謳っているものではないが，「〈私〉を書くことは，自己認識の
深化にとどまらない対他認識，すなわち他者・社会・世界へ認識の射程を延ば
すことにつながる」という記述など，自分史について語られてきたことと共通
するところが多い。

聴き手としての他者

　今までどう生きてきたか，そして，これからどう生きるか。そのことに真正
面から取り組む自分史学習は，自分の問題であるが，自分だけの問題ではなく，
必ずそこには他者が存在している。自分の人生を語ることは，他者の人生を語
ることになるという話であるとともに，自分史を集団学習の場で「ともに書い
て，語り合う」場合，自分の人生について聴いてくれる他者がいるということ
でもある。日常生活において自分語りは往々にして嫌われがちであるが，自分
史学習の場面では熱心な聴き手がおり，そのことが自分の人生を客観的に見る
ことに役立つ。

　先に挙げた横山宏は次のように言う。

　　　人は同じ物事を見るにしても違った角度から見，異なった体験に基づい
　　て物を見るものであり，それをグループ内に持ち込むことによって相互に
　　突き合わせることが可能となり，そこから物事をより客観的に正確に写し
　　とることが可能となっていくのである。
　　　いうまでもなく一人ひとりはまったく異なった，かけがえのないたった
　　一人の存在ではあるが，それをグループの坩堝に持ち込むことによって，
　　つまり異なった体験や違った自分史をいくつにも重ね合わせていくことに

よって，真の意味での多くの人びとの，そして民衆，民族，国民の歴史といった普遍性のある歴史を築きあげていくことができるのである。[15]

　しかし，横山は，他者の存在を客観視という次元のみで捉えてはいない。自分史を書く過程においては，触れたくない過去とどう向き合うかという問題に直面する。もちろん，書きたくないことでも書かなければならないということはない。実際には書けるところから書き，学び合いによってお互いの信頼関係が増すことで，自己開示が進んでいく。他者の人生を学び，他者の人生に共感する，そのような心性が仲間内に徐々に醸成されるのである。
　横山は，自分史学習は「自分との対決」であると同時に，それが独居呻吟ではなく他者とともに行われることの意味を「心を開き合える仲間をつくること」[16]にあると述べるが，このことは後に述べる筆者自身の経験上，大いに同意できるところである。

世田谷市民大学「自分史の創造」の場合

　これまで数多行われた自分史学習の一つに，世田谷市民大学の「自分史の創造」がある。1984（昭和59）年度と1985（昭和60）年度の2年間にわたって，4月から12月まで（7月中旬から9月中旬を除く）毎週1回，ゼミ形式で行われた。『朝日新聞』の記事「自分史の創造に挑戦／世田谷市民大学」（1984年12月18日）によると，「四十代後半の女性から九十三歳の男性まで，二十余人それぞれが自分史を書いて，週一回の教室で披露，その内容を論議しあった」という。その成果は『老後問題ゼミ・レポート──自分史の創造』としてまとめられており，世田谷区中央図書館で閲覧することができる。[17]
　講師を務めたのは宮坂広作である（補佐：山田正行）。宮坂は，自分史は自己省察の記述であり，「歴史における個としての自覚の深化，他者との連帯，親和的交信の中における自己の再発見」[18]であると述べる。そして，横山同様に，仲間の重要性について「いまの自己を赤裸々に語らざるをえず，信頼できる学習集団の中でなければ，自分史は書けない。自分史を書きあうことのできるなかまづくりが，そのために必要であると同時に，自分史を書きあい，メンバー

相互で検討することをつうじて，メンバーの相互理解が深まっていくのである[19]」と述べている。

　宮坂は1980（昭和55）年に設置された世田谷市民大学設立準備会のメンバーとなり（のち運営委員）[20]，以後1992（平成4）年まで主にゼミ講師として関わり続けた。世田谷市民大学はその創立に際して市民による市民のための学問の創造という目標を掲げ，「既成の学問の成果を伝達するやり方でなくて，学習者自身の関心・問題意識を出発点とし，それの自己発展を図ること[21]」を主眼に置いた。宮坂は「学習者自身が自ら考察し，調査し，探究する，市民自身の理論創造の場でなければならない[22]」と繰り返し述べていたが，その根底には既存の大学が開設する公開講座が「しばしば学習者の好奇心を満足させたり，「高尚な学問」をしているという知的虚栄心を充足させたりすることで終わっているものがある[23]」ことへの批判意識があった。

大学公開講座としての自分史学習

　宮坂は自分史学習を当時の勤務校である東京大学ではなく，区が開設する世田谷市民大学で実践したが，既存の大学の公開講座として開講する例もあり，次節で紹介する香川大学公開講座もその一つである。

　実のところ，自分史学習は自治体の公民館や民間カルチャーセンターなど様々な生涯学習機関で開講されており，大学でなければ開くことができない講座ではない。もちろん，大学で開講する場合，公共図書館とは性格の異なるコレクションを有する大学図書館および図書館網を使えるという利点はあるだろう[24]。しかしながら，ある程度は公共図書館でもカバーできることである。

　そうであれば，ここで大学公開講座のテーマとして自分史を扱うことの意味を問うておく必要があろう。それは，地域住民である受講生の人生経験や彼らの土着の知（indigenous knowledge）を，大学が蓄積し利活用することができることではないだろうか。梅本勝博によれば，「土着の知」とは「狭い意味では発展途上国の原住民や先進国の先住民（例えばアイヌ）がもっている特定の地域，文化，社会に固有な知識（local knowledge）であるが，広い意味では普通の人びとがもっている経験的・実践的・伝統的な知恵のことであり，専門家の

もっている科学的知識に対比させて使うことが多い[25]」ものである。大学公開講座を開講することによって，大学は正課の学生層とは異なる受講生と接点を持つことができる。知識，とりわけ専門知のあり方について様々な見解が交錯する現在，大学が多様な知を集積することは大学の教育・研究の幅を広げることにつながるだろう。

　宮坂が世田谷市民大学開設にあたって繰り返し述べた「研究者は市民とともに学ぶ[26]」，「市民と共に謙虚に学び，研究する学者[27]」は，決して自治体が行っている生涯学習施策としての「大学」事業にのみ必要とされる姿勢ではない。既存の大学にこそ，そのような理念が必要とされているのである。

3　香川大学公開講座「自分史をつくろう」

開講の経緯

　ここからは筆者が10年強担当した公開講座「自分史をつくろう」を振り返ることにしたい。とはいえ，何かこれまでにない新しい試みをしたというわけではない。過去数十年にわたって多くの場で同様の講座が開講されており，それらの例にならって実施したにすぎない。

　筆者は2004（平成16）年度から毎年，㈶かがわ健康福祉機構長寿社会部が開講する「かがわ長寿大学」の講義「高齢期における学習と自分史づくり[28]」を担当していた。しかし，持ち時間は90分，受講生は180名ほどである。自分史執筆の意義について一方的に話すだけで，実際に書くことはできない。

　そこで，2007（平成19）年度に当時の勤務校である香川大学で，各自執筆した自分史を全員の前で発表し互いに感想を述べ合う，ゼミ形式の公開講座「自分史をつくろう」を試行してみた。2009（平成21）年度からは，現勤務校に異動する直前の2018（平成30）年度までの10年間，半期，隔週1回2時間という講座を開講し，毎年度の終了時には講座を通して少しずつ書き進めた作品を冊子にまとめ[29]，受講生に配布した。作品の分量については上限も下限も特に定めなかったため[30]，一人ひとりのボリュームは様々であり，A4用紙で2〜3頁の人もいれば，一冊の本にすることもできる大作を書きあげる人もいた。中には

講座終了後に自分の作品を別途印刷・製本した人もいた。執筆にあたっては，自分に関する資料（日記，写真など）を自宅等で探すとともに，歴史的事象の調査のために大学図書館の積極的利用を心がけた。

　受講生は60〜80代が多かったが（「かがわ長寿大学」の受講生を含む），50代以下，なかには20代もいた。原則として受講生全員が毎回「2週間で書けた分」について一人10分程度発表するという形式で進めていたため，多人数は受け入れられず，受講生は10名前後という少人数の講座であった。1回限りの受講という人もいたが，約半数はリピーターで，数年かけて書き上げて「卒業」し，徐々にメンバーが変わっていくという状況であった。

受講生は何を学んだのか（1）：「自分を知ること」と「歴史学習」

　これまで見てきたとおり，自分史を書く営みは自分を知ることであると同時に歴史を語ることであり，その過程においては仲間の存在が極めて重要である。この公開講座もその点全く同様で，受講生の学びは① 自分を知ること，② 歴史学習，③ 仲間づくり，の3点にまとめることができる。

　ある時，自分史執筆にあたり手始めに両親のことを調べようと市役所で除籍謄本を請求したところ，はじめて自分には兄がいたことを知ったと興奮気味に話してくれた受講生がいた。乳幼児死亡率[31]が高かった昭和戦前期までは珍しいことではなかったようであるが，出生数日後に亡くなった兄はお墓に埋葬されず，両親も何も語らないまま亡くなったため，その受講生は長らく自分が長男だと思っていたという。これは極端な例だが，自分のことは知っているようでありながら，知らないこともあるもので，改めて調べることにより新事実を発見することがある。

　「漠然と知っているような，知らなかったこと」を学ぶことができた，という言葉も印象的である。人生の過程においては次から次へと様々な事件が起こり，後の時代に歴史的事象とされる出来事を同時代に経験したとしても，「なんとなく知ってはいるが，正確には知らない」ということはしばしばある。

　事実を知ることにとどまらず，それが人生への向き合い方（意識）の変化へとつながることもある。「自分の人生，今生きている日々を，これでいいのだ

と完全に肯定できていない自分」に気づいてしまった，という受講生がいた。気づいていなかった，あるいは，敢えて蓋をしていた本心が自分史を書くことによって明らかになったということだが，それは次に進むきっかけを与えてくれるだろう。反対に，長らく抱えていた不満・葛藤が，書くことによって相対化され，心が軽くなったというケースもある。

　自らの過去を振り返ると同時に，時代背景を探るため歴史的な事象について調べ，両者を照らし合わせることで，改めて自分の人生と社会の動きを再発見・再解釈することは多くの人が経験するところであった。

受講生は何を学んだのか（2）：仲間づくり

　しかしながら，筆者が最も記憶に残っているのは，受講生の学びの中でも③仲間づくりである。

　第2節で挙げた色川大吉，あるいは横山宏や宮坂広作が自分史を担当していた時代から40年前後の月日が流れ，受講生に戦争体験のある人はそれほど多くはなかったが，それでも特攻隊に在籍していた人，満州からの過酷な引き揚げを経験した人，大阪の空襲で逃げ惑った人，戦後の混乱期で望みとはほど遠い生き方を強いられた人，等々，講座においては戦前戦後の貴重な話を聞くことができた。戦争以外にも，親子関係，夫婦関係，生老病死をめぐる悩みなど，講座の中では各自の「ままならぬ思い」が吐露されることが多かった。自分の経験やそれに伴う思いをどこまで開示するかは人それぞれであるが，悩みのない人生などないであろうから，殊更に何か言葉を発するわけではないにせよ，受講生がお互いの話に静かに聞き入る姿は印象深いものであった。もちろん，辛い話ばかりが展開されるわけではなく，楽しい話も披露され，その時は聞いている全員が楽しい気分になったものである。

　受講生一人ひとりに様々な思い出があるが，なかでもＡさんは特別である。退職後，趣味やボランティア活動に忙しい日々を送っている方であったが，ある日病気が見つかり講座も休みがちになってしまった。欠席者には当日の配布資料（受講生の発表資料）を大学から郵送していたのだが，受講生の寄せ書きによる手紙を添えることもあった。Ａさんによれば，その他にも受講生から

時々届くメール連絡が大いに励みになったという。一度は執筆を諦めようと思ったものの，「講座のメンバー（最後のクラスメイト）との交流」（傍点山本）に力を得て少しずつ書き進め，作品を提出してくださった。その作品には，受講生一人ひとりと講師である筆者へのメッセージも書かれてあった。「最後のクラスメイト」との交流が闘病生活に彩りを添えるものであったことを願うばかりである。

　そもそも，私たちは他人の人生を詳しく知る機会などほとんどないのではないだろうか。人生のある一部について知ることはあるかもしれないが，身近な人，自分の親・兄弟姉妹ですら，その人の誕生から現時点までの人生を詳細に知る機会はそうそうない。近年，人と人との関わりが希薄化していると言われるが，自分史学習では受講生がお互いの人生経験を知ることになり，それが「濃い関係」の構築へとつながったのではないかと思う。

受講生から学ぶ

　Ａさんの作品に，「してるのかされているのかお接待」というタイトルで書かれた，四国八十八箇所巡りのお遍路さんへのお接待経験に関するものがある。四国各県にはお遍路さんを「お接待」という行為でもてなす生活文化があり，遍路道沿いの家々や道標・常夜灯の側，寺の境内など様々な場所で，地元の人が道案内や声掛け，飲食・日用品から宿泊場所の提供まで，無償で行っている。お接待をしてお遍路さんから感謝の言葉が返ってくると，逆に自分の方がお接待をされているように感じるというのである。

　香川大学で1985（昭和60）年度から2012（平成24）年度まで連続28年間公開講座を担当し，延べ1395名の受講生にシェイクスピアを中心とする英文学について講義した稲富健一郎先生（故人）は，常々「教えるなんてとんでもない！講座に集まってこられる市民の方々に，自分の経験していないこと，思ってもみなかったようなことを学ぶことが主でした」と述べていた。公開講座「自分史をつくろう」も同様であった。「教える立場にあるが，実は教わっている」と感じることの連続であり，最も学びを深めることができたのは，担当教員の筆者であったように思う。

　大学の公開講座を含む大学開放事業は地域住民へのサービスとして語られるが，担当する教員の学びの場であるという視点も忘れてはならない。「教えるためには，まず自分が学ばなければならない」ということは正課の授業でも大学開放事業でも同様であるが，大学開放事業への参加者は年齢層を含めバックグラウンドが多様であり，教員より豊富な知識，経験を持っていることも少なくない。教員と受講生の関係は一方的な「教える－教わる」という関係にとどまらない。大学開放事業は相互の知識や経験をぶつけ合う場として捉える必要があるだろう。[33]

注

(1)　データは厚生労働省「令和 3 年簡易生命表の概況」（https://www.mhlw.go.jp/toukei/saikin/hw/life/life21/index.html　[2023.4.15]）による。

(2)　「人生100年時代構想会議」は議長である内閣総理大臣（当時）安倍晋三，文部科学大臣，厚生労働大臣，内閣官房長官など 9 名，および，リンダ・グラットン（ロンドン・ビジネススクール教授）を含む有識者13名からなる会議。ただし，1989（平成元）年に当時の内閣総理大臣海部俊樹が政府・自民党首脳会議で「人生100年時代に対応するため，健康でやる気のある高齢者がもっと社会に貢献できる仕組みを，党の方でも考えてもらいたい」と述べたように，「人生100年時代」という言葉の使用例はさらに遡ることができる。「「海部色」出せるかな　首相，人生100年時代の高齢者対策指示」『朝日新聞』1989年10月26日。

(3)　リンダ・グラットン／アンドリュー・スコット，池村千秋訳『LIFE SHIFT（ライフ・シフト）――100年時代の人生戦略』東洋経済新報社，2016年，38頁。

(4)　同上，127頁。

(5)　同上，160-161頁。アンソニー・ギデンズの「再帰的プロジェクト」については次の文献を参照されたい。アンソニー・ギデンズ，秋吉美都・安藤太郎・筒井淳也訳『モダニティと自己アイデンティティ――後期近代における自己と社会』筑摩書房，2021年（ハーベスト社，2005年の再刊）。

(6)　上田幸夫「「生活」と「歴史」をつなぐ「自分」の発見――「自分史」学習の系譜」横山宏編『成人の学習としての自分史』国土社，1987年，23頁。

(7)　色川大吉『ある昭和史――自分史の試み』中央公論社，1975年，4 頁。

(8)　同上，375頁。

(9)　横山宏「「自分史」を綴るということの意義，そして綴り方」横山編，前掲書，78頁。

⑽　同上，79頁。

⑾　同上，43頁。

⑿　那須野隆一「青年教育研究の基本的視点」日本社会教育学会年報編集委員会編
　　『現代社会と青年教育（日本の社会教育29）』東洋館出版社，1985年，6頁。

⒀　谷美奈『「書く」ことによる学生の自己形成――文章表現「パーソナル・ライ
　　ティング」の実践を通して』東信堂，2021年。

⒁　同上，36頁。

⒂　横山，前掲書，71-72頁。

⒃　同上，74-75頁。横山は「このように，心を開いていく，心を許しあえる，そう
　　いう人間関係を多く作っていくことは，また同時に自分を解放し自分を強くするこ
　　となのである」とも述べている。

⒄　世田谷市民大学『老後問題ゼミ・レポート――自分史の創造：世田谷市民大学ゼ
　　ミナール修了レポート'85』1986年。

⒅　宮坂広作「「自分史」の創造ということ――「市民の学問」研究の方法論」，注17
　　所収，4頁。

⒆　同上。

⒇　準備委員のその他のメンバーは，正田彬，宇沢弘文，倉沢進，佐藤竺，篠原一，
　　福武直，村井実である。世田谷市民大学については，世田谷市民大学20周年記念事
　　業学生委員会『世田谷市民大学20年史』2000年，世田谷市民大学30年史編集委員会
　　『世田谷市民大学30年史』2010年，世田谷市民大学運営委員会『世田谷市民大学40
　　年史』2021年，同『世田谷市民大学40年史別冊――市民と大学』2021年を参照。

(21)　宮坂，前掲書，1頁。

(22)　宮坂広作「世田谷市民大学の基本構想」世田谷市民大学20周年記念事業学生委員
　　会『世田谷市民大学20年史』2000年，9頁。

(23)　注(21)に同じ。

(24)　筆者の大学公開講座では，実際に，満州で生まれ育った受講生が当時住んでいた
　　家の位置を調べるにあたって，公共図書館では入手できなかった資料を他大学の図
　　書館から取り寄せることができたという例がある。ただし，図書館サービスの利用
　　範囲は大学によって異なる。

(25)　梅本勝博「土着の知」杉山公造，永田晃也，下嶋篤編『ナレッジサイエンス――
　　知を再編する64のキーワード』紀伊國屋書店，2002年，86頁。

(26)　宮坂，注(18)前掲書，1頁。

(27)　宮坂，注(22)前掲書，10頁。

(28)　「かがわ長寿大学」は1990（平成2）年度に始まった2年制の講座で，その目的
　　は県内在住の60歳以上の方が「仲間づくりや知識や教養を身につけながら，自らの

生きがいと健康づくりを図るとともに，長寿社会を担う地域社会での実践的な指導
者を養成する」（大学運営実施要綱第 1 条）ことである。年間を通して，おおむね
毎週 1 日，午前・午後各 1 コマ90分ずつ，香川県内有識者がオムニバスで講義して
いる。なお，(財)かがわ健康福祉機構は2013（平成25）年 4 月 1 日，公益財団法人に
認定されている。

⑵⑼　当初は前期のみの開講だったが，最後の 2 年間は受講希望者が増えたことから，
前期と後期，年 2 回開講した。2019（令和元）年度は講師不在となったが，リピー
ターの受講者によって自主グループが結成された。しかし，2020（令和 2 ）年度以
降はコロナ禍のため開催されていないとのことである。

⑶⑼　冊子は講師である筆者と受講生の人数分作成しただけの非公開のものであり，世
田谷市民大学の修了レポートのように，第三者が読めるような形で保管・公開はし
ていない。大学における知の集積という観点から言えば，公開文書として保管する
方法を考えるべきだったと思う。

⑶⑴　2021（令和 3 ）年の乳幼児死亡率は出生1000人に対し1.7人（588人に 1 人）だが，
1939（昭和14）年までは100人を超えていた（10人に 1 人）。乳幼児死亡率の推移に
関するデータは，政府統計の総合窓口 e-Stat「人口動態調査 人口動態統計 確定
数 乳児死亡」（https://www.e-stat.go.jp/dbview?sid=0003411721 ［2023.4.15]）
による。

⑶⑵　香川大学生涯学習教育研究センター『稲富健一郎先生を偲ぶ I ～公開講座の記録
～』2013年，25頁。稲富先生ほど長期間にわたって，多くの公開講座受講生を教え
た大学教員が他にいるのかどうかは分からないが，香川大学および我が国の大学公
開講座の発展に寄与した人物の一人であることは間違いない。稲富先生については，
次の文献を参照されたい。山本珠美「稲富健一郎先生の公開講座史――28年間市民
に向かって語り続けた一人の大学教授について」『UEJ ジャーナル』39，2022年 7
月15日号，19-50頁。

⑶⑶　大学開放事業における教員の学びについては，次の文献を参照されたい。山本珠
美「大学開放を通しての教員の学び」出相泰裕編『大学開放論――センター・オ
ブ・コミュニティ（COC）としての大学』大学教育出版，2014年，161-168頁。

第 10 章
地方女子短期大学の大学開放
──桜の聖母短期大学の履修証明プログラムを一例として──

三瓶千香子

1 知の不断の更新が問われる時代へ

　新型コロナ禍に生きる私たちは，まさに VUCA すなわち変動性（Volatility）・不確実性（Uncertainty）・複雑性（Complexity）・曖昧性（Ambiguity）が高く，未来が予測しにくい時代の真っただ中にいる。この先行き不明で予測困難な社会では，より一層自律的・自立的に生き，社会に主体的に参画するための資質が改めて問われている。その資質のひとつは，予測困難だからこそ社会の潮流を見据えて貪欲に学び続ける姿勢である。

　「知識基盤社会」の意味するところは，新しい知識・情報・技術が社会領域の諸活動の基盤となる社会である。先端技術の高度化によって，私たちの生活は便利で快適になる一方で，知識の陳腐化と相対的価値の低下が予想以上に速いため，知識を持っている者と持たざる者の格差が広がりつつある。このような状況下では，高等教育機関が地域コミュニティに対し知の習得と探究の機会の創出に努めなければならないことは想像するに難くない。

2 地方私立短期大学への警鐘とは

　さて，上記のような社会が到来している今，地方短期大学はいかなる役割を果たすべきなのだろうか。

　短期大学の特徴として教養教育と専門教育の適度なバランス，小規模ゆえの教職員と学生の距離の近さ，それに伴う丁寧な教育や関わりなどが挙げられる

が，なかでも特筆すべきは地域コミュニティの学びの基盤的な存在という点である。

　一方，我が国の短大全体としては厳しい運営状態が続いている。日本私立学校振興・共済事業団によれば，入学定員充足率が100％未満すなわち定員割れをしている私立短期大学は全体の73.9％に上る。この数値は短期大学が社会からいかなる要請・期待を寄せられているのか，地域密着型という強みをいかに生かすのかを再考すべしといった警鐘ともいえる。

　本章では，桜の聖母短期大学（福島県福島市・以下，「本学」）の付設機関・桜の聖母生涯学習センター（以下，「生涯学習センター」）の事業のひとつである履修証明プログラムにフォーカスを当て，大学開放と生涯学習の観点から地方の私立短期大学に今後求められているものは何かを検討してみたい。

3　履修証明プログラムと桜の聖母生涯学習センターの概要

　履修証明プログラムとは，2007（平成19）年度学校教育法改正に伴って創設された大学等における体系的な知識・技術等の習得を目指した教育プログラムである。社会人の多様なニーズに応じた学習プログラムを開設し，一定の学習総時間数（60時間以上）の修了者に対して履修証明書（Certificate）の交付が可能になった。履修証明プログラムの最大の特徴は，各大学の独自性や大学開放への積極性が発揮できる点である。比較的柔軟な制度だからこそ，いかなるビジョンをもって地域に大学を開こうとしているのかが見えてくるとも換言できよう。

　では，次に本学と生涯学習センターの概要に触れてみたい。

　本学は聖マルグリット・ブールジョワによって設立されたカトリック女子修道会を母体とし，1955（昭和30）年に開学された私立女子短期大学である。カトリック精神に根差した人間観・世界観に基づく知的・倫理的見識を養い，愛と奉仕の精神をもって社会貢献を志す人材の育成を建学の精神としている。桜の聖母生涯学習センターは学院全体が掲げる教育目標「人間教育の継続」に基づき，1992（平成4）年に設置された。

今日の生涯学習センターの取り組みは，①開放講座，②地域連携講座，③本学独自の履修証明プログラム，④産官学連携プラットフォーム事業に整理できる。①はセンター設置から継続して実施している歴史ある取り組みで，コロナ禍前までは年間180講座以上企画され，毎年延べ1800人以上の受講生を「迎えている」までになっている。②は自治体や企業，その他諸団体への講師派遣，出前講座にとどまらず，研修内容の相談に対応し講座開発支援まで行うものである。①が地域の受講生を「迎える」という学内拡張型とするならば，②はいわばセンター側が地域へ「出向く」という学外拡張型である。③は，生涯学習センターが企画している開放講座と桜の聖母短期大学の正規課程科目（以下，「正課科目」）の組み合わせの体系的な授業を60時間以上学修すれば，履修証明書を取得できるという制度である。④は，福島市産官学連携プラットフォーム事業の「人生100年時代学び直しチーム」の座長役である。

本章では③のみに注目して，地域における社会人の生涯学習推進事業を整理してみたい。

4　「桜おとなカレッジ　Sakura Otona College（SOC）」

では，本学の履修証明プログラムの目的や運営体制，履修者の特徴などを概観していこう。

概　要

本学独自の履修証明プログラムは，「桜おとなカレッジ（以下，「SOC」）」と称し，2018年4月より設置された。既述のように，生涯学習センター企画の開放講座と本学の正課科目を組み合わせて総時間数60時間以上の学修を行えば，学長名の履修証明を取得できるという人材認証制度の一つである。SOCコンセプトは幅広い学びによる深い歩みを目指す意味を込め，「広学深歩」をとしている。

目　的

　SOC の目的は，端的に表現すれば「地域における知識基盤社会を牽引する
人材の育成」である。SOC が育成したい人材像とは，冒頭で述べたのような
社会変化を踏まえ，具体的な学習を通じて自己理解を得つつ，かつ周囲を学び
へ巻き込める人材である。

　小括すれば SOC が目指すのは，分野横断的な学習活動を通じて，なぜ自身
が学び続けているのかという問いに対して“深い納得”の獲得を目指して考え
続け，同世代，他世代にそれを伝えられる人材を多く輩出することにある。

運 営 体 制

　SOC の運営体制は，大きく分けて① 全学的・組織的な決定プロセス，② 生
涯学習センターにおける現場の学習支援の二つに整理できる。

① 全学的な決定プロセス

　本学での地域の知の拠点化，社会人への学習提供機会の推進には，（A）生
涯学習センター運営委員会，（B）生涯学習推進委員会，（C）部科長会，（D）
全体教職会という 4 会議によって審議されている。紙幅の関係上，詳細は省略
するが，四つの委員会いずれも本学の生涯学習の方針を審議・決定する重要な
位置付けとされている。

② 生涯学習センターにおける現場の学習支援

　SOC の実質的な運営現場は，生涯学習センターである。専任教員 1 名（筆
者），専任職員 1 名，研究員 1 名，非常勤職員 1 名の 4 名の体制によって，
SOC のプログラム起案，広報，履修相談，手続き支援を行っている。[8] 広報に
関しては「おとなのためのオープンキャンパス」を企画し，本学の建学の精神，
社会の趨勢と学習継続の必要性，異齢共学の意義などを地域住民に共有する機
会を創出している。

履修条件と三つのコース

　履修条件として地域・年齢・性別は不問であるが，学歴を高校卒以上の者としている。これは正課科目が高校卒以上の学生たちを対象に設置されている内容であり，授業の理解に困難性を伴わない一定の知識レベルを求めているからである。

　また SOC では，(a)「リベラルアーツ探究コース」，(b)「もっとグローバルルコース」，(c)「サード（3rd）プレイスづくりコース」といった3コースを設けており，SOC 申込者は以下のいずれかのコースを選ぶことになっている。ここでは，2019年度の科目例の一部を紹介しよう。

【2019年度の科目例】

(a) リベラルアーツ探究コース（正課科目12・開放講座15）

　自身の生き方を模索するために現代社会の変化，趨勢を知るコース。教養を蓄積し，自ら「知」と「知」をつなぎ合わせていくことを目指す。

（正課科目）日本国憲法，法学，戦後日本社会史，現代の国際関係など

（開放講座）深読み源氏物語，老後経済学など

(b) もっとグローバルコース（正課科目9・開放講座10）

　グローバル化が進む今日，国際的視野を広げるコース。語学力を高めるとともに，多様な文化や価値観を学び，相対的に自身を深めていくことを目指す。

（正課科目）TOEIC，異文化理解，観光英語など

（開放講座）ビギナーのための英会話入門，やさしく楽しく英会話など

(c) サード（3rd）プレイスづくりコース⁽⁹⁾（正課科目6・開放講座21）

　「家庭」「職場（仕事）」の他につながりを創出する「第三の場」とは何かを考えるコース。第三の場や新たなコミュニティを自ら創り出せるような視点，視座の獲得を目指す。

（正課科目）プランニング入門，地域形成論，コミュニケーション論など

（開放講座）ライフシフト，自分の弱みと強みを考える〜自分発見〜など

　以上は科目リストの一部だが，特徴は二つに整理できる。

　一つ目は，いわゆる職業スキルの向上や雇用の機会拡大に寄与する狭義的なリカレント教育プログラムではなく，体系的な人文学的教養へ社会人を誘っている点である。科学技術の目覚ましい発展に直面している私たちだからこそ，人間らしさとは何か，人間しか持ちえない智慧とは何かを問い直す必要がある。世界がいかなる歴史を踏まえて今日に至っているのか，今後の社会的様相や趨勢はどうなるのか，人と人が対話するとは何かなど，SOC は学習者に改めて人文的知見の獲得機会を意図的に提供している。

　二つ目は，3 コースとも「生涯学習概論」といった必須科目が設けられている点である。この科目は，学習継続を支える仕組みとは何かを知り，学び直し・学び重ねの意義を捉えなおすための科目である。人生100年時代における生涯学習の意義，学習仲間やコミュニティ開発の重要性の理解は，「知識基盤社会を牽引する人材」としての自覚涵養に寄与する。

SOC 履修者の属性と履修動機

　SOC 開始以降から2021年度までの履修者は，延べ22名である。まず属性から見てみると，性別は男性41％・女性59％である。また年代別割合は40代 5 ％，50代23％，60代41％，70代27％，80代 5 ％というバランスである。特筆すべき点としては，本学が女子短期大学にもかかわらず41％もの男性社会人が申し込みをしている点である。学びには本来，年齢や性別は問われるべきではない。SOC における男性履修者の存在は，ポジティブに捉えれば女子大ゆえの「男性が学びに通えない」といった排除的なイメージを崩しているとも言える。

　コースの選択割合としては，「リベラルアーツ探究コース」41％，「もっとグローバルコース」41％，「サード（3rd）プレイスづくりコース」18％となっている。ここで SOC 履修者の受講動機を探ってみると，「若いころからの懸案事項であった『自分とは何者か』の追究」，定年退職後の「自分の生きた競争社会は何だったのかという見直し」「身近な社会集団の中で，自分の役割を通

し，お互い支え合ったり支えられたりしながら，相互関係の中でつながりあい，助け合いながら暮らしているにもかかわらず，人間関係が負担になることが多い。それはなぜなのか，どう解決して生きていくべきなのか，人の本質とは何かを追究したい」といった，自己対峙や自己探究のニーズが比較的高く，これが「リベラルアーツ探究コース」への申し込みにつながっていると思われる。また，「もっとグローバルコース」を選択した者は，オリンピックを前にした時期とも重なり，趣味の海外旅行の充実化や職場における外国人との交流の深化を動機として記している。さらに「サード（3rd）プレイスづくりコース」を選択した者の受講動機の特徴は，社会貢献の意識とグループで学ぶ楽しさへの実感である。地域における学習コミュニティや居場所づくりがいかに重要かをすでに認識している者や若い学生たちとアクティブ・ラーニングを体験したことがSOC申し込みへつながっている者が多い。ただし感染拡大リスク防止の観点からSOCに関わるほとんどの科目はキャンセルとなり，これをきっかけに履修を止めた者も少なくない。今後のウィズコロナ社会における大きな課題は，SOC履修者の学習意欲をいかに維持させるかである[10]。

5　SOCの役割

　本学におけるSOCの役割は，大きく分けると以下の三つに整理できる。

体系的な教養教育の提供

　先に筆者は，SOCの特徴のひとつとして体系的な人文学的教養へ社会人を誘う点であると述べた。では，なぜSOCでは教養を重視するのか。ここでは教養とリベラルアーツの相違性について議論はせずに，両者を同義として捉えて論を展開したい。

　リベラルアーツの最も注視すべき点は「人を解放する」という意味が込められているところにある。では，何から解放するのか。文学研究者・石井洋一郎は，我々は全知の人間などなく，「知識の限界」「経験の限界」「思考の限界」に囲まれた不自由な存在であるとする。そこにリベラルアーツは無限に広がる

学問の沃野に踏み出すきっかけを与え，既成の価値観から解き放ち，自分を取り巻く世界とより柔軟で豊かな関係を結べるようにすることに意義があると述べる。[11]

　SOC 履修生は，働く者として，家族を持つ者として，一人の地域住民として個別の具体的な課題意識を強く持っている者が多い。課題意識とは，限界感とも違和感とも不足感とも換言できる。SOC は多様な科目，年齢・価値観・経験が異なる人々との交流機会の提供を通じて，履修生に何が自分に限界感や不足感を抱かせているのかといったメタ認知的気づき，現代社会の諸変化に伴って自分に突きつけられている課題，さらには今後の時代が求める人間像の理解などの獲得を支援し，石井の表現する三つの限界の超越を目指すといっても過言ではない。

　さらに SOC がなぜ教養型を標榜するのかというもう一つの理由を考えるとき，テクノロジーの進歩は看過できない。今私たちが最も重視すべきなのは，「テクノロジー vs 人間」のような構図ではなく，テクノロジーとの共存を展望することである。そこでは機械に代替されにくい人間的知性や人間力とは何かを各自が内観し，探究することが必要となる。テクノロジーが急速に進歩を遂げる今日こそ，そして人間教育に軸を置く本学だからこそ，人間の在り方，生き方を思索する教養教育の提供，「知」を横断的・有機的に編み上げる力の涵養がより重みが増すと言えよう。

　加えて，SOC の特徴において看過できない点として「体系性」がある。先に引用した石井の著書において，「物知り」と「教養人」の違いが端的に述べられている。石井は両者を隔てる決定的な一線は，様々な知識をただ断片として所有しているだけなのか，それともそれらを相互に関連付け，一貫した思考の体系（「知」）へと統合できる能力を備えているかどうかの違いと指摘している。[12]これは教養重視型の履修証明プログラム制度への大きな示唆である。SOC の多くの科目は正課学生と共にシラバスに従った15回の講義，予習・復習，参考資料や文献の講読など一連の体系的な学習を求められる。さらには，SOC 3 コースは，どれも各コースの目的を踏まえた関連性のある科目がリスト化されており，学びの体系性は比較的担保されている。

今後も SOC の 3 コースのそれぞれの授業科目・開放講座をより体系的に編成を精査し，得られた知識が履修生の思考の中で横断的・有機的に組み込まれ，適切な場面で適切な方法で応用しうるように支援せねばならない。

異齢共学の創出

二つ目の役割は，若い学生と社会人学習者が相互に刺激を与え合う機会の提供である。

大学は本来，多世代が集い，新たな人間関係を通じて多様な価値観を共創できる場である。若い学生たちは社会人の学ぶ意欲や態度，人生経験の豊かさを学び，社会人学習者は若い学生たちの柔軟な発想，価値観，ニーズを知ることができる。その上で互いに影響し合い，変容できる刺激を与え合うことが可能となる。

■SOC における受講者の学び：アンケートから見えてきたこと

では SOC 履修生は異齢共学を通じてどのような感想や気づきを得たのだろうか。

まず自身とは異なる世代との出会いは，SOC 履修生に深い自己対峙の機会を与えたことがうかがえる。例えば「自己の凝り固まった概念や思い込みを解きほぐし，年配の私たちが若者の模範となり共に歩む姿勢が必要」といった，異世代との関わりによって浮き彫りにされた自己の内省や自己の役割の組み換えに関する記述がアンケートには散見される。

さらにグループワークに代表される双方向型授業を通じて，若い学生たちの地域課題解決への関心の強さ，自らの意見を明確に述べる力，複眼的思考力に驚きを隠せないコメントも寄せられた。推測に留まるが，このような真摯に学習に向き合う若い学生たちの姿勢との直接的な出会いの提供は，いわゆる学力低下論や読書離れ論などの流布されている若者イメージ論を払拭する役割につながるのではないだろうか。

一方，SOC 履修生と共に授業を受けた学生たちはどのような気づきを得たのだろうか。学生アンケート（延べ228名）の「社会人との学習のメリットは

何か」という設問への自由記述回答をテキストマイニングの共起ネットワークで分析した結果[13]，中心的キーワードは「聞ける」となり，これに「経験」「豊富」「意見」「話」「社会」という言葉が共起した。また「世代」の「違う」「人」との「交流」によって，「視野」が「広が」り，「価値」を「知る」ことができるというワードの共起ネットワークも浮上してきた。ここから若い学生たちは，社会人と学ぶことを自らの視野拡大のチャンスと捉えていることが看取できる。また教室という知的空間が同一年齢主義で構成されていることを疑い，多様な年齢がもっと混在してもよいのではないかという記述をした学生たちも複数存在していることも興味深い。

　以上から，異齢共学は学習者自身の視野狭窄的理解に気づかせ，各世代の“当たり前”という概念を壊しうる大きな意味を持つと言えよう。

誤解の払拭

　三つ目の SOC 機能として挙げられるのは，本学への誤解または固定的なイメージの払拭である。先にも述べた通り，本学はキリスト教精神を土台にした私立女子短期大学である。しかし地域住民には，「キリスト教を信奉する者であること」「女性であること」「受験を突破すること」という条件でなければ，正課科目は受講できないのではないかという誤解を持つ者も少なからず存在する。これは本学の科目等履修生制度や聴講生制度など既存制度の広報不足とも言えようが，地域の知の拠点として学び舎に「より足を踏み入れやすい制度設計」の問題でもあった。

　そこで生涯学習センターは「おとなのためのオープンキャンパス」を企画し，SOC を端緒として正課科目も開放し，生涯学習理念の「（宗教・世代・性別問わず）だれでも」が履修可能であることを広報している。その効果として「僕のような“おじさん”が桜の聖母短期大学で学べることを知り，申し込んだ」という者もいる。イメージというものは往々にして内部を知らない者が外側から勝手に作り上げるフィクションである。よって SOC は地域の人々が本学内部で直接的，実際的に学び，その誤解やフィクションを払拭する役割を果たしつつあるとも言える。

6　SOC の課題

　ここでは SOC の中長期的な課題を述べてみたい。

■独自の学習コミュニティ開発

　内閣府の2018（平成30）年度「生涯学習に関する世論調査」によれば，「学習しない理由」のうち「一緒に学習する仲間がいない」が2.4％を占める。換言すれば，社会人にとって仲間の存在は学習継続へ非常に大きく影響すると言える。SOC 履修者の学習継続の支援のためには，学習者同士をコーディネートし，コミュニティ開発に注力する必要がある。

■学習成果（learning outcomes）に関する議論

　学習成果は学習者が学習プロセス終了後に，何を知り，理解し，何をやれるかという期待をも内包している。履修証明書を授与するということは，個人の学習への喜びや学修時間の蓄積に終始せず，その履修者が何を学び，何ができるようになったのかを社会に認証することでもある。履修証明書を発行する以上，人材を認証することとは何か，学習成果をどう考えるかを多面的に議論する課題が残る。

■就業者・求職者向けリカレント教育プログラムの検討

　SOC にとっては本来の意味の履修証明プログラム，すなわち就業者・求職者向けの実務的なリカレントプログラム，キャリアアップ・キャリアチェンジプログラムの検討も課題である。これまでの SOC は，経済・雇用への直接的なレリバンスのあるプログラムとは言いがたい。大学はビジネス成果へ即時的に即効的に直結する知識を与える場ではないことをふまえても，大学と実社会との接続性を無視はできない。今後求められる人材像の動向から学習ニーズを調査し，人々のエンプロイアビリティを支えられる SOC 科目編成を検討する必要がある。

■多くの学生をデジタル・チャンピオンへ

　生涯学習センターでは，一部の学生たちを巻き込みながら地域住民のデジタルリテラシー向上の取り組みを始めている[17]。イギリスではシニア層・高齢者層のICTスキル習得支援のために，行政と連携した「デジタル・チャンピオン」が存在する[18]。より多くの学生たちを本学独自のデジタル・チャンピオン（オンライン学習支援者）として体系的に養成していくかという点も挑戦しうる事柄である。

7　地方女子短期大学における大学開放の未来ビジョン

　知識基盤社会の今日，そしてまた18歳人口の減少の今日において，地域立脚型の短期大学の役割とは何なのかを捉え直すことは必須である。

　批判を覚悟で述べるとすれば，大学開放や生涯学習支援の観点においてコロナ禍は，地方短期大学の役割の問い直しや学習方法のパラダイム転換の好機と筆者は捉えている。今，筆者が注目しているのはリンダ・グラットンらが著した『LIFE SHIFT（ライフ・シフト）[19]』の「変身資産」という概念である。グラットンは，生きがいのある幸福な人生を送る条件の研究を踏まえた上で，お金に換算できない要素を「無形の資産」と定義し，さらに「生産性資産」「活力資産」「変身資産」と三つに整理している。その中の「変身資産」とは「人生の途中で変化と新しいステージの移行を成功させる意志と能力」とし，この資産を増やすための重要要素に「新しい経験に対する開かれた姿勢」を挙げている。

　ところでこの「新しい経験に対する開かれた姿勢」というメッセージは，個人という主体に対して限られたものではなく，組織に対しても求められる姿勢とも言えるだろう。

　本章は，短期大学の大学開放と生涯学習支援の観点から履修証明プログラムの現状と今後の課題に関する整理を行った。整理をしてみて改めて気づいたことは，科学技術やコロナ禍など環境の大きな変化があればあるほど「小規模性」「地域密着性」「学生との距離の近さ」といった短大の強みはさらに意味を

なす点である。

　ところで近代日本の大学拡張の取り組みを膨大な資料から紐解いた山本珠美の著書の中で，以下のような一文がある。

　　研究の結果が強力な校外普及計画によって，住民全体に確実に行き渡り，住民の問題解決に資する為の最良の情報，資料を提供し，全住民に対する教育機関となること。校外普及部は，いわば大学の裏門であり，この裏門は，全住民の家々の表門と直結して居なければならぬ。

　これは，戦後まもなく地域社会と大学との結びつきを強めるために「普及」事業を重視し地域に開かれた大学を目指した琉球大学に派遣されたミシガン州立大学の教授の一人ファウ（Pfau, Edward Jr.：教育学）の発言の一部である。
　生涯学習の原点的な意味は，ポール・ラングランの生涯教育 Lifelong Integrated Education の"integrated（統合された）"という言葉に象徴されているといっても過言ではない。生涯学習センターひいては短期大学という組織主体の"integrated"を考えた時，タテの統合は建学の精神であり，その組織が蓄積した歴史である。一方，ヨコの統合は多様で変化に富むその時機と社会を相互的に捉え，教育活動や学習支援を有機的に関連付けしていくことと解釈できる。不明瞭で不確定なウィズコロナ社会を見据えて，大学の"裏門"を大いに開き，大学が持ちうる知的リソースを地域の学習ニーズとつなぎ，知識基盤社会において「地域における知識基盤社会を牽引する人材の育成」へいかに寄与できているか，今後も模索，実践，検証の循環的継続が問われるであろう。

注
(1)　日本私立学校振興・共済事業団「令和2（2020）年度　私立大学・短期大学等入学志願動向」(https://www.shigaku.go.jp/files/shigandoukouR2.pdf [2021.10.1])。
(2)　当該制度創設時の学習総時間数要件は「120時間以上」であったが，2019（平成31）年4月1日以降に開始する履修証明プログラムより「60時間以上」に短縮された。

⑶　文科省からは「大学の自主性・自律性に基づき，多様な分野において多様な取り組みが行われること」が期待されている。「学校教育法施行規則等の一部を改正する省令等の施行等について（通知）」（元文科高第328号　令和元年 8 月13日）

⑷　コングレガシオン・ド・ノートルダム修道会（Congrégation de Notre-Dame：CND）は，1676年に創設されたカナダに本部を置くカトリック教会の教育修道会である。

⑸　コロナ禍となった2020年度は開放講座を全キャンセルし，2021年度は対面型講座からオンライン講座へ切り替えた。

⑹　「福島市産官学連携プラットフォーム事業」とは，福島市内の 3 大学と 2 短期大学の特色や各大学・短期大学の保有資産を有効活用し，大学間の連携，福島市及び福島商工会議所，市内企業等との連携を促進することを目的とした2018年度から開始した事業である。地方創生の中心的役割を担う「人財」育成チームや中小企業における経営者の雇用マインド変革の共同研究，保育士のキャリア教育研究など六つのチームに分かれ，筆者は「人生100年時代学び直しチーム」の座長を担当しており，桜の聖母生涯学習センターと他大学のチームメンバーが連携し，生涯学習に関する全市的企画を開催している。

⑺　SOC 開始時期の2018（平成30）年度は，文科省規定では履修証明をするには120時間以上の学修が必要とされていた。しかし2019（平成31）年度 4 月 1 日以降に開始するプログラムより，総時間数要件が60時間以上に短縮された。この変更に伴い，SOC も2019年度登録者より60時間以上の学修時間を履修証明要件としている。

⑻　筆者は本学キャリア教養学科の専任教員である。当然授業や学科運営が主務となり，生涯学習センター長としては中長期計画策定，運営ビジョンと各種審議事項の決定判断などが業務となる。以上を鑑みれば，生涯学習センターは実質 3 名で運営していることとなる。

⑼　「サードプレイス」とはアメリカの社会学者レイ・オルデンバーグ（Oldenburg, Ray）が提唱した概念である。家庭（第 1 の場）でも職場（第 2 の場）でもない第 3 のインフォーマルな公共生活における居心地よい場所を意味する。「地域の中で目立たないが多くの人が気軽に利用でき，社会的地位を気にせず交流できることでなじみのある人間関係が構築できる場所」である（片岡亜紀・石山恒貴「地域コミュニティにおけるサードプレイスの役割と効果」『地域イノベーション』法政大学地域研究センター，2017年，74頁）。

⑽　2019年度に 1 人，所定の時間数を学修し履修証明書を取得している。3.11によって被災せざるを得ない状況でも農業と学業を続けた60代の男性である。この履修者は，履修証明書を取得してからも SOC の別コースに入り直し，学習継続をしている。

⑾　石井洋二郎・藤垣裕子『大人になるためのリベラルアーツ』東京大学出版会，
　　2019年，ix-x頁。

⑿　同上書，iv-v頁。

⒀　共起ネットワークとは，出現パターンの似通った語，すなわち共起の程度が強い
　　語を線で結んだネットワークを描き，語と語がどのように結びついているか読み取
　　れるものである（樋口耕一『社会調査のための計量テキスト分析』ナカニシヤ出版，
　　2015年，157頁）。

⒁　内閣府「平成30年度　生涯学習に関する世論調査」（https://survey.gov-online.
　　go.jp/h30/h30-gakushu/zh/z04.html　[2021.10.15]）。

⒂　松下佳代「学習成果とその可視化」『高等教育研究』20，2017年，93-111頁。

⒃　文部科学省「開かれた大学づくりに関する調査研究」（短大編）によれば，人材
　　認証制度とは「一定の学習や活動を経た人材の能力，経験等を客観的に証明するよ
　　うな仕組み」と定義づけられている。なお，この調査（短大編・102頁）によれば，
　　地域社会に対する大学の貢献の取り組み実施の中で「人材認証制度を実施している
　　こと」は12.5％で，14項目の回答のうち下位から2番目の低さである。

⒄　本章でも触れているが，桜の聖母生涯学習センターでは2020年度・2021年度の対
　　面式講座は基本的に中止とし，オンライン講座の開発およびシニア層のオンライン
　　学習の支援に注力している。例えばオンラインやデジタルデバイスへの苦手意識の
　　払拭を目的とした「オンライン体験会」を「初心者編」「Zoom編」「LINE編」に
　　分けて，それぞれのシリーズを複数回実施している。各講座とも参加者のほとんど
　　は65歳以上であり，定員充足率は85％を超え，シニア層のデジタルデバイス活用へ
　　の関心の高さがうかがえる。またこれらの講座参加者の一部は，さらに自宅から生
　　涯学習センターとZoomやLINEを使ってつながる練習を何度か経て，自律的な
　　オンライン学習者になりつつある。

⒅　岩崎久美子は，デジタル・チャンピオン制度と高齢者のICTスキル習得におい
　　て「求められているのは，必要に応じて，初歩的助言を身近に気軽に受けられると
　　いうこと」としている（岩崎久美子「高齢者のデジタル活用支援の事業構想：英国
　　事例を参考に」『社会教育』887，2020年，40頁）。

⒆　リンダ・グラットン／アンドリュー・スコット，池村千秋訳『LIFE SHIFT（ラ
　　イフ・シフト）――100年時代の人生戦略』東洋経済新報社，2016年。グラットン
　　は来るべき超長寿社会に対し，既存の「教育→仕事→引退」の3ステージの順に同
　　世代が一斉行進する時代は終焉に向かい，多くの人が生涯で転身を重ね，複数の
　　キャリアを持つ「マルチステージ」の人生を送ることになるであろうと示唆してい
　　る。

⒇　山本珠美『近代日本の大学拡張「開かれた大学」への挑戦』学文社，2020年，

418頁。

参考文献

安部恵美子・南里悦史編著『短期大学教育の新たな地平』北樹出版，2018年。

アンドリュー・スコット／リンダ・グラットン，池村千秋訳『LIFE SHIFT（ライフ・シフト）2——100年時代の行動戦略』東洋経済新報社，2021年。

上杉孝實・香川正弘・河村能夫編著『大学はコミュニティの知の拠点となれるか——少子化・人口減少時代の生涯学習』ミネルヴァ書房，2016年。

三瓶千香子「生涯学習支援から考える大学機能の拡充案——地域における大学のエンゲージメントを目指して」『桜の聖母短期大学人間学研究所所報』22，桜の聖母短期大学，2016年。

出相泰裕編著『大学開放論——センター・オブ・コミュニティ（COC）としての大学』大学教育出版，2014年。

日本生涯教育学会年報編集委員会『日本生涯教育学会年報（生涯学習研究の継承と挑戦）』41，2020年。

羽田貴史編『グローバル社会における高度教養教育を求めて』東北大学出版会，2018年。

パトリシア・クラントン，入江直子・豊田千代子・三輪建二訳『おとなの学びを拓く』鳳書房，1999年。

牧野篤『シニア世代の学びと社会』勁草書房，2009年。

『IDE 現代の高等教育（大人が学ぶ大学）』604，2018年10月号。

『IDE 現代の高等教育（ニュー・ノーマルをどう築くか）』627，2021年1月号。

『IDE 現代の高等教育（大学と地域の新局面）』634，2021年10月号。

第 11 章
公開授業の特徴・機能
──受講者へのインタビュー調査から──

出相泰裕

1　問題設定

　大学は地域の生涯学習に貢献することを長年にわたって求め続けられているが，大学開放を通じた地域住民の生涯学習支援においては，伝統的に公開講座の提供が実施されてきた。しかし，大学教員も多忙さが深刻化し，研究にあてられる時間も減少してきている中で，大学開放の重要さを理解しつつも，公開講座を担当する余力がない，また担当したとしてもいっそう短期の講座にせざるを得ない状況が進んでいくことも十分考えられる。

　大学開放の意義は高まっているものの，教員の負担感という点から公開講座は発展可能性という点で問題がみられるが，その一方で，「公開授業」と呼ばれる，正規の授業を公開講座として開放し，地域住民を受講者として受け入れる取り組みもみられている。この公開授業は全授業を公開するという形式では2001年度に信州大学で開始され，「開かれた大学づくりに関する調査研究（平成29年度）」によると，44％の大学が実施している。これは「公開講座を実施すること」の97.1％と比べると少ないが，国立大学では3分の2近くの64.6％が実施している。

　公開授業であれば，教員からすると新たに別途授業を実施しなくても済み，また15回の授業となり，比較的体系的な内容を提供できる。今世紀に入って始まった，この比較的歴史の浅い公開授業についてはこれまで受講者アンケート調査を中心とした先行研究が一部でみられている。そこでは受講者については，公開講座受講者よりも男性比率，年齢，学歴が高いということが指摘されてお

り, また受講者にとっての公開授業の特徴としては, 学生や教員及び大学教育
の実際についての理解が進むこと, 大学のキャンパスで若年の伝統的学生と共
に学ぶこと, 授業内容の質が高いことなどが挙げられている。

　ただ公開授業の特徴に関わるこういった知見をインタビュー調査で検証する,
深めていく,あるいは公開授業はどのような機能を果たしているのかに関わる
研究は管見によるところ, 十分な蓄積がみられていない。そこで, 本章ではど
ういった経緯で公開授業の受講を希望するようになったのか, 地域には社会教
育や大学の公開講座など, 様々な教育機会がある中で, なぜ公開授業を選択し
たのか, さらには公開授業ならではの学びや, 受講にあたっての阻害要因には
どのようなものがあるのかといった視点を通じて, 公開授業の特徴及び機能に
ついて検討していく。加えて, 正規の授業を受けることにより, 関心や学習意
欲が高まり, 社会人入学への関心が高まりはしないかといった疑問が湧くこと
から, 社会人入学への関心についても取り上げる。そして, 公開授業の今後の
在り様について考察する。

2　調査の方法と対象及び分析方法

　調査は2017（平成29）年11月から2020（令和２）年７月にかけて実施した。調
査にあたっては, 学内の倫理委員会の審査を経た後, 公開授業を実施している
国立のＡ大学の公開授業担当部署に調査の趣旨及び個人情報の扱い等について
説明し, 部署の理解・協力を得た。そこで受講者のほとんどが先行研究同様,
シニア層であったことから, 60歳以上のシニア層に焦点を当て, 該当者に調査
についての案内を送付してもらった。そして調査に協力しようという方は大学
もしくは執筆者にメール等で連絡をしてもらうこととし, 最終的に５名の方か
ら調査への協力があった。ただ５名では飽和点に達しなかったため, 同様の取
り組みを実施している他の国立大学であるＢ大学の担当部署に依頼をし, 執筆
者に調査への協力を表明された60歳以上の５名に対して引き続き調査を実施し
た。

　調査は基本的に協力者の希望の場所・時間に調査者が訪れ, そこで１時間半

表 11 - 1　調査協力者の属性，主な受講科目および調査方法

		調査時年齢	学歴	退職前の勤務	主な受講科目	調査方法
1	A	66	高卒	会社員	地域から見る日本中世史，東アジア近代史，原文で読む中国古典	対面
2	B	68	大卒	会社員	地域連携学校教育入門，アメリカと世界，ヨーロッパ-フランスの窓から-	対面
3	C	64	高卒	会社員	ヨーロッパ文明とは何か，アメリカと世界，地域から見る日本中世史	対面
4	D	68	大卒	自営業	ヨーロッパ文明とは何か，平和のための教育，アメリカと世界	対面
5	E	68	高卒	公務員	日常生活に見る心と行動の科学，国際政治入門，地域から見る日本中世史	対面
6	F	69	大卒	高校教員	電気基礎，電気回路学，量子力学の世界	メール&スカイプ
7	G	70	院卒	会社員	地域文化論，細胞生物学，力学の世界，経済学，代数基礎，日本史概説	メール3回
8	H	69	大卒	会社員	離散数学，細胞生物学，地誌学概論，キャリア形成と人権，教育史特講，法学概論	メール&電話
9	I	76	院卒	高校教員	解析学，代数学	メール2回
10	J	65	大卒	小中教員	地域文化論	対面

注：A〜EはA大学，F〜JはB大学の受講者。

から2時間お話を伺う形で実施していたが，2020年3月以降は新型コロナウィルス感染症の流行により，協力者には調査方法を選択していただくこととし，最終的に表11-1にあるとおり，対面調査6名，メールとスカイプによる調査1名，メールと電話1名，その他2名は複数回のメールのやりとりとなった。なおスカイプでは約40分，電話では約30分の調査時間となった。協力者は全員それまでのフルタイムの職を退職した男性で，10名のうち，大学院修了者は2名，大卒5名，高卒は3名で，先行調査と同様，比較的高学歴な層であった。なお「主な受講科目」には，多数の科目を受講した者もいるので，調査時に言及のあった授業を主に掲載した。

　調査では半構造化アプローチのインタビュー調査を採用し，主として，(1)受講に至った経緯・受講動機，(2)受講に向けての阻害要因，(3)受講による学

び・受講の成果，(4)他の教育機会と比べての公開授業の特徴，(5)社会人入学
への関心といった点を中心に質問をし，その回答に対し，疑問が残る場合は口
頭もしくはメールで繰り返し質問を行った。そして対面やスカイプ及び電話で
調査を実施した際には本人の許可を取り，録音し，それをテープ起こししたも
のを協力者に確認してもらった。

　分析にあたっては，テープ起こしをしたテキストデータの中で上記 5 点に関
わる発言を抽出し，コード化し，各コードとそれに対応する文章データを相互
比較しながら，内容の類似性と差異性からコードを集約していき，最終的にカ
テゴリーを生成し，事例・カテゴリーマトリックスを作成した。本章では，
「受講に至った経緯」並びに「受講の成果」に関わる各カテゴリーとその定義，
該当者，並びにサブカテゴリーと代表事例に関する記述から構成されるワーク
シートを掲載する。

3　調　査　結　果

受講に至った経緯

　ここからはカテゴリーは〈　〉で，サブカテゴリーについては［　］で表す
こととする。まず受講動機としては，第一に〈余暇時間の充実〉があった。調
査対象者は定年退職後の男性ということもあって，多くの余暇時間を持つこと
になったが，朝起きて何もすることがないという生活はしたくない。充実感が
欲しい。また頭を使わず，人と交流もしないでいると，呆けてしまうのではな
いかという不安もあり，［生きがいづくり］及び［健康的な生活の維持］とい
う観点から何かしなくてはと活動に動機づけられていた。

　第二は〈学習ニーズの充足〉で，表11－2にあるとおり，Ⅰは自分が持って
いる疑問を解消するような知識を得たい，知りたい事がいっぱいだと［幅広い
知識への渇望］を持っていた。またＡの場合は郷土史であったが，［長年学び
たかった学習テーマの保持］があり，ようやく退職し，自由な時間を持て，そ
こで今までやりたかったができていなかったことに取り組みたいという思いが
あった。

表 11 - 2　受講の経緯に関わるカテゴリー，サブカテゴリー及び代表事例など

カテゴリー	定義	該当者	サブカテゴリー	代表事例
余暇時間の充実	退職後の余暇時間を有意義に健康に過ごしたいという欲求	B，C，D．F．G，H，J	生きがいづくり	・うちの家内とか，あなたがその歳でそれを勉強して何になるのと言いたくなるんでしょうね。彼女もこのごろ地元の英会話教室とかあって，英会話に行って，海外でも旅行するか言って，英会話やっていますけども。だからあんたそんなに一生懸命やって何の役に立つの？と言うのですが，自分としては，やっぱり充実感とか，そういうあれですよね。（B）
		A，B，F．H	健康的な生活の維持	・頭と体をずっとどうにかせんといかんなと思って，体の方は現役の時からゴルフをやっていましたからね。ゴルフとそれと歩いたり，毎朝体操したり，ほいで体をずうっと維持して，だから頭をやらんといかんと思うて，こういうところを探してたん…（A）
学習ニーズの充足	幅広く知らないことを知りたい，これまで学びたかったけれども学べなかったことを学びたい，さらには社会貢献するために資質能力を向上したい，これまでに自身のキャリアを振り返りたいなど，抱えている様々な学習ニーズを充足したいという欲求	F．G，H，I，J	幅広い知識への渇望	・現場で役立つものは，はやく理解したいと思っていましたが，自分が持っている疑問を分かるような知識も知りたいと思っていました。アイルランド問題，宇宙空間を膨張させている力，科学と信仰，人としての生き方，生きる力を付ける授業方法，他の国で実施されている授業方法，授業形態等知りたいことがいっぱいです。（I）
		A，C，E．F，G，J．I	長年学びたかった学習テーマの保持	・仕事が全くそういったことと無関係なことをやってきていましたから，まあ本を読むのは続けてきていましたけど，時間ができたらそういったこと（郷土史）をね，やりたいなという思いはずっとありましたからね。（A）
		E，J	社会貢献志向	・専門的に心の問題を勉強して，それをボランティアで役立てればと思っていました。…この歳になって何か社会に還元できるようなことをしたいだけです。…自分の知識，自分自身をどんどん成長させて，いろんなところで，社会に還元して喜ぶ，すばらしいことやないですか。（E）
		J	キャリアの振り返り	・特に地域文化論というのは地理学の勉強ですと，私のかつての専門，中学校社会科と関連していますので，もう1回自分で復習というか，そういうこともありまして。（J）
		B，F，G，I	公開講座への不満	・公開講座というのは一つのスポット的なテーマで，まあ講演会で聴いて，何かNHKのラジオの文化講演会などを聞いているよう

既存の教育機会への不満	内容の体系性・深みのなさや他の受講生の姿勢などから持つに至った他の教育機会への不満	C,D,G,J	社会教育への不満	なもんでね。なんかもう一つ単発のやつで，物足りない。(B) ・K市の市民講座みたいなんがいろいろあったんですわ。そんなんのにも出てたんですけど，それもおもしろかったはおもしろかったんですけど，周りが私よりも上の人ばっかりで，日ごろすることのない，まあ，わりと勉強熱心な人ばっかりが集まるんですけど，やっぱりこう年寄りの集団という，刺激がない。(D)
若年期の教育上のやり残し感	高卒時に進学できなかったことや大学時に勉強しなかったこと，あるいは専門に学びたい分野を専攻できなかったことを後悔しており，その悔いを晴らしたいという思い	B,D	大学時代の不勉強後悔	・まず自分が勉強したいというのがあったんですよ。自分自身が大学で全然勉強してこなかったという負い目があった。で，この歳になってやっと親のありがたみというのがわかって，兄弟3人おったんですけどね，全部私立大学に入れてくれているからね。それで俺何勉強したんや。何にも勉強してないやないか。親が苦労してるのに，何もしてなかったな。(D)
		F,J,I	学ばずに後悔している教科の存在	・高校時代，物理は好きだったが次第に理解がむつかしくなり，数学の方に興味が移って，高校数学教師としての仕事を終えた。しかし退職して時間ができたらやはり物理に対する憧れを思い出し…かつてあこがれた物理学を趣味として勉強する。(F)
		A	果たせなかった進学志望	・まあ私が高校を出て働いたのは経済的なのが主でしたから，できれば大学教育ちゅうのを受けたかったから…(A)
次世代への関心	現在の若年大学生の動向に関心があり，自分も彼らの成長に多少なりとも寄与したいという思い	B	次世代の成長への関与	・コメントを求められて，授業の中で，そうすると，自分の長い歴史，S先生の授業は歴史が絡むような話だから，あの頃は実際こうだったんですよ。バブルの時代とかはね。そういうなんで若い人と意見とか言えたら，何かのちょっとでも役に立てたらいいなという気はしますね。(B)
		D	若者への関心	・若い子と一緒に勉強できるという，ほんならどういう若い子が，どういう問題で教師になろうとしてんのかというのも見てみたかった。若い子なんて僕ら接点ないですよ。仕事の時に入ってくるのは高卒で工場に来る奴やからレベルが違うし，そんなん見てるのと，教師を目指す若い子はどんなんかな。ものすごい興味があって。(D)

　また〈学習ニーズの充足〉には，例えば，Eのように心の病で苦しむ人を救う活動の質を上げたいという［社会貢献志向］や，Jのように学校教員時代の専門教科の復習や指導方法の振り返りをしたいといった［キャリアの振り返り］も含まれた。

　このように各人は活動に動機づけられ，加えて学習ニーズを持っていたことから，その活動は学習活動に向かったわけであるが，なぜ彼らは公開授業を学習の場として選んだのであろうか。その理由の第一は〈既存の教育機会への不満〉であった。調査対象者はそれまで公民館の社会教育講座や大学の公開講座の受講歴のある人々であったが，それらは概して短期の講座で深まりがなく，また受講生は高齢者ばかりで，学習するというよりも交流を求めている人が多く，こうした講座に物足りなさを感じていた。

　また〈若年期の教育上のやり残し感〉も大学に目を向けさせた一因となっていた。DやBは大学時代に学生運動があったりして，十分勉強できなかった，あるいはしなかったことを後悔していた。またFやJは自分の好きだった教科の担当教員であったが，大学時代にそれを専門として学べなかったことを悔いており，一度大学で専門的にじっくりと学んでみたいという思いを長年にわたり持っていた。

　加えて，〈次世代への関心〉も彼らを大学に引き寄せた要因となっていた。次世代の確立と指導に興味関心を持つことはエリクソンの言う「世代継承性」に当てはまるものであり，[8] 高齢期は世代継承性が重要な発達テーマとも言われているが，[9] 受講者の中には現代の若者，特に彼らの成長への関心があり，その成長に自身の経験を伝えることで多少なりとも寄与したいという世代継承的な意欲を持っていた者もいた。

受講に向けての阻害要因

　受講に当たっての阻害要因としては，第一に〈大学への遠慮〉があった。大学の授業は本来正規の学生のためのものであるから，自分たちは邪魔にならないようにしなければならず，それゆえ積極的な参加は自重しなければならない。また教員も自分たちがいることで教えにくく，授業の迷惑になっているのでは

ないかという認識を持つ者がいた。

　第二の要因としては，高齢学習者であることを反映してか，〈周囲の態度〉が挙げられた。Bは配偶者から，その歳で勉強して何になるの，何の役に立つのかと言われているが，そういった周りの態度もあってか，自身も「教えていただいたことを返せるかと言われると返せない」「この年齢で何ができる，できるわけじゃない」と述べ，自身の学習を肯定的に捉えにくくされている。

　その他，年金生活であることによる経済面の問題や加齢に伴う目の衰えといったシニア層ならではの要因も挙げられた。

公開授業受講の成果

　受講の成果としては，面白かった，楽しかった，人生を豊かにしてくれる，生活に潤いを与えてくれるといった声が受講者から聞かれたが，第一に，表11-3に示したとおり，〈余暇時間の充実〉があり，受講動機のひとつはここでは充足されていた。例えば，Hは特に関心があったわけではないが，「離散数学」や「細胞生物学」などの授業を受講し，内容が目から鱗で思いのほか面白かったと述べている。また表にはないが，Gは学生時代のようにサブノートを作成して授業を受けていたが，授業では教員から試験を受けることを認められ，学生時代のように試験勉強をすることを楽しんだ。学生時代を懐かしむ楽しさというのはFも同様で，授業後に生協で食事をする際に学生時代を思い出し，それが喜びにつながっていた。

　また時間に追われず，競争もない環境の中で自分のペースで知的好奇心を充足する楽しさを味わうといった高齢者ならではの学びについて言及した者もいた。加えて，Eのように，若者と一緒に学習することにより，精神的に若くなったとの話もあり，余暇時間を楽しむうえでの［健康の維持］も図れていた。

　成果の第二には〈学習上の成果〉があった。これは一つには公開授業は回数が15回と比較的長期であるため，授業内容も体系的で，かつ表面的ではなく，その他の教育機会よりも［深い学びの経験］をしたという実感があった。二つめには，［長年のもやもや感の解消］があり，Aは「無用の用」という言葉を学び，「今まで長い間感じていたものがすっきり凝縮」されたと表現しており，

表11-3　受講の成果に関わるカテゴリー，サブカテゴリー及び代表事例など

カテゴリー	定義	該当者	サブカテゴリー	代表事例
余暇時間の充実	大学の授業が楽しく，刺激的で，若年学生と学ぶことで精神的にも健康でいられること	A, D, E, F, G, H, J	学習の享受	・思ってもいない科目にチャレンジして結構勉強になったりして良かったこともある。離散数学の講座や細胞生物学などは目からうろこでとても面白かった。今回の様に学びたいものを学ぶ喜びは貴重だった。雑学ではあったが これら学んだものは生活にうるおいを与えてくれている。(H)
		E, F	健康の維持	・若くなりましたね。ここへ来てからね，こういう若い子と一緒に勉強してたらね，精神面が若くなりました。友達からも若うなったなとよく言われる。(E)
学習上の成果	他の機会では味わえないような深い学びができたり，これまでの人生で疑問に思っていたことが理論的に理解できたり，あるいはこれまでのキャリアを学術的に考察できたり，仕事や活動に関わる資質能力の向上が図れたりすること	C, D, E, F	深い学びの経験	・実際受けて，私自身は勉強になりましたよ。もうほんまに。まあ大学は授業なかった，中学高校でも歴史をやってきたけど，ただ流すだけやないですか？奥なんかないし，こことここのつながりなんかないし，単語覚えるが精いっぱいという感じが，いろんな問題から言ったら掘り起こされて，こっちの問題がこっちの問題に関わってくるんやという因果関係はよう勉強させてもらいましたね。(C)
		A, D	長年のもやもや感の解消	・公開授業で一番うれしかったのは，「無用の用」という言葉を教えてもらったことです。この言葉の中に歴史などを学ぶ意味がすべて入っており，今まで長い間感じていたものがすっきり凝縮され，講座から帰る途中本当にうれしかったです。(A)
		F, J	キャリアの振り返り	・A：自分が今まで出会ってきた生徒のこととか，今まで自分が経験してきた教え子のこととか，それとすごく絡み合ってきますね。ある意味ね，少し大仰ですけど，理論的な裏付けが，それがいろいろ自分の経験と結びつくんですよね。Q：自分のキャリア経験が理論的に整理されるということですか？A：そうそう，そういう感じ。(J)
		I	職業・活動上の能力の向上	・現在は，数学を得意とする高校生に説明できるようになった。ガロア理論を少しずつ分かってきたように思います。(I)
				・自分自身についていえば，さらに深く，というか，もっとこういうチャンスがあったら，違う，幅広い，他のことを聞いてみたいなというのはあるんですよ。…だんだん出てくるよね。だから僕，A先生の話を聞いてアメリ

学習意欲の向上	受講により授業内容への関心が高まったり，自分の学習能力に自信を持ったり，さらには若年学生から刺激を受けたりして学習意欲が高まること	B,F,J	知的好奇心の強まり	力の歴史に改めて関心を持って，今年さっそくボストンからフィラデルフィアとかね。アメリカの独立の前後の地域へ1回行ってみたいと思い行ってきました。…フランスについても，I先生の，絵とか僕はあんまり，フランス映画とかようわからんけど。フランス映画とかインターネットで探してみたりとか。(B)
		D,J	伝統的学生からの刺激	・Q：学生と一緒に学ぶというのは？A：私は刺激を受けましたよ。…先生によっては毎日レポートではないですけど，質問事項的なものを書かせる人もおる。それが出席につながるといえばそれまでなんやけど，皆書いてるなあという感じしましたですね。(D)
		A,D,J	自分の学習能力への自信	・歴史関係ではですね，先生方と授業終わってから，2，3話をしたり，今，生徒の言っていることを聞いたり，先生が質問されるのの答えを聞いたり，自分の持っている歴史とかその周辺の知識とかが決して捨てたもんじゃないなと思いましたね。絶対に負けてないなと思いましたね。それをもっと突っ込んでいけたらなあとは思いますね。(A)
大学・大学生への理解と関与	受講を通じて，大学教育に加えて，若年学生や留学生への理解が深まったり，学生と共に学ぶ中で彼らの成長に役立ったという認識を得られること	B,D	若年学生への理解	・若い人もなかなかしっかりしているなとか，あるいはけっこう海外の留学生の方々もいらっしゃって，ああ彼らもよう考えている，彼らと今後もうまくやれたら，日本もいいなあとか，そういう気がものすごくしますね。(B)
		B,E	留学生への理解	・Q：日ごろはなかなか一般の方は留学生と接する機会はないですよね。A：　そうなんです。外国の方の考え方ちゅうかなあ。今までテレビや新聞で見てるのと，ちょっと会話してみると，今まで政治の話しか知らんかったけど，個々に会おたら全然違うなと感じました。(E)
		A,B	大学教育への理解	・今孫が大学に行っていますが，今こういう感じで勉強しているのかというのはわかりますね。孫が言うてることはこういうことを言うてんのやなとか。具体的に想像がつきますね。(A)
		B,J	次世代の成長への関与	・我々が授業公開で教えていただいたことを返せるかと言われると返せないんだけれども，やっぱりそこで若い人と何か意見交換のようなことができたのがよかった。(B)

またＤも受講を通じて，「今までもやもやしていたのが，ここへ来て，何か深まったような気がしますね」と述べている。これまでの人生の中で様々な疑問を持つようになり，それらが学術的な学習を通じて，ひとつの用語や理論で説明されうることを知り，感動したり，爽快な思いを抱いたりしている。三つめは［キャリアの振り返り］で，Ｊは教員時代の生徒指導の実際を振り返ったり，担当教科であった社会科の復習をしたりする機会になったとしており，特に指導などの経験が理論的に裏付けられることとなった。また［職業・活動上の能力の向上］もみられ，Ⅰは今も非常勤講師として高校で数学の授業をしているが，工学部出身で数学を専門として勉強してこなかったことがひっかかっており，また数学において疑問と思える課題も持っていた。しかし，時間ができたことで大学で数学を学び，ガロア理論についても理解が進み，高校生にもよりよい説明ができるようになった。

　第三の成果は〈学習意欲の向上〉で，彼らは受講を通じて知的好奇心が高められたり，若年学生から刺激を受けたり，また加齢にもかかわらず，自分の学習能力に自信を深めたりしていた。例えば，高卒のＡは大学の正規の授業を理解できた，伝統的学生と比べても自分は劣っていないという実感を持つに至り，それが次の学習につながる自己効力感の向上をもたらした。また中には受講により授業内容への関心が高まり，受講後に授業内容に関わる学習を自主的に行った者もいたが，例えばＢは「アメリカと世界」という授業を受け，その後実際に訪米している。

　成果の第四は〈大学・大学生への理解と関与〉で，そのサブカテゴリーには，［若年学生への理解］があり，受講者の中には，「若い人もなかなかしっかりしているな」あるいは授業の振り返りなども「皆書いているなあという感じがしました」と述べた者もいたが，特定の国立大学の学生についてとはいえ，通常，伝統的な若年学生の受講ぶりを見る機会が人々にはないなか，彼らの受講姿勢について知ることとなった。また若年学生の成長への関心という世代継承的な側面を持っていた受講者などは学生と一緒にグループワークをすることを通じて，彼らに刺激を与えたり，経験を伝えたりして，彼らの成長に多少ではあるが寄与した（［次世代の成長への関与］）と感じていた。加えて，大学外の者は

留学生と接する機会も通常多くないが，グループワークを通じて，彼らと話し合うことにより，Eのように彼らへの認識を深めたり，外国人への偏見が薄れたりしていく経験をする［留学生への理解］もみられた。その他，正規の授業を受けることによって［大学教育への理解］も進んだとの声も聞かれた。

大学・大学院への進学

　本調査においては，公開授業を受けたことを通じて，関心や学習意欲が高まり，正規の学生として入学したくなったという者はいなかった。また10名中，4名は自分の学習目的は〈余暇時間の充実〉と〈学習ニーズの充足〉であって，学位取得には関心がなく，公開授業が自分にとっては適した学びの場であるといった理由で進学には関心を寄せていなかった。しかしその一方で，6名が元々進学に関心を持っており，そのうち3名の関心は強かった。その中の1名であるEは心の問題に苦しんでいる人への支援に向けての専門性を高めるために進学を希望しているが，「こういう歳になって入学する場合，今更試験受けても，恐らくダメです」というように，「社会人特別選抜」を多くの大学が実施していることを知らず，進学に向けては若年学生と同様に，英語や数学などの科目の試験を受けなければならないと思っていた。

　Jも本当は通学制の課程に入学し，若年学生と一緒に学ぶことを希望しているが，退職後，週に数日，外国にルーツを持つ子どもの支援に関わる仕事をしており，仕事を抱えた環境では通学制での学修は困難なのではないかということで思いを叶えられていない。しかし，筆者が1年間または1学期間に修得可能な単位数を自身の都合に合わせて少なくでき，その代わりに修業年限を超えて在学できる「長期履修学生制度」について話すと，それについては知らず，「私は実はそういうのを求めているんです。確かに（3年次編入して）2年で集中してというのは厳しいですよね」と，そういう制度があるのなら可能かもしれないと関心を強めていた。このように進学を希望しながら，支援施策が実施されていることを知らずに，進学に踏み出せず，公開授業を受講している例が複数みられた。

　また例えば古文書の講読を長年にわたりやりたいと思い続けていたAも進学

について調べていたが，「よく見ると，とにかく，ほぼ，言うたら，自分の生活を全部注ぎ込まなあかん。ほかの趣味とかね，やりたいこととか，いかんなあと思って。それでいろいろとねえ。一部を勉強するようなものないかな」と語ったように，進学するとその他の取り組みたい活動などとの両立が困難になると考え，公開授業を選択していた。しかし，今でもAの心の中では折りに触れて，大学で専門的に古文書を読みたいという思いが湧き上がっているようで，他活動との優先順位の面で葛藤を抱えている。

　このように大学で学ぶことには関心があるが，正規の学生として進学すると多大な労力・時間が必要となることから，代わりに公開授業を受講した者もいた。

公開授業の特徴

　ここまで公開授業受講の動機や成果などについてみてきたが，受講者自身は他機会とは異なる公開授業の特徴，独自性についてどのように考えているのであろうか。その点について尋ねると，第一に先行研究と同様に，〈若年学生の存在〉が挙げられた。公開授業は正規の大学の授業であるので，受講者は基本的に若年層と一緒に授業を受けることになる。そのため，今の若者はどういった考え方を持っているのかなどを知ることができたり，若年学生から刺激を受け，張り合いを感じ，学習意欲が高まったりしている。

　第二は〈正規の学校教育が生み出す雰囲気〉で，正規の授業ということもあって，教員も一生懸命で，学生も単位を取らなければならないということで，真剣度が他機会と比べて異なると述べる者もいた。また授業によっては，テストを受けることができ，それにより理解度が上がったり，授業コメントを提出し，それへのコメントが返ってきたり，グループワークに参加できたりして，それが緊張感や喜びを生み出してもいた。

　第三には，これも先行研究で指摘されていたが，〈教育水準の高さ・深さ〉があった。公開授業は大学の正規の授業ということで，水準が比較的高く，また15回の授業ということで，授業内容に連続性，体系性があり，受講生にとっては深くもあり，広くもありという内容となっていた。確かに公開講座は調査

対象であった２校の大学でも数回程度の短期のもので，この２校にとどまらず，全国国立大学生涯学習系センター研究協議会の加盟大学対象の調査においても，公開講座の開講回数は11回以上も一部にみられたが，１回もしくは３〜５回が多くなっていた。(10)

　第四には〈受講の現実性〉があった。受講者は高等教育水準の学習に関心を持つ者らであったが，そういった学習に従事する手段としては，その他に社会人として大学に入学することがある。しかし，前述したように，受講者の中には他にも取り組みたい様々な趣味を持っている者もおり，また親の介護や自身の健康状態，あるいは年金生活ということを考えると，時間上，経済上，負担上のバランスという点で公開授業が適当であると考える者もいた。大学教育に興味を持つ受講者からすると，公開授業はハードルが低く，気軽に，現実的に高等教育段階の学習に従事できるものとみなされていた。

4　大学開放における公開授業

　今回の調査結果をまとめると，公開授業は全体として，〈既存の教育機会への不満〉を持っている層に対して，〈正規の学校教育が生み出す雰囲気〉や〈教育水準の高さ・深さ〉によって満足感を高め，〈余暇時間の充実〉や〈学習上の成果〉〈学習意欲の向上〉といった成果を生み出していた。また特徴のひとつである〈若年学生の存在〉により〈大学・大学生への理解と関与〉が促進され，〈次世代への関心〉を持つ者は［次世代の成長への関与］によって自身の有用感を感じる機会ともなっていた。加えて，〈若年期のやり残し感〉を持つ者にとっても，長年の思いを叶える場ともなっており，それが〈余暇時間の充実〉につながっていた。公開授業は公開講座よりも受講者の評価が高いという結果も示されているが，(11)実際，本調査においても情報提供者は公開授業に高い満足度を示しており，今回の調査対象のＡ大学では公開授業は調査開始の前年度で廃止になったが，情報提供者からはぜひ復活させてほしい，これまで学んできた教育機会の中で一番良かったという趣旨の話が複数からあった。ただ一方で，公開授業という機会はあっても，大学の授業は正規の学生のものであ

り，実際には自分たちは大学や大学生から歓迎されていないのではないかとい
う〈大学への遠慮〉からばつの悪さを感じた者もいた。

　今回の調査結果からすると，公開授業は三つの機能を果たしていた。その第
一は，公開授業は〈余暇時間の充実〉や〈学習ニーズの充足〉を求めているが，
社会教育や公開講座といった他機会に満足できていない人を［深い学びの経
験］などの〈学習上の成果〉によって魅了しているというものである。

　第二は［長年学びたかった学習テーマの保持］といった〈学習ニーズの充
足〉を持っているが，それを進学して専門的に学ぶと他活動が行えないと考え
る人にとって，次善の選択肢，もしくは適当な選択肢となっている面である。
残された人生の中で学習の他にも同程度でやりたいことがある人にとっては，
この公開授業は受講上利便性の高い（〈受講の現実性〉）取り組みとなっていた。

　そして第三は，実は〈学習ニーズの充足〉や〈若年期の教育上のやり残し
感〉から通学制課程への入学を望んでいるが，それに踏み出せずにいる人に
とって止まり木のようなものとして機能しているという面である。

　受講者は先行研究と同様，平日の昼間に通常開講されていることもあり，定
年退職者が多くなっているが，高齢学習者の観点から考察してみると，彼らは
「対処的ニーズ」「表現的ニーズ」「貢献的ニーズ」「影響的ニーズ」「回顧的
ニーズ」といった教育上，様々なニーズを持つとされている。ここでの〈余暇
時間の充実〉は退職後の余暇時間を有意義に活用しよう，あるいは加齢による
健康の低下に対処しようとする「対処的ニーズ」に関わるものであった。また
〈若年期の教育上のやり残し感〉や［長年学びたかった学習テーマの保持］は
これまで表現できなかった内面深くにあるものを解放したり，あるいは先延ば
しにしてきたことに取り組んだりする「表現的ニーズ」に該当すると考えられ
る。それ以外にも，［社会貢献志向］は「貢献的ニーズ」に，［次世代の成長へ
の関与］は「影響的ニーズ」に，また［キャリアの振り返り］は「回顧的ニー
ズ」に関わるものと考えられ，高齢者が持つと言われている様々な学習ニーズ
の広範な反映がみられた。これらのニーズの中でも，本ケースでは，「対処的
ニーズ」が強いものと感じられたが，公開授業はそれに加えて，「表現的ニー
ズ」など，他のニーズを充たすことも可能なものであり，それにより，彼らの

学びの場として選択され，評価されていると考えられる。

5　公開授業の課題と今後に向けて

　公開授業は満足度も高く，受講者の様々なニーズを充たしているが，木暮の言うように，毎年同一の授業が通常公開されるものであるため，受講者からすると進展性のないものになる。また一部の科目のみの公開であるため，特定の分野について様々な授業を体系的に受講し，専門をいっそう深めようという場合には限界がある。特定の分野について専門的・体系的に学習するには入学するという選択肢もあるが，他活動との優先順位の兼ね合いからそれは困難と考える人もいる。そういった人たちには，特定のテーマに関連した複数の授業科目をパッケージにした形で提供し，他活動と両立できる形で関心のある分野の学習を深められるようにするという方策もある。近年では職業能力の向上に向けた教育機会に限らず，教養系の授業も複数の授業をまとめて履修証明プログラムとしているところもみられるが，そうすることで上述の問題点を緩和しながら，彼らのニーズを充たすことができる。

　また富山大学の受講者調査では26.6％が進学に関心を持っていたが，本調査の中にも希望者がみられ，公開授業は進学希望者の止まり木的な機能も果たしていた。ただここでは様々な社会人受け入れの施策について知らないことから進学に至っていない者もいたため，受講者の思いの実現に向けて，情報提供などを通じ，進学への橋渡しを行っていくことも求められる。

　大学にとっても，公開授業は大学の教育研究への理解者や大学教育の恩恵を受ける当事者を増やすという点，並びに受講者の意欲や経験などを授業そのものに活かすことによって教育の質の向上につなげられるという利点がある。世代継承性という視点から〈次世代への関心〉を持つ受講者も一部に存在することから，受講者も協力的に関与してくれると考えられる。現在は高齢男性が受講者に多いが，近年は業種によっては平日が休みという職業人も多い。気軽な受講形態ということを活かして，より広範な成人が受講するようになるといっそうの教育効果も期待できる。

　ただ受講者という教育資源を活用するには教員にもマネジメント能力が必要
で，また先行調査にもあるとおり，一部に肯定的ではない影響を授業に与える
受講者もいるとされている。そこで教員向けの授業内容・方法を改善し，向上
させるための組織的な取組であるファカルティ・ディベロップメント（Faculty
Development：FD）や受講者への事前ガイダンスなどを実施するということも
重要となる。FD では受講生を受け入れるメリットについても理解してもらう
と同時に，受講者が受講を歓迎されているという印象を持てるような雰囲気づ
くりについても周知する必要がある。

6　最　後　に

　今回は教養系の授業を中心とした公開授業の受講者調査であったが，この公
開授業はその特徴から公開講座と正規学生としての入学の間で可能性を秘めた
ものと言える。

　本調査においては，知的好奇心に基づき，純粋に学びたいことを自主的に学
ぶ楽しさというものが受講生からひしひしと伝わってきた。職業能力向上のた
めの学習，経済成長のための学習について声高に叫ばれている現在，対象者は
高齢者であったが，高齢期に，あるいは高齢期に限らず，このような精神的に
豊かさを感じられる時間を持つことの重要さを感じた。

　大学での伝統的学生の学習は就職や卒業に向けてといった，フールの言う目
標志向的なものになるが，それとは異なる学習志向的な受講姿勢を見て学生は
何を感じ，どのような影響を実際受けているのか。それに関する研究の蓄積も
十分ではないが，今後学生の側から見た公開授業の実際についても研究を進め
ていく必要がある。また今回は高齢受講者を対象とした調査研究で，他世代の
受講者が含まれていないという問題がある。今後，公開授業もより幅広い年齢
層に広げていくことが望まれるが，他世代にとっての公開授業の特徴・機能に
ついても検討していく必要があろう。

　最後に今回，調査にご協力いただいた方には心よりお礼を申し上げます。

[付記] 本章は，拙稿「公開授業の特徴と今後に向けて——受講者へのインタ
　　　ビュー調査から」『UEJ ジャーナル』37，2021年，24-38頁を一部修正して掲
　　　載している。

注

⑴　文部科学省「平成30年度大学等におけるフルタイム換算データに関する調査（概
　　要）」2019年，3 頁（https://www.mext.go.jp/b_menu/houdou/31/06/_icsFiles/
　　afieldfile/2019/06/26/1418365_01_3_1.pdf ［2023.5.1]）。

⑵　滋賀大学生涯学習教育研究センター「公開授業（半期 1 コマ全体）の実施につい
　　て——実施までの経過と課題」『滋賀大学生涯学習教育研究センター年報』(2001)，
　　2002年，6-16頁。

⑶　文部科学省「平成29年度開かれた大学づくりに関する調査研究」2018年（https:
　　//www.mext.go.jp/content/20200929-mxt_chisui01-100000171_1.pdf ［2023.5.1]）。

⑷　神部純一「〈調査報告〉滋賀大学の公開講座・公開授業の評価——過去 3 年間の
　　アンケート調査結果を基にして」『滋賀大学生涯学習教育研究センター年報』
　　(2009)，2010年，53-95頁。

⑸　例えば，藤澤建二「2008年度「岩手大学公開授業講座」について」『岩手大学生
　　涯学習論集』5，2009年，75-82頁。

⑹　例えば，富山大学地域連携推進機構生涯学習部門「2018年度富山大学公開講座と
　　オープン・クラス（公開授業）アンケート調査報告」『富山大学地域連携推進機構
　　生涯学習部門年報』21，2019年，7-25頁。

⑺　藤澤，前掲論文。

⑻　エリック・H・エリクソン，西平直・中島由恵訳『アイデンティティとライフサ
　　イクル』誠信書房，2011年，105-106頁。

⑼　宇都宮博・渡邉照美「高齢期・定年退職期の世代継承性」岡本祐子・上手由香・
　　高野恵利編著『世代継承性研究の展望——アイデンティティから世代継承性へ』ナ
　　カニシヤ出版，2018年，161-175頁。

⑽　澤田和弘「大阪教育大学における生涯学習支援活動の状況——実施に関するアン
　　ケート調査の結果から」『教育実践研究』3，2008年，155頁。

⑾　神部，前掲論文。

⑿　McClusky, H. Y., "Education for Aging: The scope of the field and perspective for
　　the future", in Grabowski, S & Mason, W. D. (eds.), *Learning for Aging*, Adult
　　Education Association of the USA and ERIC Clearinghouse on Adult education,
　　1974, pp.324-355. Tam, M., "A distinctive theory of teaching and learning for older

learners: why and why not? ", *International Journal of Lifelong Education*, 33(6), 2014, pp.811-820.

(13)　木暮照正「地方大学における公開講座の在り方——「公開講座・公開授業アンケート」を振り返って」『福島大学生涯学習教育研究センター年報』13, 2008年, 15-27頁。

(14)　仲嶺政光「大学開放に関する意識調査——富山大学公開講座・公開授業受講者を対象として」『富山大学地域連携推進機構生涯学習部門年報』16, 2014年, 58-70頁。

(15)　富山大学地域連携推進機構生涯学習部門, 前掲論文。

(16)　Houle, C. O., *The Inquiring Mind*, University of Wisconsin Press, 1961, pp.16-29.

第 12 章
オンラインを利用した大学教育の開放
——サイバー大学——

高林友美

1 「開かれた大学」としてのサイバー大学

　サイバー大学は2007（平成19）年，文部科学省が認定した最初のフルオンライン大学として開学した。フルオンラインの大学院課程などの国内先進事例は存在していたものの，現在世界中を拠点とするオンライン教育で有名なミネルヴァ大学の開学が2012年であったことを踏まえると，2007年当時，革新的な取り組みであったことが窺える。建学の理念は「サイバー大学は，場所や時間など個人の環境や条件を問わず，勉学に意欲のある多くの人に幅広く質の高い学修の機会を提供し，社会の形成者として有能な人材を育成することを理念とする。」であり，インターネット技術を用いて学習機会の拡大に努める大学であることが示されている。

　英国 Open University，国内では放送大学に代表されるように，通信制の大学は以前からリカレント教育や生涯学習の重要な拠点のひとつとして学習機会の拡大に貢献してきた。本学はその流れを受け継ぎながら，インターネット技術を活用したフルオンライン大学としてまさに「開かれた大学」であり，生涯学習時代の新しい試みであると筆者は考えている。サイバー大学が実施するフルオンラインの学部教育を，歴史的にエクステンションが目指してきた大学教育の開放に関する現代的な形態の一種と位置付ければ，サイバー大学の学部教育の実際には，今後の大学教育の開放を考えるヒントが詰まっている。そこで本章では，サイバー大学の教育に関する実際を詳述したうえで，そのノウハウがエクステンションの側面においてどのように機能しうるのかを考えてみたい。

　新型コロナウイルス感染症による影響を受けて，オンラインでの教育が格段
に身近なものとなった現在の大学において，その学びを広げて開放するために
は，通学制の大学であっても本学と似たような工夫が必要になることも多いだ
ろう。サイバー大学がその運営を成り立たせるためには，ICTの活用にとど
まらない様々な工夫がある。フルオンラインの大学通信教育と，さらなる展開
としてのエクステンション事業（CUEX公開講座）の現状と展望を述べる本
章が，今後の大学運営や知の開放の議論に役立つことを願いたい。

2　サイバー大学の概要

　サイバー大学は，小泉政権の「聖域なき構造改革」において地域限定的に規
制が緩和された「構造改革特区」のひとつ，福岡市（福岡アジアビジネス特
区）で適用された特例措置「学校設置会社による学校設置事業」において設立
された。よって，私立大学ではなく，株式会社立大学という名を持っている。
サイバー大学のホームページ上で「ソフトバンクグループの通信制大学」とあ
るのは，ソフトバンクグループ株式会社が設立した大学であるからである。そ
して，株式会社立大学であるサイバー大学は，国立大学運営費交付金，私立大
学等経常費補助金を受け取っていない。授業料収入に加えて，サイバー大学側
が「学」ではなく「産」として行う産学連携事業による利益によって運営を
行っている。

　開学当初は，世界遺産学部とIT総合学部の2学部であったが，世界遺産学
部は2010（平成22）年に募集を停止しており，現在はIT総合学部のみで，IT
とビジネスの総合的な学びを提供している。高度IT人材に対する期待とオン
ライン教育への関心が高まるなか，2021年度の春学期には過去最高となる996
名の新入生を迎えた。開学以来ベテラン社会人学生の割合が高かったが，近年
の新入生については25歳未満の学生が半数を超えるようになっており，通信制
高校卒業生を含む高校新卒の入学者も増えてきている。しかし依然として2021
年度現在も在学生の約6割が社会人である上，高校新卒の学生でも世界中を移
動しながら授業を受けている学生がいるなど，インターネット技術を活用した

フルオンライン大学として，学生の多様性は通学制の大学と大きく異なり，対象となる学生の範囲を大きく広げている。実際に特定の授業内に課題として設置された掲示板形式のディスカッションでは，社長・役員の立場から意見を述べる学生もいれば，就業経験の全くない立場だからこそ見える意見を述べる学生もいるなど，雇用形態や年代が異なる学生たちがクラスメイトとして対等に意見を交わし合う様子が見られる。

　現在のサイバー大学では，キャンパス所在地の福岡の地域住民のための公開講座などは数が限られており，郵送レポートを主体とする通信制大学と比較すると，授業料は断然高い(1)（通学制の私立大学と比較すると当然安い）。スマートフォンやタブレットなど様々なデバイスから学習が可能であるが，入学時にはPCを必須環境として案内しており，学生自身が使用できるPCおよびインターネット環境が用意できなければ，学び続けることはできない。こうした制約があってなお，筆者がサイバー大学をオープンな大学と考えるのは以下のような特徴による。

- 入学出願から卒業まで全ての手続きをオンラインで行うことができる
- 志望理由書を主な課題とする入学試験を設けている
- 全ての正課授業がオンデマンド型で提供されている
  （1限，2限のように統一された時間割がない）
- 学期ごとではなく単位ごとに授業料を支払う

　サイバー大学の出願は当然オンラインである。卒業証書など一部郵送を必要とする資料もあるものの，入学説明会も，新入生向けオリエンテーションも，授業や試験，卒業式までもオンラインで受けることができる。入学者の本人確認を行う機会でもある入学オリエンテーションは，新型コロナウイルス感染症による影響があるまでは，多くの学生にとってほぼ唯一となる対面の機会として国内各地で実施されていたが，現在では海外在住などの学生に限らず全ての学生を対象にオンラインで実施されている。近年，英語の外部試験を大学受験に使用する場合の地域間格差が議論となったのは記憶に新しいが，それに対し

サイバー大学は，離島や山間部であってもインターネットの使える PC さえあ
れば，入学し卒業するための全てが自宅からアクセス可能である。地域格差や
様々な環境によって高等教育機関へのアクセシビリティの課題がある学生に
とって，オンラインで全てが叶うことは，学びの機会を大きく広げるものであ
る。

　また，入学試験は大学入学共通テスト（旧センター試験）のようなものでは
なく，通学制大学の AO 入試のような，志望動機に基づく入試判定を行って
いる。例えば高校卒業後すぐ働いていたが，10年経ってみてやはり大学に挑戦
したくなった，という受験生にとって，このような形式による審査は大学入学
へのハードルを解消するだろう。学力試験を課さないため，当然入学後のリメ
ディアル教育が必要となるが，これもまたオンラインで提供されるため，各学
生のつまずくポイントを何度でも繰り返し学習することが可能であり，高校数
学の基礎知識を必要とする授業などの履修に支障が無いように配慮されている。

　さらに，正課授業は全てオンデマンド形式で配信されることも大きな特徴だ。
社会人学生には，決まった曜日・時間に授業に出席することが難しい者が多い。
世界各地にいる学生たちは，日本時間で生活しているとも限らない。サイバー
大学では，毎週火曜に教養科目（共通科目）の，毎週木曜に専門科目の締め切
りが設定されており，締め切り日までの 2 週間の出席認定期間の中で90分の授
業回を自由に受講できる（この「出席認定期間」の工夫については第 3 節で詳
しく取り上げる）。PC やスマートフォンのアプリから，15分ごとに章分けさ
れた授業動画を確認するなど，日本で最初のフルオンラインの大学では，「い
つでも」「どこでも」学びたいと思う学生にその機会を与えることができる。
Web カメラによる顔監視を必要とするため，期末試験を受ける端末について
は制限があるものの，通勤中に 1 章分の授業を視聴したり，日勤・夜勤のサイ
クルに合わせて柔軟に各回の課題に取り組んだものをオンラインで提出したり
と，通学制や従来の通信制の学び方とは自由度が全く異なる。

　全授業をオンデマンド形式のフルオンラインで提供しようとすると，時には
非効率を伴う場合がある。対面授業と同価値の教育を実現しているものの，教
室で直接教えることができれば，もしくは同期型の授業を Zoom などのテレ

ビ会議システムで行えば，より効率の良い場面も存在する。しかしながら，フルオンラインの「いつでも」「どこでも」という学習形態でなければ学習機会を奪われてしまう学生にも広く学びの場を提供するために，サイバー大学では正課授業の全てをオンデマンド形式で配信し，スクーリング科目を設けていない。なお，任意参加の学習機会としては，Zoom によるオフィスアワーなどの同期型個別指導も行っている。それぞれに事情を持つ学生と日程調整を行って画面越しに対面することも珍しくないこと，さらにオンライン配信型の卒業式でも現地出席を希望し，クラスメイトや教員と卒業の喜びを直接分かち合う学生が必ずいることも書き添えておく。学生たちは大学で用意された交流用コミュニティの他にも様々な SNS を用いて連絡をとり，起業やプログラミングなどの興味に合わせて対面やオンライン会議での「課外活動」も活発に行っている。

　授業料の面でも学びのオープン化を促進している。通常通学制の大学では，授業料は学期ごとに支払う。該当の学期に何単位とろうと授業料は変わらず，長く在籍すればするだけ授業料も高くなる。これに対しサイバー大学は，多くの通信制大学同様，単位ごとの授業料を課している。大学としては標準修業年限以内での卒業のために履修相談・学習相談を含めた様々な支援を行っているが，仕事や子育て，介護と学業との両立を問題なく進めるためであったり，自身の生活バランスを維持するためであったり，様々なケースの個別の学習計画に基づき，6 年，8 年といった長い期間をかけて卒業を目指す学生も受け入れている。長く在籍すれば学期ごとに支払う学籍管理料などは積み重なってしまうものの，そのような長い時間をかけて卒業を目指す学生の授業料負担を過度に高くしないようにしている点も，「開かれた大学」の特徴だと考える。

3　クラウドにあるキャンパスで受ける授業

独自の学習管理システム "Cloud Campus"

　サイバー大学では Moodle や Canvas，Black Board などの著名な学習管理システム（Learning Management System: LMS）を用いておらず，独自開発の LMS

図12-1　Cloud Campus 学生画面（ホーム画面）

を利用している。これを「Cloud Campus」と呼んでおり，文字通り，イン
ターネット上にあるサイバー大学の「キャンパス」となっている。

　現在の Cloud Campus は，学生が出席認定期間や自分が今やるべき課題を確
認できるホーム画面（図12-1）を採用しており，このホーム画面から図書館[(2)]
や学生サポート，学期別・卒業要件別の成績確認画面にもアクセスすることが
可能だ。他大学の通信部や公開講座の学生が大学のお知らせ掲示板の利用に疎
外感を感じるケースも聞くが，ネット上のキャンパスでは掲示するスペースに
物理的な枚数制限はなく，また各自が自分の興味関心，必要に合わせて，お知
らせ掲示板の内容にしおりをつけることも可能である。これは学生ポータルの
ある大学とほぼ変わらないが，本学の場合は授業も全てこのオンラインキャン
パスで行われるため，学生が必ず通る入口としてアクセスが保証されているこ
とは特徴のひとつであると言えるだろう。

　図からもわかるとおり，デザイン性に優れた LMS であるが，教員が実際に
使用する上で機能性に課題が生じる場面もある。一般的に知られた LMS のよ
うに数多くのオプションがあるわけではないが，その代わりに独自開発である
利点を活かし，毎月のアップデートで大学の要望を反映した機能追加が行われ

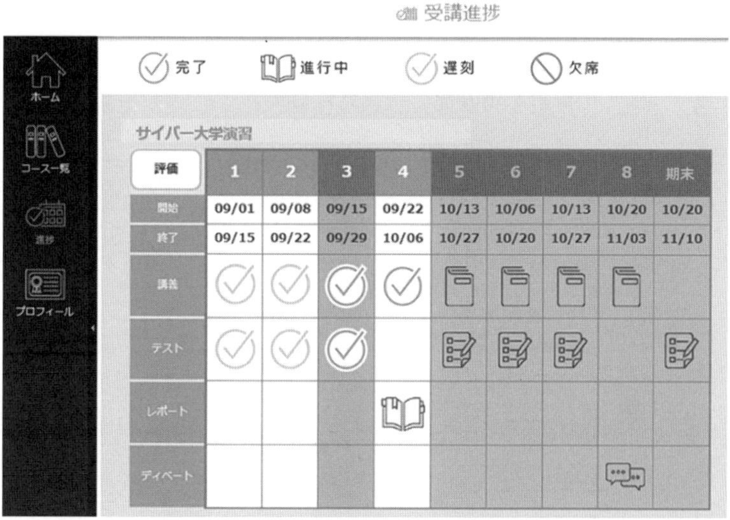

図 12 - 2　Cloud Campus 受講進捗画面（第 3 回受講確認時点デモ）

てきた。開発するシステム部との距離が近いこと，機能改善にスピード感があることはサイバー大学の特徴のひとつでもあるだろう。

　学内の要望に基づき追加された機能のひとつが，図12 - 2に示した受講進捗画面である。学生は自身のペースで履修するため，全ての科目の進度を一覧で確認できると自身の学習計画を立てやすくなる。進捗を科目別にひとつひとつ確認しなければならないと，どうしても取りこぼしが発生してしまう。そこで，学事スケジュールに基づき 1 週ごとに区切られた受講進捗画面で，授業の見終わっていない科目はないか，小テストやレポートなどを提出できていない科目はないか，即時確認することができるように機能改善が行われた。

　現在学生たちは締め切りの直前だけではなく，授業を見終わったり，課題を提出し終えた際には受講進捗画面を見て自分の進度をこまめに確認して目標達成を実感できるようになっている。また，図12 - 2の画面は学生が自分の状況を見るときだけでなく，授業担当教員や後述するラーニングアドバイザーが学生の状況をひと目で確認するためにも同様に表示することができる。学習相談時に学生の状況がすぐに把握できるため，欠かせない機能となっている。

インストラクショナルデザインに基づき設計されたクラウド授業

　フルオンライン大学のためにオーダーメイドで設計されているのは，LMS にとどまらない。Cloud Campus で提供されるオンライン授業は，教育工学の一分野として紹介されることの多い，インストラクショナルデザイン（教授設計）を専門とするインストラクショナルデザイナーと専門の撮影スタッフの協力の下，本学の教育目的を果たす充実した教育ができるように丁寧に設計され，制作されている。授業を通して身に付ける「スキルセット」が全ての科目で設定されており，これと各授業回の目標を対応させて確認することが定型サイクル化されている。インストラクショナルデザイナーは目標の書き方などからひとつひとつ助言を行うなど，授業全体の設計も，各授業回の制作も，効果的な授業になるようにコンテンツの管理体制が敷かれているといえる。こうしたプロセスを経るため，本学の授業制作は15回授業で約10か月程度を必要とする。

　新型コロナウイルス感染症による影響下において，日本全国で学びを止めないためのオンライン教育への移行が急速に行われた。特に高等教育ではオンライン授業が盛んとなり，筆者も Zoom を初めて扱う他大学教員らの深夜に及ぶ Zoom 練習や相談に対応して，大学教員がいかに苦心と無理を重ねて急な「フルオンライン」教育を実現させてきたかを目の当たりにした。常勤・非常勤を問わない尽力の賜物である学びの継続の成果は大きい一方で，緊急事態による授業のオンライン化は，フルオンライン大学における授業設計とは全く異なるものであると言えるだろう。新型コロナウイルス感染症の影響が小さくなった時には，様々な大学の教材が対面授業や公開講座に活用される可能性があるが，オンデマンド，ハイブリッド，反転授業を前提とする／しない対面授業でそれぞれ効果的な授業設計は異なる。貴重なオンライン授業用の教材が量産されたこのパンデミック状況を経て，そうした教材を有効活用する方法を考えると同時に，フルオンラインの大学では効果的な授業を行うために，インストラクショナルデザインを踏まえた授業設計にはインストラクショナルデザイナーなどの人材と，ある程度の長さの準備期間をもって制作を進めていることの認識が広まることが望ましいだろう。

4　開かれた学習機会のための支援

自由と制限の両方を設けた「出席認定期間」

　サイバー大学がより多くの人に学習機会を提供するための工夫について，さらに詳しく述べておきたい。はじめに挙げられるのは，本学の学事スケジュールである。授業はオンデマンド形式でいつでも自由に受講できることを第 1 節で述べたが，どれほどやる気のある学習者でも，いつでも受講できるとなると先送りにしたくなることは自然なことである。ましてや社会人学生となると，目前の仕事の忙しさに気を取られて，授業の受講は遅れがちにならざるを得ないだろう。その問題を解決するのが，学事スケジュールに定められている「出席認定期間」という締め切りである。

　受け身の授業ばかりにならないよう設計されている本学の授業では，1 回の授業に15分の動画 4 本と，30分の学修時間を想定した課題を置くことが標準となっている。課題は小テスト，レポート，ディスカッションのいずれかで，小テストが最も多い。授業を全て視聴すると課題に取り組むことができる。小テスト満点を目指し，15分ずつ章立てされた授業の予復習を熱心に行う学生も少なくない。そして，課題まで終えると，その週の受講が完了する。この課題を終わらせるための締め切りが，「出席認定期間」である。2 週間を各回の学習に使うことができるが，第 1 回の出席認定期間の半分が終わったところで，第 2 回の出席認定期間が開始され，以降常に 2 回分の出席認定期間が被った状態で，1 単位科目では第 8 回まで，2 単位科目では第15回まで続いていく。

　なお，出席認定期間を過ぎてもほとんどの科目で「遅刻受講」が認められる。遅刻による受講の場合，課題の採点で自動的に10％減点が行われる。2 週間の出席認定期間を早め早めに取り組む学生でも，仕事の繁閑などの事情により手を付けられなくなってしまう時期が発生する可能性は大いにある。このとき，締め切りによる目標を達成できないからと言って学習機会をシャットアウトするようなことはしない。減点によるペナルティはあるものの，引き続き授業を視聴し，課題に取り組むことのできる期間を学期末まで確保している。

　自由を確保しつつ，着実に学習を進めるための制限も設けるというこの学事スケジュールは，フルオンラインの大学のみではなく，現在対面授業の代わりに緊急的に開催されているオンライン授業や，今後広がると考えられる様々なオンラインによる高等教育で参考となる形式だろう。公開講座は無料であったり無期限であったりと，制限が全くない状態では継続に問題が生じる場合がある。自由なアクセスを保障した上で，学習者がひとり立ち止まってしまわないよう適度に制限を設けることが重要ではないだろうか。

サポートセンターと TA・LA

　自分でできる範囲では自由に，しかし自由に任されすぎて困ることのないよう学習支援を行うという点では，サイバー大学における各種のサポートセンター[3]およびティーチングアシスタント（TA），ラーニングアドバイザー（LA）の存在も重要である。まず，学生対応を担う学生サポートセンターは，履修登録，奨学金，その他多くの手続きの窓口として，学生にとって身近な存在だ。何かトラブルが起きるととりあえず学生サポートセンターに連絡をする，という学生も多い。Cloud Campus のトップメニューから学生サポートセンターへの問い合わせ先がつながっているが，そこからの電話とメールによる速やかな学生対応に，着任直後の著者は非常に驚いたことを覚えている。さらに，オンラインの大学であることから，独自開発の LMS のほか，大学で提供しているシステムが上手く使えない場合には，システムサポートセンターが対応を行う。こちらも電話およびメールによる対応を行っており，ログインができない，などの些細だが緊急性の高い質問が学生部や教員をパンクさせるようなことがないよう，支援体制が敷かれている。

　また，授業サポートセンターには TA，LA が複数名配置されており，学生の支援を行っている。TA は開講前の LMS の設定を確認したり，授業内での質問に対して一次回答を行ったり，といった通学制大学の TA と通じる役割だけでなく，オンラインならではの受講奨励の役割も担っている。出席認定期間を過ぎても受講が進んでいない学生などをフィルタリングし，対象の学生に学内メールを用いて受講奨励を行っている。科目評価アンケートや全学生アン

ケートでは，TA への感謝のコメントもしばしば見られ，隣に共に学ぶ仲間が座っているわけではない本学において，受講は順調か，困っていることはないかと気にかけてくれる存在があることは大きな意味を持つことが窺える。さらに，TA は科目固有の対応を行うのに対して，LA は全体的な学習に関する困りごと，特に履修相談などを担当する。2021年度より新設されたキャリアサポートセンターは，LA による個別相談の先にある就職支援だけでなく，キャリア形成に関する情報発信を含めて，本学学生の様々な進路を支援しており，学生が困ったときには頼るべき人が思いつくような状況を構築してきている。フルオンラインの通信大学として，自分で自由に進める学習スタイルであっても，困ったときのためにサポートする存在が不可欠であることを踏まえた体制となっている。

5　さらなる「オープン化」へ
──エクステンションと Cloud Campus 構想──

サイバー大学の「エクステンションコース」

　これまで述べた通り，サイバー大学では学習機会を広く開かれたものとするためにインターネットを利用したオンラインのキャンパスを拠点に様々な取り組みを行っている。通信制大学では卒業率・修了率の低さがしばしば言われる中で，サイバー大学にとっても卒業率は大きな課題であるが，2019年度から2020年度の4学期の間に入学した2224名の内，1968名が次学期も履修登録を行っており，2学期目履修継続率が83.1%[(4)]となっていることは，サイバー大学がより多くの学生の学習機会を増やし，かつ学びの継続的な支援となる取り組みができていることを示しているだろう。そして，学びのさらなるオープン化に向けて，2021年度からは「エクステンションコース」（CUEX 公開講座）を開始した。

　サイバー大学のエクステンションでは，Cloud Campus を用いて，本学正課で提供している授業や，提携する他大学の授業，およびグループ関連企業の出版物をもとにした授業を1科目からオンラインで有償公開し，より多くの人に

学びの機会を提供することを目指している。海外ですでに MOOC として無料で公開されている授業でも，本邦でその内容を求める人の手に，自由と「締め切り」「サポート」がある状態で届いているとは言い難く，優れたコンテンツでも手が届かない学習者が多い。そのようなコンテンツに字幕を付し，スケジュールに従って学びを進め，困ったときには質問できるようにする。サイバー大学だからこそ，より多くの学習機会を実現するために，そのようなエクステンションを実現することが可能である。エクステンションの科目ごとの受講生数など詳細情報は現在のところ外部に公開されていないが，開講初学期人気のあった科目はマサチューセッツ工科大学のオープン講座を字幕で翻訳したものであった。英語であればいつでも見られる授業ではあるが，字幕だけでなくスケジュール管理や TA によるサポート，担当教員とのオンラインのコミュニケーションなど，本学がこれまで大学の正課で提供してきた学習機会増大の工夫を活かし，人気のエクステンションとして提供できたと考えられる。

　また，本学の正課授業は全てオンデマンド型のオンライン配信であることは上に述べたとおりであるが，エクステンションでは同期型授業（ライブ授業）を行う。学士取得を目指す正課の授業とは異なる，約ひと学期分の短いコースであることから，あらかじめ告知された時間でライブ授業を組み込み，これまで本学で実現の難しかった形式での教育を提供する。実際のところ，必ずしも全員がライブ授業を受けているわけではないが，録画したライブ授業の様子をオンデマンドで配信することで学習機会の損失を最小限にしている。

Cloud Campus 構想とその先へ

　本学が長く提唱してきた未来像に Cloud Campus 構想がある。図12 - 3 は，本学独自の LMS である Cloud Campus がハブとなって，多くの大学や企業，その他教育機関が協力し，境目も席数制限もないクラウド上にバーチャルな「大学」ができるという Cloud Campus 構想を示したものである。エクステンションコースにおいて，複数の機関によるコンテンツ提供と，サイバー大学のCloud Campus による学習支援体制が実現すると，この Cloud Campus 構想にまた一歩近づくこととなる。

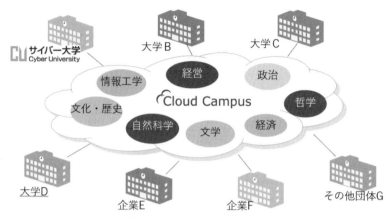

図 12 - 3　Cloud Campus 構想

出典：川原洋「教育コンテンツ作成と相互共有を促進する統合型オンライン教育プラット
フォーム」『e ラーニング研究』6，2017年，1-10頁より「Cloud Campus 共同運用に
よる仮想化大学構想（7頁)」を一部改編。

　これは，現在も行われているような大学間単位互換の関係を超えた，エコシ
ステムともいうべき有機的なつながりである。大学の知を一つのキャンパスの
中にとどめず，クラウド上のキャンパスで公開し，共有することで，本学が
行ってきた以上の広い範囲で高品質な学習機会の提供が実現できる。ただし，
良い授業は必ずしも最先端を行く講師の講演を高性能な機材を備えたスタジオ
で収録したものだとは限らない。学生にとって身近で，困ったときにはすぐに
援助を要請できるような関係性を持つ教員の顔が見えることも，良い授業の条
件となるだろう。サイバー大学は大学の特徴を活かしてサイバー大学にできる
ことを，他の機関もまた同様にできることを協力し合う，という点が重要では
ないかと考える。そして，各教育機関で教員を含む「学習支援チーム」ともい
えるサポート体制が実現され，学生が不安・不満なく学べることが理想だろう。
　全てをオンラインで行うことが，全学習者にとって最高の環境とは限らない。
しかし，その選択肢があることが一部の学習者にとって極めて重要であり，ひ
いては全ての学習者の学びの機会を保障することになる。サイバー大学はフル
オンラインという選択肢としてこれからも学習機会の拡大のための役割を務め
るとともに，Cloud Campus 構想のような，他機関との連携によりその特性を

活かすことが必要となると考える。インターネットがなかったならば，これだけの学習機会の拡大およびエコシステムの構築は不可能であろう。しかし大学の学びをより広く開放するためには，単にオンラインに授業を載せれば良いのではなく，学習機会を保つための仕組みづくりや多くの工夫が重要であることも本章で確認してきたとおりである。今後ますます注目の高まるオンライン教育，ｅラーニングという観点において，学習機会を広げ効果的に届けるために何が必要であるかを考えるだけでなく，各機関では何をすべきで，何を共有すべきかについてまで議論を深めることが，生涯学習の充実に不可欠となるだろう。

注

(1)　1単位2万1000円，4年間で卒業を目指す場合，年額65万1000円（31単位分）。比較としてオンラインではない通信大学の例では1単位5500円。なお，サイバー大学を含む通信制大学の学費については，西村直也「大学通信教育における ICT 化が学費と教育サービスに与えた影響と変化」『大学アドミニストレーション研究』5, 2015年，79-92頁に詳しい。

(2)　一般的に通信制大学でも図書館の利用が可能であり，本学のように郵送貸出（送料は基本的に学生負担）を行っている例が多い。コロナ禍で新しく学生への郵送貸出を行う通学制大学附属図書館には，本学から郵送貸出に関する情報提供を行った。また，本学の図書館では，電子書籍配信やデータベースなどのオンラインで閲覧可能な資料が数多く提供されている。

(3)　文中の各センター名称は2020年時点のものであり，現在とは異なるものが含まれる。

(4)　上昇傾向にあり，2023年度も同程度以上を見込んでいる。

第Ⅲ部
諸外国の動向

第 13 章
アメリカにおける成人学生の学修支援
——アンバンドリングとリバンドリング——

五島敦子

1　はじめに

　日本における社会人学生の割合は，OECD 諸国と比べて低い。その理由は，メンバーシップ型終身雇用と企業内教育の充実とされてきた。しかし，ジョブ型雇用と労働力の流動化が進む今日では，企業や組織に依存するのではなく，個人が主体的・自律的にキャリアを形成する必要がある。その重要性と可能性は，コロナ禍を機に，テレワークやオンライン学習が広まったことで広く認知された。そのため，大学には，働きながら新しい知識・技術を習得する「リスキリング」の機会提供が求められている。けれども，社会人のニーズと困難を理解し，その特性に適した支援を行う組織体制は整備されていない。

　これに対し，アメリカの大学では，学外学位制度やウィークエンド・カレッジなど，成人向けに開かれた学修制度が1970年代から開発されてきた。その後も，経済的・社会的ニーズに敏感な成人学生の存在は，実学的カリキュラムの発展を促してきた。2000年代以降は，オンライン教育の技術革新により，学修形態はますます多様化している。デジタル時代の労働需要に見合った知識とスキルを提供するオンライン学位課程は，働きながら学ぶ成人学生のオルタナティブな進学先になっている。けれども，学費高騰で困窮する成人学生は，時間的にも経済的にも余裕がなく，中途退学に至る場合が少なくない。

　そこで本章では，アメリカの大学開放の動向について，とくに成人学生の学修支援に焦点を当てて検討する。具体的には，第一に，近年の連邦高等教育政策を整理したうえで，成人学生の課題を概観する。第二に，成人学生の学位取

得のために有用な制度の変化を検討する。第三に，成人のリカレント教育を
担ってきた継続教育部の取り組みを明らかにする。最後に，以上の内容をまと
め，日本に示唆される点を考察する。

2　成人学生の課題
──新しいマジョリティ──

連邦高等教育政策の展開

　リーマンショック後のアメリカでは，経済再生に向けて成人の再教育が急務
となり，失業対策と職業訓練に連邦資金が投入された。オバマ政権では，大規
模な奨学金改革や経済支援が実施され，低所得者層の進学が促された。その結
果，学生数は増加したが，学費高騰や学生ローンの負担増により，働きながら
学ぶ学生が増えた。成人学生のニーズを掴んだのは，株式会社等が経営する営
利大学であった。1970年代に登場した営利大学は，市場に即した実践的な教育
内容をオンラインで提供することで，2000年代に急成長した。けれども，指導
が不十分であるために中退者が多いことや，卒業できても教育の質が低いため
に学生ローン返済を賄うだけの収入を得られないことが問題になった。そこで，
第二期オバマ政権では，債務不履行者の割合が高い営利大学を連邦奨学金制度
の対象から除外して教育の質向上を図る一方で，コミュニティカレッジに予算
を投じて低所得者層を支援した。[1]

　しかし，規制緩和に転じたトランプ政権では，連邦高等教育予算を大幅に削
減し，マイノリティ優遇措置撤廃や営利大学への規制緩和を提案するなど，オ
バマ改革と逆行する動きがみられた。高等教育の問題は2020年大統領選挙の争
点のひとつとなり，政権の転換を促した。コロナ禍下で始まったバイデン政権
は，高等教育緊急救済基金の受給対象を広げるとともに，連邦学生ローンの返
済猶予や低所得者層の教育支援に取り組んでいる。ただし，仕事も住居も失い，
学業に戻る余裕がない成人学生への支援は，十分とはいえない。

「新しいマジョリティ」としての成人学生

　学位授与機関における25歳以上の学生の割合は，2019年度在籍者約1964万人のうち，約40％を占める。成人学生は「非伝統的学生」と呼ばれるが，全米教育統計センターの定義によれば，① 高校卒業後1年以上経過後に進学している，② パートタイム就学である，③ フルタイム就労である，④ 経済的に独立している，⑤ 配偶者以外の扶養家族がいる，⑥ ひとり親である，⑦ 高校を卒業していない，という七つの特徴のうち，一つ以上を持つこと，とされる。この定義にあてはまる学生は，いまや全学生の75％に及ぶ。とくに25〜29歳の若年成人の割合が増えており，人種的マイノリティや高等教育第一世代という特徴をあわせもつ場合も少なくない。こうした非伝統的学生は，キャンパスで多数派を占めるという意味で，「新しいマジョリティ」と呼ばれている。

　成人学生の問題は，中退を繰り返すため，なかなか学位が取得できないことである。2014年度国勢調査によれば，25〜65歳労働人口の17％は，何らかの大学教育の経験を有するものの，学位も資格も取得していない。米国学生統計センターの調査によれば，2012年度入学者のうち，6年後の学位取得率は全体で58.3％であるが，入学時の年齢が20歳以下では62.9％に対し，21〜24歳で42.5％，25歳以上では43.5％であった。すなわち，成人後に入学した学生の半数以上が6年経っても学位を取得できていない。なかでも営利大学ではその傾向が著しく，20歳以下で47.1％，21〜24歳で26.1％，25歳以上で37.0％というように，とくに若年成人の学位取得率が低い。

　学位取得を阻む要因は，学費の高騰，仕事や家族のための経済的・時間的制約，および，それらに伴う修学期間の長期化である。4年制大学の2020年度平均授業料は，公立では9400ドル，私立では3万7600ドルであるが，2010年度と比べると，公立で10％，私立で19％の上昇がみられる。低所得者層の場合，連邦奨学金の不足を補うには，民間ローンに頼らざるをえない。返済のために仕事を増やすと，学習時間が不足して単位が取得できない。中退や転学を繰り返すうちにカリキュラムが変更され，再入学時に単位互換ができなくなって接続が困難になる。学修履歴が複雑となるため，どのようなプログラムや奨学金を選択したらよいかもわかりにくい。また，年齢が上がるほど学習テクノロジー

の進化についていけず，オンライン化がかえって障害になることがある。こう
した様々な問題が折り重なって，学位取得が遠のくわけである。[7]

3　成人学生の学修支援
——オンライン化と「アンバンドリング」——

経験学習評価制度

　効率的に学位を取得することは，安定した大学経営にとっても喫緊の課題で
ある。修学期間を短縮する方策のひとつとして，経験学習評価制度（Prior
Learning Assessment：PLA）が従来から用いられてきた。PLA は，学習者の
様々な経験を評価して，単位や修了証として認定する制度である。その発展は，
1970年代から成人・経験学習協議会（Council for Adult and Experiential Learning：
CAEL）が牽引してきた。認定の対象は，① 標準試験（カレッジボードによる
CLEP 試験，プロメトリックによる DSST 軍事試験，エクセルシオール大学
による UExcel 試験など），② 個別大学のチャレンジ試験，③ ポートフォリオ
評価，④ 企業の実務経験や兵役経験に対するアメリカ教育協議会他による認
定単位，⑤ 大学以外の教育訓練，資格，修了証に対する個別大学の評価であ
る。PLA の利点は，期間と費用の節約だけでなく，成人自らがポートフォリ
オを完成することで自信が持てることにある。

　近年では，大規模オープンオンライン講座（Massive Open Online Course：
MOOC）を利用した学習経験や，IT 関連企業等が認定するデジタルバッジな
どの新しい学修成果の認定が進んでいる。MOOC は，世界の有名大学による
オンライン授業を無料で受講できる講座で，希望する修了者は有料で修了証を
取得できる。2012年の開始当初は注目されたが，修了率が低いことから，次第
に関心が薄れていった。ところが，コロナ禍下の2020年に MOOC プロバイ
ダーが修了証の無料アクセスを世界中で提供したことから，需要が再燃した。

　PLA の課題は，州や大学によって認定基準が異なることであるが，CAEL
は，オンラインで活用できる汎用的なプラットフォームを開発して，大学間で
アセスメントツールを共有できるよう働きかけている。CAEL による25歳以

上の学生約23万人を対象にした調査によれば，PLA 利用者は，未利用者より22％も修了率が高かった。このように，PLA は成人の学位取得に有効な手段となっている。[(8)]

コンピテンシー・ベースド教育

コンピテンシー・ベースド教育（Competency Based Education：CBE）は，経験豊富な成人学生に適した，もうひとつの方法である。CBE は，学修にかけた時間ではなく，獲得した能力に対して認定が与えられる点で，PLA と共通点をもつ。その導入はやはり1970年代に遡るが，オンライン教育と親和性があり学費抑制に役立つという観点から，2000年代に再注目された。認定の枠組みには，学修成果を学修時間に基づいて単位に換算する方式と，学修時間に拠らず直接評価する方式の二つがある。[(9)]このうち，とくに期間短縮が期待できるのは，後者の直接評価である。その特徴は，第一に，修得主義に基づく個別最適化である。獲得すべきコンピテンシーは一定だが，同じ教材を一斉に学習して画一的な試験を受けるのではなく，学習者が最適な方法を選んで自分のペースで学び，獲得したコンピテンシーを自らが証明することで評価される。第二は，授業料を，修得単位数の上限を定めずに，一定期間の定額制で支払うサブスクリプションを採用する場合が多いことである。第三は，プログラムの運用には，教員だけでなく，授業管理の設計を担うインストラクショナルデザイナーや，学修支援アドバイザーなどの専門職が携わることである。

　例えば，ウィスコンシン大学（以降，UW と表記する）が2014年に開始したUW フレキシブル・オプション（UW Flex）は，直接評価の CBE によるオンライン学位課程である。学期の設定がないため，3カ月定額制のサブスクリプションで授業料を支払えば，どの月からでも開始でき，いつでも試験を受けられる。学習者は，コンピテンシー・セットごとにモジュール化された学習内容を時間に縛られずに学ぶ。学修形態はオンライン中心であるが，実技が必要な専攻では通学もある。試験の形式は，試験，論文，プロジェクトなど，多様である。セット修了に時間がかかって履修停止した場合でも，次の期間に停止した時点から再開できる選択肢がある。学修支援に重要な役割を果たしているの

は，アカデミック・サクセス・コーチ（ASC）と呼ばれるアドバイザーである。CBE の履修計画は個々に異なるうえ，成人固有の問題が多岐にわたるため，ASC は履修相談や学習スキルの支援だけでなく，奨学金申請手続きや家庭・仕事の悩みなどの生活相談を引き受けることもある。[10]

　2022年現在，UW Flex には，学位課程 6 専攻と修了証課程 4 専攻がある。UW Flex を主管するのは州立大学13校が属する UW システムであるが，学位は，UW パークサイド校または UW ミルウォーキー校の学位として認定される。専攻は，看護，健康科学，画像診断，情報科学技術，経営管理といった実学的分野が中心である。例えば，情報科学技術専攻の場合，学士号取得には，一般科目21単位，専門科目57単位，選択科目42単位の計120単位が必要で，専門科目は15コンピテンシー・セットで構成される。準学士号を持つある IT プログラマーの事例によると，彼が学士号を取得するには14コンピテンシー・セットが必要であった。彼の場合，職業経験があり既知の内容が多かったため，最初の 3 カ月で13セットを修了し，次の 3 カ月で卒業プロジェクトの 1 セットを終えて，合計 6 カ月で学士号を取得できたという。[11]

　CBE の運用方法は各大学で異なるが，成人学生の柔軟な学修には有益である。当初は CBE への連邦奨学金制度の認可基準が厳格であったが，実験校での検証を経て緩和されることとなり，今後の広がりが期待されている。

マイクロクレデンシャル

　CBE 概念の普及を背景に，学位よりも短期間で特定領域のコンピテンシーを獲得し，その能力証明ができるマイクロクレデンシャルが注目されている。定義や実態は国によって異なるが，アメリカでは，単一のコース以上であるが学位未満の学習活動とされ，マイクロマスターズ（edX），ナノディグリー（Udacity），スペシャリゼーション（Coursera）など，プロバイダーによって名称が異なる。[12]獲得した知識やスキルは，オンライン上で共有できるデジタルバッジによって証明できるので，取得者は SNS やデジタル履歴書などに掲載できる。放送大学が導入したオープンバッジは，資格やスキルの修了証明をオンライン上に表示するバッジのひとつである。企業でも，Google や Amazon

のように，各企業独自のスキルを体系的に修得したことを認定するバッジを発行している。OECD は，国家関係教育当局によって独立した正式な教育資格として認められていない資格を，「オルタナティブクレデンシャル」と総称している。[13]

　具体例を挙げると，マイクロマスターは，MOOC プロバイダーである edX を通じて提供される大学院レベルのプログラムである。[14]edX は，2013年にハーバード大学とマサチューセッツ工科大学によって非営利団体として創立され，2016年に14大学の協力を得て19プログラムを開始した。例えば，2022年現在，マサチューセッツ工科大学では，「ファイナンス」「統計とデータサイエンス」「サプライチェーンマネジメント」「製造の原理」といったプログラムが提供されている。各プログラムは 5 〜 8 コースで構成され，所定のコースを全て修了して有料の試験に合格すれば修了証が得られる。期間や費用はプログラムによって異なるが，「統計とデータサイエンス」の場合，5 コースで構成される。1 コースは 4 〜17週で，平均的には，週に10〜14時間の学習を行うと 1 年 2 カ月で修了でき，費用は1350ドルであるという。修了証を取得すると，大学院の受験資格が与えられ，合格して入学すると卒業単位の一部として読み替えることができる。提携する他の大学院に入学した場合の卒業単位としても認められる。近年では，米国のみならず，世界各国の大学の協力を得て様々なマイクロマスター・プログラムが開発されている。学士レベルのプログラムであるマイクロバチェラーも，2020年に開始された。2022年現在，米国 6 大学と 1 企業により計15プログラムが提供されており，財団や民間企業と提携してプログラム開発を進めている。edX によれば，1 単位当たりの授業料は166ドルであるが，全国平均で594ドル，非営利オンライン学位課程で308ドルであることと比較すると，低コストとされる。修得単位は成人教育を専門とするトマスジェファーソン州立大学の卒業単位に読み替えられる。このように，マイクロクレデンシャルは，時間や費用を節約しながら，大学進学へのオルタナティブ・ルートを提供する。コロナ禍を機にマイクロクレデンシャルの導入を検討する大学は急増しており，内容も IT やビジネスばかりでなく，人文・社会科学を含めた多様な分野に広がっている。

　以上，成人学生の学修支援策として，オンラインによって学習内容をモ
ジュール化して個別最適化するプログラムを紹介した。低コストで柔軟なこれ
らの取り組みは，「高等教育のアンバンドリング」と呼ばれる状況を生み出し
ている。すなわち，これまでパッケージ化されてきた大学教育をコンピテン
シー単位に「アンバンドリング（分解）」して，学習者ごとに異なる組み合わ
せで配信する教育サービスへの転換を示唆している。

4　継続教育部の改革動向
——「リバンドリング」と質保証——

学修相談とキャリア支援

　学位取得までのルートが多様化するなかで，最適なルートを選択するには，
細分化された学修成果を「リバンドリング（組み直し）」する必要がある。そ
のためには，個別的な支援が不可欠である。周知のように，アメリカの大学で
は，アカデミック・アドバイジングが充実している。学生支援部に専門職が配
置され，履修指導，卒業要件の確認，他部署への紹介などを面接やメールで指
導する。学生の多様化が進むにつれて，準備不足や学習意欲の低い学生が増え
たことから，各大学が卒業率向上のために力を入れてきた。成人学生も利用で
きるが，昼間に時間がとれない，相談内容が広範囲に及ぶ，などの理由で，利
用が限られる。

　これに対して，成人学生の相談窓口を担ってきたのが，継続教育部である。
これは，歴史的には，大学拡張あるいは大学開放（University Extension）と呼
ばれていた部局であるが，現在では，継続教育部（Division of Continuing
Education/Continuing Studies）と呼ばれることが多く，さまざまな下位部門が置
かれている。例えば，UW マディソン校の継続教育部の「成人キャリア支援・
特別聴講生サービス部門」には，成人学生専門のキャリアカウンセラーが配置
され，入学前から様々な相談を受け付けている。履修相談はもちろんのこと，
ICT スキルのサポートや第二言語としての英語学習に加えて，家族を扶養す
る成人には，託児，住宅，税控除などの生活情報を提供したり，シングルマ

ザーや再入学者向けの奨学金情報を紹介したりする。2018年には，学位へのアクセス拡大のために，科目等履修生が編入推薦資格を得るための特別プログラムを開始した。入学後は，成人学生の履修状況を観察するとともに，成人学生が集う場を設けて，人間関係づくりを支援することもある。就職にあたっては，成人学生向けのインターンシップや模擬面接の機会を提供するなど，手厚いキャリア支援が行われる[17]。

　このように，継続教育部は，成人固有の課題を整理して，それぞれの学修を次の段階に導くための環境整備を担ってきた。近年では，継続教育部がオンライン教育にいち早く取り組んできたことから，新たな期待が向けられている。

継続教育部の再編

　継続教育部は，これまで，教養や趣味から，企業と連携した職業訓練，大学準備講座，語学留学受け入れまで，多様なプログラムを提供してきた。「ビジネス・サイドライン」や「アカデミック・ステップチャイルド」と呼ばれていたように，大学組織では周縁に位置する社会連携部門とみなされてきた[18]。そのため，総じて大学執行部の関心は薄かった。しかし，財政逼迫による大学組織の見直しにより，収益性が高いオンライン教育の実績をもつ継続教育部への関心が高まった。大学のミッションと関係が深い教育プログラムを絞り込み，大学の戦略的経営の一端を担う教育プロバイダーの役割が求められたのである。継続教育部の指導者たちは，この状況について，周辺的な存在だった非伝統的学生が多数派になったことで，継続教育部が培ってきた知見を活かす好機が到来したと論じた[19]。

　こうした要請のもと，各大学で継続教育部が再編されている。変化のひとつは，学位課程を提供する教学組織への転換である。例えば，マサチューセッツ大学ボストン校の継続教育部は，従来，既存学部のパートタイム学生の受け入れを支援する「ディビジョン（部局）」であったが，2011年に独自の学位を授与する「カレッジ（学部）」に転換し，同大学8番目の学部に昇格してオンライン学位課程を提供している[20]。もうひとつの変化は，労働市場のニーズに即応する専門職教育への注力である。ニューヨーク大学やコロンビア大学の継続教

育部は，2000年代までに学部昇格を果たしていたが，2010年代になると，部局名から「継続教育（Continuing Education）」という語を削除して，「スクール・オブ・プロフェッショナル・スタディーズ（専門職学部）：SPS」と改称した。改称の理由について，コロンビア大学 SPS は，「専門職学位，市場に特化したアカデミックなプログラム，学際的な学問研究に焦点を当てるため」と説明している。[21] すなわち，生きがいや趣味というより，実践的な専門職スキルの向上に直結するプロフェッショナル・スクールへの転換である。SPS は，1 年間で修了できる専門職学位を新たに開発したり，海外の大学と特別推薦入学の協定を結んだりすることで，多様な学生をリクルートする役割を担っている。

大学専門職・継続教育協会（UPCEA）による質保証の取り組み

　継続教育の指導者が集う全国協会も，上述の新しい変化に対応するべく，事業改革に乗り出した。大学専門職・継続教育協会（University Professional & Continuing Education Association: UPCEA）は，1915年設立以来，アメリカの大学開放ならびに継続教育を主導してきた大学協会である。同協会は，「専門職教育・継続教育・オンライン教育（Professional, Continuing, Online: PCO）におけるリーダーシップを向上させる」という目標を掲げて，2010年に UPCEA と改称した。改革の方法として，まず，プログラム開発や経営管理に焦点を当てて，継続教育の指導者たちが学び合えるオンライン・ネットワークを形成した。次に，民間の教育産業やコンサルティング企業を新たに法人会員に迎え入れて調査研究を重ね，オンライン課程の技術開発をすすめた。その知見を活かして，個別大学に対して，市場調査，ブランディング，学生募集などを含めたコンサルティングを提供している。また，CBE への連邦奨学金制度の認定基準の緩和を求めるなど，政府諸機関へのロビー活動も行っている。

　UPCEA の課題は，玉石混交のオンライン課程が溢れる中で，質の高い教育をどう担保していくかであった。そこで，2015年に，内部質保証の取り組みとして，「オンライン教育のリーダーシップにおけるホールマーク・オブ・エクセレンス」という指標を提示した。これは，以下の七つの項目，すなわち，①学内の支持と連携，②リーダーの起業的イニシアチブ，③教員の支援，④学

生の支援，⑤学外からの支持と連携，⑥テクノロジー，⑦プロフェッショナリズムという項目に沿って評価の指標を詳細に示したものである。この指標に沿って，UPCEA 独自に，大学や教育プロバイダーのオンライン課程に対する外部評価を実施している。[22]

　また，2020年には，PCO プロフェッショナル，すなわち，専門職教育・継続教育・オンライン教育に携わる専門職の資質向上を目指して，UPCEA 独自の資格を認定する研修プログラムを開始した。管理職向けの指導者資格と実践家向けの専門職資格の二つがあり，それぞれ，1科目当たり5時間の学習を4週間行い，5科目で計100時間相当の課程を修了すると，デジタルバッジが付与される。獲得すべきコンピテンシーとして定義された8領域24項目をみると，学内外を結ぶコーディネーターとしての資質に加えて，経営戦略やデジタル技術に長けたマネジメント能力が求められていることが窺える。[23]

5　まとめにかえて

　最後に，本章の内容をまとめたうえで，日本への示唆を検討する。

　まず，本章の内容を要約すると，次のようになる。PLA，CBE，マイクロクレデンシャルといった柔軟な学修制度は，いまや「新しいマジョリティ」となった成人学生それぞれに個別最適化する多様な選択肢を提供している。既知の内容を活かしながら短期間にモジュール単位で学ぶ制度は，経験豊富な成人の学修と親和性が高い。「アンバンドリング（分解）」された学修を「リバンドリング（組み直し）」するための個別支援を行っているのが，継続教育部である。成人学生専門のアドバイザーが個々の課題に寄り添う学修相談を行う一方，継続教育部のなかには，戦略的大学経営の一端を担う学部に昇格して，労働市場でニーズの高い専門職教育をオンライン学位課程で提供するところもある。継続教育部の全国協会である UPCEA は，質の高い教育を保証するために外部評価や PCO プロフェッショナルの資質向上に取り組んでいる。成人学生のニーズにきめ細かに対応するこのような柔軟性と多様性こそが，アメリカ高等教育を革新する原動力と考えられよう。

　次に，日本への示唆を検討する。働き方が変化している日本でも，学修や労働を時間単位で管理する枠組みは，もはや時代にそぐわないのではないか。コンピテンシーを単位として，「アンバンドリング（分解）」された様々な学びや労働を柔軟に選択し，自らに最適な形で「リバンドリング（組み直し）」する力がこれからの社会に必要とされるだろう。短期的な学修成果を示す方策として，従来，大学の履修証明制度が奨励されてきたものの，各大学が場当たり的に実施しても社会的通用性を示すことは難しい。したがって，獲得されたコンピテンシーを適正に評価する仕組みを整備し，民間の教育プロバイダーとも連携して成果を積み上げながら，非学位課程から学位課程へとシームレスに移行できるような制度設計が求められる。

　ただし，アメリカで進む改革の背後には，懸念すべき問題がある。第一の懸念は，スキル偏重と巨大資本の影響である。現代米国の教育改革は，巨大企業財団の支援を受けつつ教育を民営化・市場化してきたとされるように[24]，高等教育政策でもルミナ財団やビル＆メリンダ・ゲイツ財団の影響力はよく知られる。影響の詳細は別稿に譲るが，これらの巨大資本が大学協会等と関係を深めながら，スキル重視のプログラム開発を推進してきた側面はある。また，コロナ禍を契機に，教育テクノロジー企業を取り巻く環境が激変していることにも注意が必要である。2021年には，Coursera や Udemy が株式を上場した。非営利団体の edX は，需要拡大に対応できず，教育テクノロジー企業である 2U に買収された。継続教育分野では，高等教育関連の IT 企業が合併して非伝統的学生向けソフトウェア会社を立ち上げ，新しいプラットフォームの提供を始めた。多種多様なサービスが競合する中で，大学は，強力なメディア力を持つ特定企業のみに利することがないよう留意が必要である。

　第二の懸念は，これまでの身近な教育機会が失われる危険性である。実のところ，オンライン化と継続教育部の再編は，大学統廃合と表裏一体である。UW システムでは，40年以上の歴史を持つ UW エクステンションが2018年に解体された[25]。生涯学習部門は，UW Flex などのオンライン共同利用プログラムを重点化する一方，収益性の低い対面プログラムを廃止した。農業拡張部門は，研究大学である UW マディソン校に移管されたため，広域行政化により

地域事務所の人員が削減された。解体後，過疎地域の大学では，学生減に伴う教職員数の削減により，地域貢献活動が低迷している。大学統廃合がすすめば，通学範囲から高等教育機関が消える可能性がある。身近な教育機会を失えば，オンライン学習に必要な通信環境をもたず，デジタルリテラシーが十分ではない人々が取り残されかねない。コロナ禍は，デジタルデバイド（情報格差）の現実を改めて浮き彫りにした。食糧や住居にも困る状況で，成人学生は多額の学生ローンを抱えたまま，苦境に立たされた。こうした歪みは，教育問題にとどまらず，アメリカ社会を分断する要因となっている。

　日本でも，単に「リスキリング」を奨励するだけでは，キャリア自律には結びつかない。多様な人々と共にどのような社会を実現するのかを考え，自らの役割を見据えて主体的に学ぶ姿勢を育成することが必要である。そのためには，適切な学修支援が不可欠であり，とくに成人のニーズと課題を理解できる専門人材が肝要である。その意味で，大学開放に携わる者にとって，オンラインの向こう側にいる成人学習者の姿を想像する力を持ち，公正な社会の実現を促進する成人教育者というアイデンティティを持ち続けることの重要性を，アメリカの動向は改めて示唆している。

　　［付記］本章は，JSPS 科研費（18K02744/23K025137）の助成を受けたものである。

注
(1) 吉田香奈「アメリカの学生経済支援——オバマ政権の8年間」『IDE　現代の高等教育』588，2017年，50-53頁。

(2) National Center for Educational Statistics (NCES), "Table 303.45, Total fall enrollment in degree-granting postsecondary institutions, by level of enrollment, sex, attendance status, and age of student: 2015, 2017, and 2019," *Digest of Education Statistics: 2020*, NCES, 2021（https://nces.ed.gov/programs/digest/d20/tables/dt20_303.45.asp ［2023.4.8］）.

(3) Choy, S., "Nontraditional Undergraduates," *The Condition of Education 2002*, NCES, U.S. Department of Education, 2002, pp.2-3.

(4) Malm, E. & Weber, M., (eds.), *Academic Transformation: A Design Approach for the New Majority*, Rowman and Littlefield Publishers, 2017, pp.2-4.

⑸　Shapiro, D. et al., *Completing College: A National View of Student Completion Rates: Fall 2012 Cohort,* National Student Clearinghouse Research Center, 2018, pp. 12-15（https://nscresearchcenter.org/wp-content/uploads/SignatureReport16.pdf ［2023.4.8］）.

⑹　NCES, "Price of Attending an Undergraduate Institution," *The Condition of Education 2022,* U. S. Department of Education, 2022（https://nces.ed.gov/programs/coe/indicator/cua ［2023.4.8］）.

⑺　五島敦子「米国大学における成人学生の学修支援——学位取得の阻害要因とその対策」『名古屋高等教育研究』（名古屋大学高等教育研究センター）20，2020年，275-296頁。

⑻　PLA については以下を参照した。Klein-Collins, R. et al., *PLA Boost: Results from a 72-Institution Targeted Study of Prior Learning Assessment and Adult Student Outcomes, Revised,* Council for Adult and Experiential Learning, 2020.

⑼　山田礼子「米国における Competency-Based Education の進展——生涯学習と伝統型高等教育が交差する新たな像として」『日本生涯教育学会年報』38，2017年，87-102頁。

⑽　Specht-Boardman, R. et al., "The University of Wisconsin Flexible Option is an effective model to prepare students for a recovering economy," *Journal of Competency-based Education,* 6(1), 2021, pp.1-11.

⑾　五島，2020，前掲論文，285-287頁。

⑿　Pickard, L., *Analysis of 450 MOOC-Based Microcredentials Reveals Many Options But Little Consistency,* Class Central, 2018（https://www.classcentral.com/report/moocs-microcredentials-analysis-2018/ ［2023.4.8］）.

⒀　Kato, S., Galán-Muros, V., & Weko, T., *The Emergence of Alternative Credentials,* OECD Working Paler, OECD, 2020.

⒁　マイクロマスターおよびマイクロバチェラーについては，edX のウェブページ（https://www.edx.org/ ［2022.6.19］）を参照した。

⒂　Selingo, J. J., *College (Un) bound: The Future of Higher Education and What It Means for Students,* Houghton Mifflin Publishing Company, 2013（船守美穂訳『カレッジ（アン）バウンド——米国高等教育の現状と近未来のパノラマ』東信堂，2018年）.

⒃　清水栄子『アカデミック・アドバイジング——その専門性と実践』東信堂，2015年。

⒄　五島，2020，前掲論文，287-290頁。

⒅　Embree, K. & Cookson, P.W., "Continuing Education," Forest, J.J. & Kinser, K.,

Higher Education in the United States, An Encyclopedia, Vol. 1, A-L, ABC-CLIO, 2002, pp.131-133.

(19)　Novak, R. J., "Dimensions of Professionalization of the Adult and Continuing Education Enterprise," *Centennial Conversations, Essential Essays in Professional, Continuing and Online Education: UPCEA 1915-2015*, 2015, UPCEA, pp.25-36.

(20)　五島敦子「アメリカの大学における継続教育部の改革動向――UPCEA を事例として」『アカデミア　人文・自然科学編』12, 2016年, 77-89頁。

(21)　Columbia University, School of Professional Studies, "History" (https://sps.columbia.edu/school/our-history　[2022.6.19]).

(22)　五島, 2016, 前掲, 82-86頁。

(23)　UPCEA, "Competency and Attribute Statements for Professional, Continuing, and Online Practitioners" (https://upcea.edu/competency-and-attribute-statements-for-professional-continuing-and-online-practitioners/　[2022.6.19]).

(24)　北野秋男「米国の巨大企業財団と教育改革の歴史」『研究紀要』(日本大学文理学部人文科学研究所) 90, 2015年, 25-37頁。

(25)　五島敦子「2017-2019年米国ウィスコンシン大学システムの再編――UW-エクステンション解体の背景を中心に」『UEJ ジャーナル』31, 2019年, 18-30頁。

第14章

韓国における大学開放の動向
——成人学習者のための大学平生教育体制の構築——

金　明姫

　韓国の大学開放は，憲法上に「平生教育」[(1)]が明文化され，さらに，生涯学習を法的に保障する「平生教育法」の下，高等教育改革の一連の政策と連動した大学開放政策によって，その量的・質的な側面で著しい進展を成し遂げてきた。21世紀に入り，地域の生涯学習の中核的機関となる大学付設「平生教育院」がほとんどの高等教育機関に設置され，非学位課程の生涯学習プログラムを中心とする大学開放事業が推進されてきた。また，遠隔形態のサイバー大学や産学連携の一取り組みとして在職者の成人に高等教育レベルの継続教育を実施する社内大学の創設，学校外で得た多様な形態の学習内容や資格を単位として認定し学位を授与する単位銀行制度の拡充など，その形態と内容も多様化してきている。

　一方，急速な少子化の進行によって大学適齢人口が激減し，入学定員を充たすことができない大学が，地方大学を中心に数多く出始めた。このような状況を受けて，「定員減縮」と「競争力確保」を掲げる大学構造改革が断行され，「大学倒産」という実態に対応するための生き残りをかけた戦略の模索が，高等教育の喫緊の課題となっている。また，生涯学習社会，知識基盤社会，急速な高齢化の進行，そして第4次産業革命時代への移行に伴い，社会環境と職業世界の急激な変化に対応していくため，成人に職務に関連する知識や技術の持続的な学習と新たな知識の創出が求められている。地域社会の知の拠点となる高等教育に，こうした成人の再教育をはじめ，幅広い年齢層の生涯学習需要に柔軟に対応した教育内容や方法の提供，さらに大学システムそのものを成人に開かれた体制へと変容していくことが要請されている。

　このような時代的要請を受け，2007年に「平生教育法」を全面改正し，2008

年からは高等教育機関を中心とする生涯学習活性化事業が本格的に推進されている。従来の伝統的学生，高校卒業直後にフルタイムで進学する若い学生中心の大学構造を改善し，成人学習者のための学位課程である新たな「平生教育単科大学」を創設するなど，成人学習者に親和的な大学生涯学習体制への転換が政策的に誘導されている。

　本章では，韓国の今日的な大学開放の変容をもたらした高等教育を取り巻く諸情勢を確認し，「平生教育法」（1999年）制定以降，大学を中心に展開された生涯学習政策とその取り組みについて検討し，今日の大学開放の特徴と課題を確認したい。

　韓国においては，これまで大学が一般成人を対象に行う教育は，「大学拡張」「大学開放」「大学成人教育」「大学社会教育」「成人高等教育」と表現され，それぞれが異なる社会的・歴史的背景を持ち，その概念や実施内容も様々であった。近年においては，生涯学習の次元から高等教育体制が再編されることにより，大学で一般成人のために提供する全ての教育活動を包括する上位概念として「大学平生教育」が使われている。これには，学位および単位取得課程だけではなく，非学位・非単位課程，教養教育，職業準備教育，専門職継続教育等のすべてが含まれる。本章では，大学開放を，一般成人のために，① 伝統的な大学教育へのアクセスを拡大する，② 公開講座，市民大学などの非正規，非学位課程を提供するなど，全ての教育活動を包括する「大学平生教育」と同位概念として用いる。

1　韓国における高等教育を取り巻く諸情勢

大学構造改革評価と定員削減

　韓国の高等教育は，1980年代の高等教育へのアクセスを拡大する「高等教育の門戸開放」政策，1990年代の「大学設立基準の緩和と定員自律化」政策によってかつてない量的拡大を達成した。高等教育のマス化，ユニバーサル・アクセス化が急速に進展され，2003年には大学進学を目指す普通科系の全日制及び定時制の高校卒業者の大学進学率は90.1%まで上り，いわば，大学全入時代

◎定員削減推進計画（2014年「大学構造改革推進計画」）
・評価周期　　　1周期（2014-2016年）→2周期（2017-2019年）→3周期（2020-2022年）
・定員削減目標　　　　　　4万人　　　　　　　5万人　　　　　　　7万人
・定員削減時期　2015～2017入学年度　　2018～2020入学年度　　2021～2023入学年度
◎定員削減に基づく財政支援と予算減額措置を断行，大学教育の質保障と競争力強化を誘導

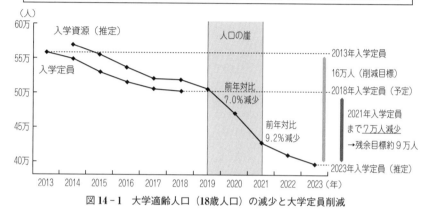

図14-1　大学適齢人口（18歳人口）の減少と大学定員削減

出典：教育部「大学構造改革推進計画」2014年，「2周期大学構造改革基本計画」2017年，より筆者作成。

を迎えた。

　しかしながら，2000年頃から顕著になった少子化によって学齢人口が激減し，2018年からは大学志願者数が入学定員を下回ると予想され，大学の入学定員を政府主導で調整していく大学構造改革が断行されるようになった。2014年に，教育部の「大学構造改革推進計画」が発表され，大学入学定員を2023年までに約16万人を削減する改革方案が打ち出された（図14-1）。

　「大学構造改革評価」（学生充足率，教員確保率，就職率，そして産学連携への工夫などが指標）に基づき定員削減比率を決定し，縮小定員に基づく構造改革的努力に見合った財政支援あるいは予算減額措置を行うなど，大学の量的規模を大幅に縮小し，大学教育の質保証と競争力の強化を狙う大学構造改革が実施された。こうした大学構造改革が断行された背景として，①大学の入学定員が志願者数を上回る大学過剰時代に入り，地方大学を中心に定員割れが続出している，②高学歴失業者の増加など，社会的需要とのミスマッチ，③大学間の競争過熱と序列化の進行，④大学自体の質向上と教育環境改善などの自

助努力の欠如，⑤大学財政難など，高等教育が抱えている諸問題が次々と露見し，そこから，国家的規模の高等教育改革が推進されている[(4)]。その結果，2015年から2017年まで「不良退出大学」の定員を含め，約4.4万人の定員が削減され，2021年の入学定員まで約7万人が削減された（図14-1）。

大学評価と財政支援の連携強化

　大学全体の定員削減が優先的な目標であった第1期（2014～2016年）の大学構造改革は，各大学の特性や諸事情を考慮しない一律的な定員削減目標と評価であったため，結果的には地方大学を中心に定員削減が断行された。これは大学全体の均衡的な発展と自律性を阻害した改革政策であると指摘され，2018年からは大学の自律的改善努力を反映した「大学基本力量診断評価」という名称に変更された。評価による等級区分を廃止し各大学の特性と地方大学の地域的要因などを考慮し，大学独自の発展戦略と高等教育機関としての基本要件，大学訪問評価による大学の「持続可能性」をも評価内容に取り入れた。診断結果によって，「自律改善大学」「力量強化大学」「財政支援制限大学」に区分し，定員削減の勧告と財政支援を実施している。また，成人学習者の入学を拡大する取り組みや海外キャンパスを設立するなど，新しい高等教育需要を創出するための努力等を評価に反映している[(5)]。

　2021年の「大学基本力量診断評価」結果によると，診断評価に参加した全国285校のうち，首都圏の大学19校を含む52校が今後3年間，1校当たり年間平均約37億ウォンから48億ウォンの財政支援対象から外れることになる[(6)]。今回の結果は，仁荷大学や誠信女子大学など，首都圏内でも競争力のある大学といわれてきた大学が財政支援大学から除外され，評価の公平性の欠如，「財政支援制限大学」の退出危機など，大学の存続を危うくする診断評価であるとの反発を受けている。

　一方で，大学教育研究所の報告書によると，首都圏に該当する京畿・仁川地域の大学73校のうち43校が2024年には入学定員の充足率が80％を下回ると予想され，これまで地方の私立大学の問題とされてきた定員割れの危機は首都圏の大学も避けられない現状となっている[(7)]。2022年現在，426校の高等教育機関に

約312万人の学生が在籍しており，このうち68校（学生は約242万人）が私立セクターで全体高等教育機関の約78％を占めている。

　大学の財政を学費に依存している私立大学は，定員割れと財政支援制限による深刻な財政難に見舞われており，こうした構造改革は政府の財政支援を確保するための大学間競争を助長させ，さらに地方大学が閉校に追い込まれるという憂慮を生じている。

　「競争」「評価」「定員削減」「不良大学退出」といったスローガンに凝縮される政府主導の大学構造改革政策の圧力から，「大学倒産」という実態に対応するため，各大学では大学間統合や学科の統・廃合による入学定員の削減，個別大学に特化した差異のあるプログラム開発，多様な財源確保のための地域連携・産学連携の拡大など，大学の生き残りをかけた戦略策定が盛んである。こうした諸戦略の模索は入学者を確保できず経営難に陥る地方の私立大学と専門大学（日本の短期大学にあたる。以下，専門大学）を中心に熾烈化している。

　一方，知識基盤社会の進展により，成人を含む在職者に職務に関連する知識や技術の持続的な学習が要求され，成人学習者の高等教育への需要が高まっている。

　ジャービス（Jarvis, P.）によれば，グローバル化と知識基盤社会（knowledge based society）への転換という時代的流れは，成人と大学の両方に，途方もない変化の圧力を加えている。それは，毎日新しい知識が生まれ，理論と実践の格差が生じてくる現在の社会では，実践的知識が求められており，このような現象は若者たちを対象に伝統的に研究と知識の伝達を重視してきたいくつかの大学に相当な負担を与えている。このような知識基盤社会が求める幅広い知識を基盤とする高い専門性，創意的な知識応用能力，新たな知識の創出に高等教育が対応していくためには，これまでの大学の機能と役割，学習者，教授方法や教育内容の変容は不可避であろう。

　以上の状況から，今日の韓国の高等教育は，財政支援と連動した定員削減の構造改革に対応していくと同時に，在来型の若い学生中心の学科やカリキュラム，学士運営を改編し，成人，高齢者などを含む多様な年齢層の学習者をも視野に入れた生涯学習体制の大学へと転換していくことが余儀なくされている。

2　変容する大学開放
——機会提供から体制改編へ——

「平生教育法」制定と大学開放の拡大

　韓国における大学開放は，1905年に普成専門学校が開校され，その後まもなく開設された夜間課程と1909年4月に同大学に新設された法学科の校外生制度から始まる。校外生に毎月講義録が郵送され，質疑に関する指導は郵便で行われるほか，定期的に地方巡回講演が実施された。イギリスやアメリカに起源をもつ大学開放は，1970年に啓明大学（大邱市所在）が大邱市の財政支援を受け，女性のために実施した市民公開講座から始まる。大学が立地する地域社会への貢献として自発的に行われた地域社会教育や公開講座などの一連の取り組みは「平生教育」の導入とともに，大学がもつ教育，研究の機能のほか，生涯学習の場としての大学の役割として義務付けられた。

　1984年には梨花女子大学において初めて，単科大学のような独立的形態の「平生教育院」が設置され，その後，私立大学を中心に生涯学習を担当する付設機関（例えば，平生教育院，産業教育院，語学院，国際平生教育院，社会文化教育院，女性社会教育院，情報社会教育院，基督社会教育院，美術デザイン教育院など）が拡大した。1980年代からは，高等教育改革の一連の政策と連動した大学開放政策が推し進められ，仕事と学習を連携する「開放大学」，遠隔形態の「放送通信大学」「独学学位制度」「単位銀行制度」など，高等教育レベルにおけるオールタナティブ教育制度が創設された。

　憲法上に「平生教育」が明文化され，大学開放，または大学が行う生涯学習の義務化は，従来の若い学生の占有物とみなされてきた高等教育を，全国民がアクセスできる高等教育へと転換させたという点で，大きな意義を持つものといえる。

　1999年に「平生教育法」が制定，2007年に同法の全面改正とともに，大学付設「平生教育院」の設置が拡大した。「平生教育院」の設置および変更が申告制から報告制に変更され，「平生教育院の定員自律化」「適正な受講料の設定」

「『平生教育院』の授業を担当する専任教授・講師へのインセンティブ付与」など，主に「平生教育院」の活性化を支援する大学開放事業が推進された。

　2022年の「平生教育統計」によると，全高等教育機関426校のうち，419の大学に「平生教育院」が設置されており，① 学歴補完教育，② 成人基礎識字教育，③ 職業能力向上教育，④ 人文教養教育，⑤ 文化芸術教育，⑥ 市民参加教育，の六つの領域の２万1217個のプログラムに約63万人の学習者が参加している[13]。

高等教育の機会提供から大学平生教育体制への変容

　地域の生涯学習の中核的機関となる大学付設「平生教育院」は，地域住民のための学歴補完教育，教養教育，資格・技術等の職務能力関連教育を実施し，それまで大学教育の対象ではなかった成人，低学歴者，そして高齢者などを含む多様な学習者の高等教育への参加を拡大した。

　一方で，2022年の「韓国成人の平生学習実態調査」によると，韓国の成人（満25〜79歳）が１年間，フォーマルまたはノンフォーマル教育に参加した割合は28％であり，大学付設「平生教育院」におけるプログラムに参加した成人はわずか0.8％であった[14]。成人学習者の高等教育への参加を拡大していくためには，青・壮年層と失業者のための再教育プログラムの開発をはじめ，より多様な分野の職業関連の学位課程を創設し，成人学習者が置かれた状況を配慮した個別化した学習支援など，成人学習者により開かれた大学生涯学習体制の構築が重点課題として取り上げられた[15]。

　「平生教育法」第９条の「平生教育振興基本計画樹立」義務の規定に従い，2002年に「第１次平生学習振興総合計画」（2002〜2006年）が発表され，現在「第４次平生教育振興基本計画」（2018〜2022年）が策定・推進されている。第１次から第４次にわたる同計画のうち，大学開放に関連する内容を表14-1にまとめた。

　第１次基本計画では，単位銀行制度や遠隔大学，在職者の成人に高等教育レベルの継続教育を提供する社内大学など，成人への高等教育機会を拡大する諸制度の創設・拡大が主な内容であった。

表14-1　「平生教育振興基本計画」における大学開放に関連する内容

区分	第1次 平生学習振興総合計画 （2002年～2006年）	第2次 平生教育振興基本計画 （2008年～2012年）	第3次 平生教育振興基本計画 （2013年～2017年）	第4次 平生教育振興基本計画 （2018年～2022年）
主要推進課題	◎生涯学習の生活化と地域化 ◎社会統合促進のための生涯学習支援強化 ◎知識基盤社会への対応として成人の教育機会拡大 ◎職業教育の拡大 ◎生涯学習の基盤構築	◎生涯段階別における創造的な学習者の育成 ◎社会統合のための生涯学習関連機関の参加と連携強化 ◎生涯学習インフラの構築とネットワークの活性化	◎大学中心の平生教育体制 ◎On/Off-lineによる生涯学習総合支援体制構築 ◎社会統合のためのオーダーメイド型生涯学習支援	◎誰もが享受する生涯学習 ◎仕事とともにいつでも享受する生涯学習 ◎どこでも享受できる良質の生涯学習 ◎強固な基盤の質の高い生涯学習
大学開放関連内容	◎成人学習者への高等教育機会拡大 ・単位銀行制度の内実化 ・遠隔大学の設置拡大 ・知識人材開発事業関連の生涯学習機関の活性化 ・単位銀行制度と連携した教育口座制度導入 ◎産学連携の強化と職場での学習組織化 ◎社内大学の設置拡大 ◎専門大学、技術系大学との連携により成人の職業教育・訓練機会の拡大	◎大学中心平生教育支援事業（2008年～2016年） ・平生学習中心大学支援事業 ・大学付設「平生教育院」活性化事業 ・特性化高卒在職者の特別選考拡大 ◎先就業・後進学支援システム構築事業 ◎時間制登録制の改善・拡大 ◎大学の正規教科課程に生涯学習プログラム拡大 ◎専門大学を中心に「仕事―学習」の連携強化	◎成人学習者のための大学体制への転換 ・平生学習中心大学支援事業 ・「平生教育単科大学」新設 ⇒「大学の平生教育体制支援事業」に統合・改編（2017） ◎NCS（国家職能力標準）ベースの学習―資格の連携強化 ◎オンライン公開講座（K-MOOC）の運営開始 ◎地域における大学の生涯学習機能の強化 ◎社内大学の入学対象の拡大	◎大学の生涯学習機能強化 ・成人向けのオーダーメイド型教育プログラムの拡大 ・マイクロディグリーなど成人に柔軟な学事運営 ・単位銀行制度と連携した良質の産業オーダーメイド型プログラムの提供 ◎専門大学を「平生職業教育Hub」として育成 ・専門大学の学位―非学位課程の連携強化 ・大学本部が生涯学習・職業教育を企画・担当

出典：パク・ジョンら「国内大学平生教育研究動向分析：1999年－2019年国内学術誌の掲載論文を対象に」2019年，92頁，教育部「平生教育振興基本計画」（第1次～第4次）を参照し筆者再作成。

　一方，2008年の新政府（李明博政権）の主要国政課題として「高等教育機関の生涯学習機能強化」が打ち出され，「大学中心平生教育活性化支援事業」が開始された。なかでも，「平生学習中心大学支援事業」は，従来の若い学生中心の正規教育だけでなく，学位取得を目的に高等教育に進入する成人学習者，生涯学習者の学習環境に配慮した大学体制へと改編するよう支援する事業である。成人学習者のライフステージに応じた多様なカリキュラムを開発し，夜間および週末の時間を活用した授業と学士運営，さらに地域社会に高等教育の機会を拡大し，生涯学習の質的向上を目的とした。また，「専門大学を活用した職場と学習の連携」を強化し，在職者のための特別選考を拡大するなど，高等

表 14 - 2　「大学中心平生教育活性化支援事業」の推進現況

区分	事業	類型	予算 (100万ウォン)	選定大学
2008	平生学習中心大学 育成事業	◎単一型	700	7校
2009	平生学習中心大学育 成事業（第1次）	◎単一型	823	11校
	平生学習中心大学育 成事業（第2次）	◎大学体制改編（継続） ◎成人就業支援プログラム運営	5,300	大学体制改編：11校 成人就業支援プログラム：30校
2010	大学平生教育 活性化事業	◎大学全体の体制改編 ◎大学平生教育院体制改編	2,500	大学全体の体制改編：10校 大学平生教育院体制改編：10校
2011	大学平生教育 活性化事業	◎平生学習先導大学 ◎平生学習中心大学 ・大学全体の体制改編 ・大学平生教育院体制改編	4,040	平生学習先導大学：4校 平生学習中心大学 ・大学全体の体制改編：12校 ・大学平生教育院体制改編：8校
2012	大学平生教育 活性化事業	◎先就業・後進学 ◎4050世代跳躍 ◎平生教育院体制改編	5,508	先就業・後進学：6校 4050世代跳躍：14校 平生教育院体制改編：5校
2013	大学中心の平生学習 活性化事業	◎平生学習中心大学（学位） ・2030世代職務能力向上 ・4050世代再跳躍 ◎非学位専門家課程	平生学習 ：21,483 非学位 ：6,025	平生学習中心大学（学位）：34校 非学位専門家課程：13校
2014	平生学習中心大学 育成事業	◎後進学拠点大学指定育成 ◎平生学習中心大学育成 ・成人継続教育中心大学 ・非学位専門家課程	後進学 ：2,700 平生学習 ：7,500	後進学拠点大学指定育成：10校 平生学習中心大学育成 ・成人継続教育中心大学：25校 ・非学位専門家課程：10校
2015	平生学習中心大学 育成事業	◎学位・非学位課程 ◎専門・希少分野の代表大学 ◎在職者特別選考運営大学	13,100	57校
2016	平生教育単科大学 支援事業	◎単一型	25,500	9校
	平生学習中心大学 育成事業	◎学位・非学位課程 ◎専門・希少分野の代表大学 ◎在職者特別選考運営大学	13,130	学位・非学位課程：31校 専門・希少分野の代表大学：なし 在職者特別選考運営大学：6校
2017	大学の平生教育体制 支援事業	◎単科大学/学部/学科/コンソーシアム	23,132	・単科大学：10校　・学部：2校 ・学科：3校 ・コンソーシアム：なし
2018	大学の平生教育体制 支援事業	◎単科大学/学部/学科/コンソーシアム	16,130	・単科大学：15校　・学部：なし ・学科：6校 ・コンソーシアム：なし

2019	大学の平生教育体制支援事業	◎一般大学（4年制） 単科大学/学部/学科/コンソーシアム ◎専門大学 学部/学科/コンソーシアム	24,130	一般大学（4年制）：23校 専門大学（短期大学）：7校
2020	大学の平生教育体制支援事業	◎一般大学（4年制） 単科大学/学部/学科/コンソーシアム ◎専門大学 学部/学科/コンソーシアム	24,130	一般大学（4年制）：23校 専門大学（短期大学）：7校
2021	大学の平生教育体制支援事業	◎一般大学（4年制） 単科大学/学部/学科コンソーシアム ◎専門大学 学部/学科/コンソーシアム	24,130	一般大学（4年制）：23校 専門大学（短期大学）：7校

出典：韓国教育開発院「大学平生教育財政支援事業の診断及び改善方案研究」2018年，19頁と国家平生教育振興院ホームページ（http://www.nile.or.kr/）より筆者作成。

教育機関を中心とする生涯学習活性化事業が本格的に展開された。

　2012年からは，「先就業・後進学支援システム構築事業」が実施され，学位課程の成人学習者を入学資源として確保する定員外の在職者選考（特性化高校，マイスター高校等を卒業した在職者向けの特別選考など）を拡大した。時間制登録制や大学正規課程における生涯学習プログラムの拡大など，成人学習者の第2，第3の学位取得を支援する諸制度が拡充された。

　第3次基本計画の主要課題として「大学中心の平生教育体制実現」が設定され，成人学習者のための大学体制への転換が政策的に誘導された。2015年に多様な年齢層の成人を対象とした従前の「平生学習中心大学育成事業」と，特性化高校等を卒業した在職者向けの「先就業・後進学システム構築事業」を統合し，主に在職中の成人を対象に「先就業・後進学」支援事業が積極的に推進された。

　一方，2016年に高等教育改革の一環として「平生教育単科大学支援事業」が発表された。成人学習者を専担・支援する「平生教育単科大学」を創設し，それまで「平生教育院」が担ってきた学位課程と単位銀行制度，社会人受け入れの特別選考などを「平生教育単科大学」に統括して運営するようになった。

　成人学習者の学習需要に応じたオーダーメイド型の教育課程を開発・運営し，多学期制と集中講義による履修制や柔軟な学事制度を設けること，学費の支援

など，いわゆる「成人親和型大学」が創設されたのである。しかしながら，その事業内容が2008年から実施してきた「平生学習中心大学育成事業」と重複していることから，2017年に「平生学習中心大学育成事業」と「平生教育単科大学支援事業」を「大学の平生教育体制支援事業」に統合・改編し現在にいたる。

　以上，「大学中心平生教育活性化支援事業」の推進現況を表14－2にまとめた。

3　成人学習者のための「大学平生教育体制」の構築

「大学の平生教育体制支援事業」

　上述のように，韓国では2008年の「平生学習中心大学育成事業」を筆頭に，2016年の「平生教育単科大学支援事業」，そしてこれらを統合・改編した2017年の「大学の平生教育体制支援事業」等を通じて，これまで学齢期学生を対象に教育を行ってきた大学が，全く異なる方式で成人学生を受け入れ，学位取得のため教育を提供するよう政策的に誘導されている。具体的には，① 成人学習者に親和的な大学体制改編を通じて多様な後進学・後学習の基盤を構築し，また多様な年齢層の成人学習者の生涯段階別におけるオーダーメイド型教育サービスを提供・支援する類型と，② 在職者特別選考プログラムを運営する大学における教育課程開発と在職者の後進学のための基盤造成を支援する類型，の二つの方向で推進されている。

　ここでは，2017年から実施されている「大学の平生教育体制支援事業」の概要を紹介したい。[17]

　「大学の平生教育体制支援事業」（LiFE 事業 Lifelong education at universities for the Future of Education）は，在職者を対象とする「先就業・後進学」活性化事業と，学齢期学生中心の高等教育体制を成人学習者に柔軟した学事体制へと転換する事業に参加する大学を積極的に支援し，結果的には成人学習者への高等教育機会を拡大することを目的としている。具体的には，成人学習者が仕事と学習を並行して進めながらレベルの高い高等教育を受けられるよう，大学の優れた教育資源を活用した多様な学習支援体制を構築し，大学内に成人学習者専

表14-3　「大学の平生教育体制支援事業」実施現況

区分	2017年	2018年	2019年	2020年	2021年
大学数	15校	21校	30校 （専門：7校）	30校 （専門：7校）	30校 （専門：7校）
学科数	52学科	68学科	108学科	113学科	126学科
募集定員	1,990人	2,707人	3,738人	3,912人	4,160人
成人学習者 転換定員※	525人	670人	1,233	1,485人	1,988人
支援予算 （ウォン）	約231億	約161億	約234億	約234億	約234億

注：※入学定員のうち，正規の一般学生の定員を削減し，成人学習者選考の定員に切り替えた数。
出典：国家平生教育振興院「大学の平生教育体制支援事業基本計画」の各年度を参照し筆者作成。

担課程と運営機構の設置を支援している。

　2017年に先導モデル大学として15校が選定され，成人学習者向けの新たな52学科が開設された。2021年現在，専門大学7校を含む30校に成人学習者に特化した126学科が開設され，募集定員は4160人で事業当初の2倍以上に及ぶ。また，入学定員のうち，正規の一般学生の定員を削減し，成人学習者選考の定員に切り替えた数も2017年の525人から2021年の1988人へと，約4倍近くに増えている（表14-3）。

　運営方針と実施内容において大きな特徴は，まず授業の運営形態である。働きながら学ぶ成人学習者の特性を反映した夜間・週末授業，on-off line を連携したブレンディッド・ラーニングなど，多様な授業形態の実施を奨励している。次に，学士運営の柔軟化である。多学期制や集中講義による履修制を導入し，在学期間や学習時間の短縮，さらに成人学習者の特性上，休学者や中途脱落者が出やすいことから，在学年限を廃止している。

　また，奨学金支援による学費軽減および学費納付方式の多様化など，授業料負担を軽減するための支援を行っている。特に，これまで成人を対象とした生涯学習プログラムと区別した，より高度な，充実した教育を提供するため，専任教員が該当科目を担当し厳正な出欠管理，成績・単位管理を実施することが義務付けられた。学科開設においては，基礎学問よりは応用・実用分野の学問が重視される。最後に，単位認定の多様化である。単位銀行制度で履修した単

位や他大学で取得した単位を認定し，学習者の入学前後の職務経験や資格等を単位として認定する先行学習経験認定制（RPL: Recognition of Prior Learning）の導入を奨励している。これまで，産業界と連携した契約学科，委託学科の学位課程の設置や「先就業・後進学」選考の導入により，成人学習者の職業，学習経験への評価を正規の単位として認定することが要請されてきた[18]。先行学習経験認定制は，専門大学と産業大学を中心に積極的に導入されてきたが，2017年に「高等教育法」を改正し 4 年制の一般大学までに拡大している。また，大学内に生涯学習体制を定着させていくために，当初の単年度事業を2019年からは 4 年間（ 2 年＋ 2 年）支援する事業に拡大した。大学における中長期的事業運営を誘導し，多様な学習ニーズを充足させ，地域の「後学習」の拠点を構築することがその狙いである。

「D大学（ 4 年制，私立）『未来人材融合大学[19]』」

「大学の平生教育体制支援事業」が実際にどのように運営されているのかを，首都圏のD大学の事例を取り上げて確認したい。

D大学（ソウル市所在）は，2012年に「先就業・後進学支援事業」に，2013年には「平生学習中心大学支援事業」（2013-2015）に選定され，成人学習者のための大学体制改編に積極的に取り組んできた。2018年から「大学の平生教育体制支援事業」に選定され，税務会計学科（2018）と金融融合経営学科（2021）の 2 学科で構成された「未来人材融合大学」を運営している。

会計，税務，金融，経営分野の女性専門家を養成することを教育目標とし，特性化高校等を卒業し企業等で 3 年以上勤務した在職者を対象に夜間課程を設置・運営している。2021年の募集要項によると，書類と面接のみで定員外で80人を募集しており，学費の90％以上を奨学金（国家奨学金，LiFE 事業平生教育奨学金など）で支援している。

4 年間，124単位以上を履修し卒業試験に合格すると学位取得が可能となる。その際，先行学習経験認定の一環として，専攻に関連する業務や経歴を反映し学内の単位認定審議委員会における認定審査を経て最大 9 単位まで認定する。また，大学入学後に取得した資格は最大 6 単位まで認定し，国家平生教育振興

院における K-MOOC 課程を履修した場合にも所定の単位を認めている。

　さらに，「未来人材融合大学」の学科を含め，薬学科を除いた昼間の他学科の専攻履修を認定し４年間で二つの学位取得も可能である。同大学は，働きながら学習する在職者の特性上，やむを得ず学習を断念する中途脱落者が出やすいため，正規教科課程と，基礎学習支援課程や資格取得，就職支援等の非教科課程との連携を強化した学習者支援に注力している。例えば，仕事と学習の両立を支援する「心の健康管理プログラム」や新入生に対する基礎学力診断と教育，資格取得クラブの支援（最大３万円），在学生メンターによる新入生の支援制度がこれに該当する。こうした充実した学習者支援制度により，学習者の教育満足度は高く，中途脱落率は0.7％，在職維持率は97.8％であり，成人学習者のための個別大学の取り組みや工夫が優秀事例として評価されている。

4　韓国的大学開放「成人親和型の大学平生教育体制」の意味

　従来の大学開放は，大学が有する教育資源を開放し，大学が立地する地域と連携し地域社会の生涯学習の拠点としてその役割を遂行してきた。これに対して，韓国における大学開放は，生涯学習を法的に保障する「平生教育法」の下，高等教育改革と連動した大学開放政策が推し進められ，高等教育の機会を拡大する諸制度を生成させ，その量的・質的な側面で著しい成長をみせてきた。

　近年においては，学齢期人口の激減に直面し，「定員削減」と「競争力確保」のための政府主導の大学構造改革が断行されるなか，学齢期を問わず入学者を確保するための生き残りをかけた諸戦略が模索されている。

　知識基盤社会と超高齢社会の進行，平均寿命の延長，さらに第４次産業革命時代の到来に伴い，急激な労働環境の変化への対応として成人学習者の職業転換教育，再就職教育，さらに引退後の準備教育などに対する需要が高まり，その学びの場として高等教育機関を選択する成人が増えると予想されている。

　高等教育統計によると，大学入学者に占める25歳以上の成人学習者（定員内・外の学習者を含む）は，高等教育全体として2006年の21％を頂点に徐々に減少し，「大学の平生教育体制支援事業」が開始した2017年から増加傾向にあ

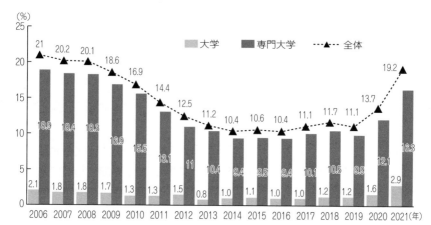

図 14 - 2　大学入学者に占める25歳以上の成人学習者比率（2006～2021年）
出典：教育部「教育統計分析資料集　高等教育統計編」2021年，より筆者作成。

る。一般大学の場合，2017年の1.0％から2021年に2.9％と約3倍となっている
が，高等教育全体としてはその比率がきわめて低い。専門大学は2006年に
18.9％を頂点に徐々に減少したが，2017年から増加傾向にあり2020年以降の増
加幅が大きくなっている。2021年現在，高等教育における25歳以上の成人入学
者は19.2％で，専門大学が16.3％（2万7215人）で8割以上を占めており，一
般大学は2.9％（9391人）であった。

　図14-2によると，在職者や成人学習者のための「先就業・後進学」の支援
が始まった2012年の時点においても成人学習者の比率が減少しているが，「大
学の平生教育体制支援事業」が開始されるとともに，その比率は増加の傾向を
示している。

　これまで，成人学習者が正規の学位課程にアクセスする方法は，従来の若い
学生と同様に一般入試を受けるか，独学学位や単位銀行制度を通じた学位取得
に限定されていた。

　「大学の平生教育体制支援事業」の推進により，働きながら大学に通う成人
学習者に柔軟な大学体制づくりを支援し，毎年その支援規模が拡大し，事業に
参加する大学と成人学習者，成人学習者専担組織が増加しており，今後もさら
に成人学習者の高等教育への進入が増加していくと期待されている。

　大学を中心とする生涯学習事業は，地域住民に多様な生涯学習プログラムを提供し，多様な年齢層を視野に入れた教育・学習プログラムを運営することで，一般成人の生涯学習への参加を促進させた。さらに，成人学習者の正規学位課程へのアクセスを制度的に可能にした多様な入学選考や成人学習者のニーズに応じた学士運営の充実化など，成人親和的な大学学事制度が創出された点で肯定的に評価されている[20]。

　その一方で，多くの大学は相変わらず学齢期中心の大学のシステムを維持したまま，大学開放は大学の付随的な機能として捉えられ，大学の一部の教育資源を提供するのみにとどまっており，成人学習者の大学教育へのアクセスを阻害する要因となる授業時間やカリキュラム，高額の学費，成績評価など，より個別化した対応と支援が必要とされている[21]。

　本来，地域社会の「すべての人々に開かれた生涯学習の場」を担うべき大学開放を目指しながら，その対象が依然として一部の成人に限定されており，これもまた学位取得のオールタナティブとして扱われている。

　本章で取り上げた韓国の「大学の平生教育体制支援事業」は，大学が持つ優れた教育資源を提供するだけでなく，在職者や成人学習者に親和的な大学体制へと転換し，成人学習者のための新たな教育内容やカリキュラムを創出することで大学に新たな「知」を生成させることを意味している。また，従来の若い学生だけでなく，成人，高齢者を含む多様な年齢層の学習者が共存するキャンパスで高等教育と生涯学習が融合された「高等平生学習複合体制」へと変容していくためには，大学のシステムをも継続的に変革しゆく柔軟性をいかに発揮していくかが最も重要な課題となっているといえる。

注
(1)　韓国では，lifelong education, recurrent education, continuing education を漢字語で「平生教育（ピョンセンキョーユック）」と表現する。「平生（ピョンセン）」とは，「一生」あるいは「生涯を通じて」という意味であり，「平生教育」は日本の「生涯教育」の概念と同じであるといえる。朴聖雨「平生教育」日本生涯教育学会編『生涯学習事典』東京書籍，1990年，503頁。
(2)　최돈민「대학사회교육의 기원과 역할에 관한 국제 비교 연구：한국　미국 영국

を中心に」『한국교육학회』26(1), 1999년, 359-360.

(3)　교육부『통계연보』2003년.

(4)　金明姫「韓国における高等教育改革下の大学開放――慶北大学の「名誉学生制度」のケーススタディ」『比較教育学研究』55, 2017年, 111-133.

(5)　교육부보도자료「2주기 대학구조개혁 기본계획발표」(2018년9월3일) 教育部ホームページ（http://www.moe.go.kr/　[2021.10.20]）。

(6)　교육부보도자료「2021년 대학기본역량 진단 가결과 안내」(2021년 8월 17일) 教育部ホームページ（http://www.moe.go.kr/　[2021.10.25]）。

(7)　대학연구소 전국대학노동조합『대학 위기 극복을 위한 지방대학 육성 방안』2020년, 151-152.

(8)　교육부・한국교육개발원「2022 교육통계 분석자료집－고등교육통계편－」教育統計サービス（https://kess.kedi.re.kr/　[2023.4.25]）。

(9)　임은희「1, 2주기 대학구조개혁 정책 평가 및 개선 방향」『대학:담론과　쟁점』2, 2019년, 45-56.

(10)　Jarvis, P., "Universities as institutions of lifelong learning: Epistemological dilemmas," *Journal of Higher Education Outreach and Engagement*, 6(3), 2001, pp. 23-40.

(11)　이현청『왜 대학은 사라지는가』카모마일북스, 2015년, 37-56.

(12)　이숙원「한국 대학개방교육에 관한 연구: 대학의 성인 계속교육 프로그램을 중심으로」이화여자대학원 석사학위 논문, 1988년, 37-38.

(13)　교육부・한국교육개발원「2022 평생교육통계 자료집」教育統計サービス（https://kess.kedi.re.kr/　[2023.4.25]）同調査の2020年のデータによると，2万7622個のプログラムに約82万人の学習者が参加しており，新型コロナ感染拡大の影響を受け，遠隔形態の学習プログラムへの参加者数は増加傾向にあるが，全体的に約19万人が減少した。

(14)　교육부・한국교육개발원「2022 한국 성인의 평생학습 실태」教育統計サービス（https://kess.kedi.re.kr/　[2023.4.25]）。

(15)　곽삼근・윤혜경・박진아「대학평생교육의 전문화를 위한 성인학위과정에 대한 요구분석」『평생교육학연구』17(2), 2011년, 93-122.

(16)　現行の小中等教育法施行令第91条によると，特性化高校とは素質と適性および能力が類似している生徒を対象に特定分野の人材養成を目的とした学校と定義しており，従前の実業高校がこれに当たる。マイスター高校は小中等教育法施行令第90条第1項第10号の「産業需要オーダーメイド型高校」であり，専門的な職業教育の発展のために産業界の需要に直接連携したオーダーメイド型教育課程を運営している。

(17)　国家平生教育振興院の各年度の「大学の平生教育体制支援事業基本計画」とホー

ムページ（https://www.nile.or.kr/ ［2022.8.1］）を参照し作成した。

⒅ 국가평생교육진흥원『선행학습인정（RPL）적용 기반구축을 위한 운영 매뉴얼 개발 연구』2011년, 1-3.

⒆ 同德女子大学に関連する資料は，「동덕여자대학교 미래인재융합대학 및 평생학습체제에 대한 교육수요조사 결과 보고서」2021년, 大学のホームページ（http://www.dongduk.ac.kr/ ［2021.10.2］）を参照して作成した。

⒇ 양흥권「한국 대학평생교육의 특성 변천에 관한 연구: 1900년부터 현재까지의 시기별 특성을 중심으로」『평생연구 HRD연구』15⑵, 2019년, 281-302.

㉑ 국가평생교육진흥원·전북대학교『대학의 성인친화형 교육운영 개선 방안 연구』2018년, 107-130.

終　章
大学開放の動向とこれから

出相泰裕

1　大学開放の現在の特徴

近年の動向

　1992年をピークに18歳人口が減少していることから，大学側も地域で存在感をアピールしないと大学経営が困難になってくるという環境があり，また教育基本法が2006（平成18）年に改正され，社会貢献が大学の役割と法律上も位置付けられ，文部科学省も各大学の理念・ミッションに沿い，自らの資源を活かした多様な取り組みを進めるように，様々な GP 事業等を進め，後押しをしてきた。そういった背景もあってか，金子も言っているとおり，大学側も大学開放を通じた社会貢献を自身の役割として受容してきていると言える。[(1)]

　その大学開放に関わる近年の動向としては，第Ⅰ部第2章で示されているとおり，第一に組織的・協働的になっていることが挙げられる。文部科学省委託の平成29年度の「開かれた大学づくりに関する調査研究」によると，約7割の大学が公開講座に関する専門機関・組織を，77.1％が地域連携に関する専門機関・組織を学内に設置しているなど，[(2)] 個々の教員の取り組みというよりも，大学という組織として大学開放を推進しており，また87.5％の大学が地域内の自治体と，4割以上の大学が地域内の企業や非営利団体と連携している。[(3)]

　また五島は大学と地域が課題を共有し，互恵的につながり，互いに尊重し，話し合いの場を持つ「engaged university」の概念を紹介しているが，[(4)] 第2章でみたように，大学が地域等に奉仕するというサービスではなく，大学，地域それぞれの目標の達成に向けた取り組みとなるエンゲージメントと表現される

性質を持つものとなってきており，[(5)]大学で生み出された専門知と地域社会で生み出される実践知の相互作用を促進することにより，大学側も研究活動や学生教育という点で変革を起こしうるものとなっている。サービス・ラーニングとしての地域連携・協働事業においては学生も大学の資源として地域に貢献しているが，同時に学生にとっても学習資源となる様々な経験を積める学習の場となっている。本書においても桜の聖母短大や東京学芸大学，龍谷大学などの事例では学生も関与する取り組みになっている。

　高校卒業直後に高等教育に進学する伝統的学生は学習の目的が就職に向けた，フールの言うところの「目標志向的」なものとなりがちであるが，社会人学習者には伝統的学生と比べ，楽しいから学ぶという「学習志向的」な傾向がみられる。[(6)]中教審の答申にもあるとおり，[(7)]大学は多様な学生が学び合う場であることが望ましいが，伝統的学生は学習を楽しむ社会人と共に学ぶことにより，学習の異なる目的や意味を知ることとなる。また社会人の経験を授業の中で学習資源としてうまく活用すれば，伝統的学生が社会人経験や実務経験について事前に理解することにもなる。

　第二の動向としては，履修証明制度が創設され，これまで公開講座などを受講しても公的には何も取得できなかったが，社会人等を対象とした60時間以上の一定のまとまりのある短期の学習プログラム（履修証明プログラム）の修了者に対しては，法に基づく履修証明書（Certificate）を交付できるようになったことが挙げられよう。また大学等における社会人や企業等のニーズに応じた実践的・専門的なプログラムを「職業実践力育成プログラム」（BP）として文部科学大臣が認定する取り組みも始まっており，社会人の学習の促進が図られてきている。このように短期のプログラムの受講を評価に結びつける試みが始まっており，時間的な阻害要因等で正規課程への入学など長期の受講が困難な者や，学位は必要なく，特定の内容のみ体系的に学びたいという者のニーズに応えられるようになった。

　第三には，大学の直接的な社会貢献が大学の第三の使命として位置付けられたことがある。そして大学が自身の理念・ミッションに沿い，自らの資源を活かした貢献を進められるように，文部科学省も2007年度からの「社会人の学び

直しニーズ対応教育推進プログラム」や2013年度からの「地（知）の拠点整備事業」など，優れた取り組みを促進する GP 事業などを進めた。そういった取り組みの中では特に職業能力の向上や地域の活性化に向けた機会が顕著にみられている。

序章で述べたように，1998年出版の『広がる学び開かれる大学——生涯学習時代の新しい試み』では，大学公開講座のカルチャーセンター化や大学の奉仕活動化への懸念が投げかけられており，また正規授業の活用や短期集中プログラムの充実が唱えられていたが，より直接的な社会貢献やエンゲージメント的な要素の進展が今日見られており，また正規授業の活用や履修証明制度を活用した短期ではあるが，体系的なプログラムの導入は進んできている。

2　大学開放の今後に向けて

3タイプの大学開放の課題

続いて大学開放の今後について考えていくが，まず前述した大学開放の3タイプの視点からみていくこととする。

香川が述べるように，UE は元来，正規の大学教育を大学教育を受ける能力はあるが，大学に来られない人に開放するというものであったが，[8] 現代社会においては大学への進学率は50％を超え，トロウの言うところの「ユニバーサル」段階に達しており，[9] 若年期に学士号を取得する者は時代と共に多くなってきている。そういった背景もあってか，社会人特別選抜をはじめとして，社会人が正規の学生として学修できるような施策が導入されてきたが，シャノンらの言うところの「正課教育の開放」は特に学部段階で十分な学生を集めきれていない。学部段階では雇用の不安定化の中で，より安定した雇用に向けて，看護師など職業資格を取得できる機会や若年期に大学進学を果たせなかった人へのセカンドチャンスの機会を充実していく必要はあるが，同時に高学歴社会においては，大学院をさらに社会人に開いていくことの重みが増している。正規教育の開放については，本書の内容を踏まえると，高まる高等教育の重要性に沿った予算を獲得し，もっと気軽に進学できる授業料の設定が必要であるが，

社会の側が持つ阻害の軽減もより重要となってくる。例えば，長時間労働の是正や労働時間の自由化などを進め，まずは内発的な理由から進学したい人が定時に退社できるなど，通学しやすい状況をつくり，その一方で社会人受講者の評価を高め，それを社会に広め，進学そのものに関心を持つ層を広げていく必要がある。

　カーは，高等教育は社会の一部であるとともに，社会に影響をもたらすものであるとも述べているが，大学開放の発展に向けては社会改革も求められると同時に大学開放を通じて，受講者を社会に輩出し，社会を変革していく視点も重要である。

　また成人に市民としての資質向上や職業人としての生産性向上に向けて大学レベルの教育機会を提供する「年代的開放」については，特定の分野について短期に体系的に学びたい人，特に学位は必要ない人などにとっては履修証明制度などが導入されるなどし，好都合な機会となっている。履修証明については成人が大学で学んだことが企業など社会からどの程度評価されるかが重要になってくると同時に，履修証明プログラムにおいては正規の授業を科目等履修生として受講している場合は単位認定されることとなったが，五島が第13章で指摘したように，様々な責務を抱える社会人の学位取得を促進するうえで非学位課程から学位課程へのシームレスな移行についてどう考えるかが課題となる。

　諸課題の解決に寄与するために学内の資源を用いて多様な地域サービスを提供する「機能的開放」については，サービス・ラーニングなど学生教育とリンクさせた取り組みが今後も進展していくと考えられるが，そういった取り組み等に持続可能性を持たせるために地域との連携協働に関わる職員等の育成・活用が求められる。

　いずれにしても，第2や第3を含めた大学開放事業によって，大学教育の当事者が増え，大学の価値がより幅広く目に見える形で社会の中で認識される状況を作っていくことが重要となる。

大学全体でのバランスのとれた大学開放の推進
　今世紀に入り，直接的な社会貢献が打ち出され，他章で述べられているよう

に，今日の大学開放は「学び直し」あるいは「リカレント教育」の手段となっており，2022年の教育未来創造会議「我が国の未来をけん引する大学等と社会の在り方について（第一次提言）」では，誰もが，生涯にわたって意欲があれば学び，スキルを身につけることができる生涯学習社会，生涯能力開発社会（＝全世代学習社会）の実現を目指すことが目標とされ，学び直し（リカレント教育）を促進するための環境整備が掲げられた。この提言では，一人一人の多様な幸せと社会全体の豊かさ（ウェルビーイング）の実現を目指すとしており，その幸せとは，経済的な豊かさだけでなく，精神的な豊かさや健康も含まれるとしている。しかしその一方で，教育・人材育成といった人への投資は成長への源泉であり，「学び直しによって，自己実現が果たされ心身ともに充実していく，職場内のみならず就職・転職といった自らの意思による労働移動も含めた活躍の選択肢が増えていく，社会経済的地位に反映されて所得が増加していくことなどを通じてウェルビーイングが実現されていくエコシステムを構築していくべきである」とも記されており，全体としては，ウェルビーイングは学び直しによってキャリアアップし，経済的に豊かになることでもたらされるといった成長に向けての文脈の中に位置づけられている。

　その一方で，今日，大学開放は方向性において職業能力の向上といった，経済成長志向の方にバランス上偏っているという指摘もみられている。そこでは，第2章でみたように，経済成長への貢献は必要だが，特に困難な状況に陥っている人びとに目を向け，能力向上の機会が万人の権利と位置づけられるべきといった，平等，公正志向的な面を強調する論もみられており，また民主主義社会の主権者としての資質能力の向上といった面も重要である。加えて，GDPや物質的消費の拡大を第一義的な価値とすることへ疑問を持ち，自由な時間を増やし，生活の質を改善することをより重視し，精神的な豊かさや幸福感を感じられる，より成熟志向の社会の構築を目指すべきという考え方も唱えられている。これまでも，ガルブレイスは「よい社会」における教育の役割のひとつとして，人生を心ゆくまで楽しめるようにすることを位置付け，広井も「定常型社会」における大きな充足感や喜びを生み出す時間の消費の仕方のひとつとして生涯学習を挙げてきた。内閣府の「国民生活に関する世論調査」において

も，「心の豊かさやゆとりのある生活をすることに重きをおきたい」と回答する人の方が「まだまだ物質的な面で生活を豊かにすることに重きをおきたい」と回答する人よりも多い傾向が続いている。山本も第９章で述べているように，人生100年時代の学びは職業能力の向上だけではない。また教育基本法においても，第２条の「教育の目標」において，「幅広い知識と教養を身に付け，真理を求める態度を養い」とも記されている。社会への直接的な貢献だけでは大学開放に関わる学部学科も限られてしまい，部分的にしか開かれていない大学になってしまう。香川の言うとおり，様々な学部・学科が生涯学習的発想を持つことが重要で，それぞれがそれぞれの資源・専門性を活かし，バランスよく，幅広く社会の発展及び，個人の発達，幸福に対して貢献していくべきであろう。本書においても，公開授業の受講者調査に基づいた第11章から，大学開放事業が受講者の精神的豊かさにいかに寄与できるかを改めて理解することとなった。

　ただ第１章でも示されたように，2022（令和４）年７月に取りまとめられた「第11期中教審生涯学習分科会における議論の整理」では個人のみならず個人を取り巻く「場」が持続的によい状態であるウェルビーイングの実現を図るという文脈の中で，リカレント教育は職業とは直接的に結びつかない技術や教養等に関する学び直しも含む意味で使用されていた。現段階では「ウェルビーイング」の実現に向けて重視するものが定まっていないように思われるが，今後の動向に注目である。

オンラインを通じた教育の開放

　今後の大学開放について考えるうえでオンライン教育は欠かせない。実際，本書のサイバー大学の事例のように，インターネット技術を活用した大学教育の開放への道が開かれてきている。時間的及び地理的な制約から受講が困難な社会人にとっては非常に利便性の高い取り組みとなる。また特定の職業人の研修向けにオンラインプログラムを作り，立地地域を超えてそれを全国的に売り出すといった点で大学間競争が今後盛んになっていくとも思われる。

　ただ正規の講義式の授業を大学開放事業としてオンデマンド型で公開し，聞いてもらうということならいいが，高林も「全てをオンラインで行うことが，

全学習者にとって最高の環境とは限らない」と述べているように，教員や他の受講者との関係性が重要と考え，交流を通じた学習を求める者もいると考えられる。しかしそういったオンライン授業を展開するとなれば，学習支援やシステム管理等に関わるサポート人材の配置やそれに伴う採算という点などで課題が残されている。

持続可能な大学開放に向けて

　大学開放の重要性は高まっているが，その一方で過度な教育負担及び学内運営業務などにより，教員は多忙化し，研究時間が減少してきており，大学開放[19]事業の発展可能性，持続可能性という点では課題が残されている。そこで1つには新たに講座を立ち上げるのではなく，正規の授業を活用することが適当な場合はそれを大学開放事業として活用していくことが方向性として考えられる。それにより多様な受講者が学び合うことにもなる。

　第二に大学開放を通じた社会貢献を進めていくには職員等の参画を促進していくことが求められる。これまでも本書の京都女子大学の事例のみならず，和歌山大学[20]や関西大学[21]の報告などでも，実施に関わる事務手続きのみならず，マーケティング調査，講座の企画立案，広報さらには司会進行を含めた事業運営など，職員が大きな役割を果たしている事例が紹介されている。公開講座は大学の特色を発揮するものと三瓶も第10章で述べているが，それゆえ様々な学部学科を持つ大学の全体としての価値観や文化の継承・言語化という点で職員の役割が重要になってくる[22]。

　また社会貢献に向けて外部組織と連携協働する機会はさらに多くなるであろうことから，大学と外部のステークホルダー双方の目的を明確に把握し，双方の目的を具現化するコーディネート能力を求められる機会も多くなると考えられるが，龍谷大学の地域連携型学習を含む，域学連携事業のような実践を教員のみで運営するとすれば，多大な労力を必要とするであろう。しかし，龍谷大学の事例の場合，政策科学部に実践型教育プランナーが置かれ，地域側の目的と大学教育の目的双方を理解し，学びあうコミュニティの形成に寄与していた。

　「機能的開放」の個所でも述べたが，大学開放の推進に向けては，職員等の

役割がますます大きくなっていくと思われ，そういった人材の配置および資質
能力向上の機会もいっそう重要となってくる。

高等教育の当事者の増加へ

今日，大学開放を通じた様々な取り組みが行われているが，大学にとっても
その意味は大きい。本書では，龍谷大学の REC の事例で研究の現実性を研究
者が理解できる，香川大学の事例で教員が受講生から様々な学びを得られる等
の教育研究上のメリットについての言及があった。また桜の聖母短大の事例で
は短大についての地域理解を深める場となっている旨の報告もあった。

また大学は財政的に厳しい状況に置かれているが，教育への支出は優先順位
が低く，国民の間でも支出を増やせという声は弱く，その一因として，予算増
額への選好は当事者性に影響される点が挙げられている[23]。大学が存在する社会
的意義が理解されるようになると，負担のあり方も考え直されると中澤は述べ
ているが[25]，大学教育が高校卒業直後の伝統的学生のみならず，広範な層も享受
できるものになれば，当事者は増え，また大学教育の意義を理解する者が増え
ることになる。日本の大学がこのことを認識し，強力に大学開放を推進し，当
事者を爆発的に増やせば，日本社会における大学の位置付けも目に見えて変
わってくるであろう。そうなるとこの社会もどのように変わっていくのであろ
うか。

注
(1) 金子元久「リカレント教育の新局面」『IDE 現代の高等教育』630，2021年，4-
　　11頁。
(2) 株式会社リベルタス・コンサルティング「平成29年度開かれた大学に関する調査
　　研究（調査報告書）」2018年，11-15頁（https://www.mext.go.jp/content/20200929
　　-mxt_chisui01-100000171_1.pdf ［2023.5.1]）。
(3) 同上，42-50頁。
(4) 五島敦子「知識基盤社会に対応した大学開放」『大学はコミュニティの知の拠点
　　となれるか──少子化・人口減少時代の生涯学習』ミネルヴァ書房，2016年，31-
　　44頁。
(5) 出相泰裕「オーストラリア高等教育におけるコミュニティ・エンゲイジメント

論」『教育実践研究』6，2012年，51-56頁。

⑹ Houle, C.O., *The Inquiring Mind,* University of Wisconsin Press, 1961, pp.16-29.

⑺ 中央教育審議会「2040年に向けた高等教育のグランドデザイン（答申）」2018年，14-18頁（https://www.mext.go.jp/content/20200312-mxt_koutou01-100006282_1. pdf ［2023.5.1］）。

⑻ 香川正弘「わが国における大学開放発展の課題」小野元之・香川正弘編著『広がる学び開かれる大学——生涯学習時代の新しい試み』ミネルヴァ書房，1998年，227-232頁。

⑼ M・トロウ，天野郁夫・喜多村和之訳『高学歴社会の大学——エリートからマスへ』東京大学出版会，1976年，63-64頁。

⑽ C・カー，喜多村和之監訳『アメリカ高等教育の歴史と未来——21世紀への展望』玉川大学出版部，1998年，180-183頁。

⑾ 教育未来創造会議「我が国の未来をけん引する大学等と社会の在り方について（第一次提言）」2022年，8頁（https://www.cas.go.jp/jp/seisaku/kyouikumirai/ pdf220510honbun.pdf ［2023.5.1］）。

⑿ 同上，28頁。

⒀ 例えば，佐伯啓思『経済成長主義への訣別』新潮社，2017年。

⒁ J・K・ガルブレイス，堺屋太一監訳，佐々木直彦・佐々木純子訳『よい世の中』日本能率協会マネジメントセンター，1998年，108-117頁。

⒂ 広井良典『定常型社会——新しい「豊かさ」の構想』岩波書店，2001年，150-159頁。

⒃ 内閣府「国民生活に関する世論調査」各年度版（https://survey.gov-online.go. jp/index-all.html ［2023.5.1］）。

⒄ 香川，前掲論文。

⒅ 中央教育審議会生涯学習分科会「第11期中教審生涯学習分科会における議論の整理〜全ての人のウェルビーイングを実現する，共に学び支えあう生涯学習・社会教育に向けて〜」2022年，9頁（https://www.mext.go.jp/content/20201013-mxt_ syogai02-10074_01.pdf ［2023.5.1］）。

⒆ 文部科学省「平成30年度大学等におけるフルタイム換算データに関する調査（概要）」2019年，3頁（https://www.mext.go.jp/b_menu/houdou/31/06/__ icsFiles/ afieldfile/2019/06/26/1418365_01_3_1.pdf ［2023.5.1］）。

⒇ 永沼美和「大学の生涯学習事業を支える職員の学びと主体形成」出相泰裕編著『大学開放論——センター・オブ・コミュニティ（COC）としての大学』大学教育出版，2014年，169-176頁。

(21) 松田佳織「変容する大学開放における事務職員の役割——新型コロナ禍対応も含

んだ事例として」『UEJ ジャーナル』35，2021年，29-40頁。

⑵ 同上。

⑳ 中澤渉『なぜ日本の公教育費は少ないのか——教育の公的役割を問いなおす』勁草書房，2014年，166-188頁。濱中淳子・矢野眞和「世論にみる教育劣位社会像」矢野眞和・濱中淳子・小川和孝『教育劣位社会——教育費をめぐる世論の社会学』岩波書店，2016年，44-64頁。

⑳ 矢野眞和「政策の世論を規定しているのは階層ではない」矢野眞和・濱中淳子・小川和孝，同上，85頁。

⑳ 中澤，前掲書，365頁。

お わ り に

　私は国立大学で働かせていただいているが，大学が厳しい財政状況にあり，多くの他の先生方と同様に，かなり多忙の日々を送っている。ニュース番組のアナウンサーが2週間休みをとっているのをみると，うらやましいと感じることもあり，大学教職員の働き方改革の問題ももっと社会的に注目されるよう，訴えていかなければならないと感じている。

　大学開放に関しても，教職員の中には重要性は感じているのだが，余裕がなく関われない，コーディネーターを正規職員として置けないなど，財政状況が制約となっている点もみられ，他の先進工業国並みに高等教育予算があればと思うことも多い。

　しかし，大学の予算，特に社会人教育への予算を増やすことは国民の間では優先順位が低いとされ，本書の出版も大学の存在意義をもっと国民に理解してもらいたいとの思いが一因としてあった。終章でも述べたが，大学開放が広がり，高等教育に関わる当事者が増え，いろいろな人々がいろいろな意義を体験すれば，大学の社会における位置付けも変わり，それに伴い，社会そのものも変わっていくであろう。

　私自身は幸運にも勤務校で夜間大学院に関わり，社会教育主事講習も3年に1回実施し，また公開講座等も担ってきており，大学の取り組みの中で社会人の学びに関わってきた。夜間大学院では様々な専門性や実務経験を持つ学生から教えていただいたり，ストレートマスターの学生からは昼間の若い学生ばかりの大学院よりも社会人に囲まれたこちらの大学院でよかったという声を聞かせてもらったりしている。また社会教育主義講習や公開講座ではその後，受講者に大学の授業にゲストティーチャーとして来てもらったり，学生の実習先を引き受けていただいたりするなど，大学教員として，また1人の人間としていい経験をさせてもらっている。こういった経験がもっと広がっていけばと思っている。

また本書で紹介した公開授業の受講者調査では，定年退職者から「就職のためでもない，キャリアアップのためでもない，単に学びたいことを何のしがらみもなく学べる幸せ。人生で今が一番楽しい」という趣旨の発言を聞かせていただいたが，その言葉が非常に強い印象として残った。経済成長のための学習だけでなく，精神的に豊かさを感じる学習の大事さを改めて感じ，教育・学習の持つ広範な意義を社会にもっと大学はもたらさなければならないと思っているところである。

　本書は UEJ の関西研究会に関わる方々を中心にご協力を得て作成されたが，研究会は関東の方々の参加も増えてきている。今後も大学開放に関わる方々の緩やかな集い・学び合いの場があればと思っている。

　本書の作成にあたっては全日本大学開放推進機構の関西研究会事務局の神谷さんには大変な御労力をいただいた。彼女自身，過去に大学職員として大学開放にご尽力されてきた方であるが，研究会を支えていただいている。またミネルヴァ書房様のご好意で研究会の成果を出版に結びつけることができた。特に編集部長の浅井様には出版に至る過程で大変お世話になった，改めてお礼を申し上げたい。

人名索引

稲富健一郎　*168*
色川大吉　*159*
ウェンガー，E.　*96*
エリクソン，E. H.　*194*
カー，C.　*258*
ギデンズ，A.　*159,162*
グラットン，L.　*157-158,183*
クロス，K. P　*49,57*
シャノン，T.　*7,257*
ショーン，D.　*96*
スコット，A.　*157-158,183*

ダーケンウォルド，G. G.　*49,58*
武村正義　*122*
トロウ，M.　*87,257*
ノールズ，M.　*61*
フール，C. O.　*204,256*
フセーン，T.　*74*
宮坂広作　*163-165*
メリアム，S. B.　*49,58*
横山宏　*160,162-163*
ラングラン，P.　*184*
ルベンソン，K.　*51*

事項索引

A-Z

BP　*2,22,256*
CAEL　*225*
CBE　*226,231,232*
COC　*2,20,34,41*
COC+　*20,21,34,41*
COC 構想　*2*
Community ビジネス　*138*
GP　*2,18,255,257*
JICA　*130*
JMOOC　*15*
K-MOOC 課程　*249*
MBA　*57*
MOOC　*15,30,218,225*
OECD　*73,74,75,78,87*
PCO プロフェッショナル　*232*
PLA　*225,232*
R&D　*139*
REC　*124*
REC コミュニティカレッジ　*123*
REC の基本理念　*124*
REC レンタルラボ　*134*
Robotic Process Automation　→RPA
RPA　*116*

Social ビジネス　*138*
UPCEA　*231,232*
UW　*226*
UW エクステンション　*234*
UW フレキシブル・オプション（UW Flex）
　226,227,233

ア行

アカデミック・アドバイジング　*229*
あわじ花山水　*148,149,150*
アンドラゴジー論　*61*
アンバンドリング　*222,229,232*
イノベーション支援　*131*
インキュベーション機能　*134*
インストラクショナルデザイン　*214*
インドネシア貧困軽減農村開発計画プログラム
　（JICA）　*131*
ウィスコンシン大学　→UW
ウェルビーイング　*88,259,260*
営利大学　*223,224*
エンゲージメント　*35,36*
オーダーメイド型の教育課程　*246*
オンデマンド　*210*
オンライン学習　*6*

執筆者紹介（執筆順，執筆担当，＊は編著者）

＊出相 泰裕（であい・やすひろ，編著者紹介参照）　序章・第2・3・4・11章・終章

　合田 隆史（ごうだ・たかふみ，関西国際大学客員教授（尚絅学院大学前学長））
　　　　　　第1章

　菅原 慶子（すがわら・けいこ，東京大学大学院教育学研究科教育学研究員）
　　　　　　第2章

　倉持 伸江（くらもち・のぶえ，東京学芸大学教育学部准教授）　第5章

　小椋 幹子（おぐら・みきこ，京都女子大学学術研究支援部連携推進課長）　第6章

　河村 能夫（かわむら・よしお，龍谷大学名誉教授（元 REC 顧問），
　　　　　　JICA 理事長賞（2021年））　第7章

　櫻井あかね（さくらい・あかね，龍谷大学政策学部実践型教育プランナー）　第8章

　山本 珠美（やまもと・たまみ，青山学院大学教育人間科学部教授）　第9章

　三瓶千香子（さんぺい・ちかこ，桜の聖母短期大学キャリア教養学科教授）　第10章

　高林 友美（たかばやし・ともみ，サイバー大学 IT 総合学部講師）　第12章

　五島 敦子（ごしま・あつこ，南山大学教職センター教授）　第13章

　金　明姫（きむ・みょんひ，創価大学通信教育部非常勤講師）　第14章

編著者紹介

出相 泰裕（であい・やすひろ）

　現在　大阪教育大学教育学部教育協働学科教授

　主著　『大学はコミュニティの知の拠点となれるか――少子化・人口減少時代の
　　　　生涯学習』（共著），ミネルヴァ書房，2016年。
　　　　『大学開放論――センター・オブ・コミュニティ（COC）としての大学』
　　　　（編著），大学教育出版，2014年。

学び直しとリカレント教育
　　　　　――大学開放の新しい展開――

2023年12月20日　初版第1刷発行　　　　　　　　　　〈検印省略〉

　　　　　　　　　　　　　　　　　　定価はカバーに
　　　　　　　　　　　　　　　　　　表示しています

　　　　編著者　　出　相　泰　裕

　　　　発行者　　杉　田　啓　三

　　　　印刷者　　坂　本　喜　杏

　発行所　株式会社　ミネルヴァ書房

　　　　　607-8494　京都市山科区日ノ岡堤谷町1
　　　　　電話代表（075）581-5191
　　　　　振替口座01020-0-8076

ISBN 978-4-623-09362-5
Printed in Japan

┃「ラーニングフルエイジング」とは何か
——超高齢社会における学びの可能性

———————————————森　玲奈 編著

A5判　226頁　本体2500円

●死ぬまで学び続け成長する存在として高齢者を位置づけ，高齢者特有の学習課題に焦点を当てる。多様な高齢者像の視点に立ちながら，高齢者の学習にはどのような方法をとりうるか，国内外の豊富な取材事例と，研究者・実務家との領域横断的な議論によって探り出す。

┃生涯発達と生涯学習［第2版］

———————————————堀　薫夫 著

A5判　252頁　本体2800円

●自己実現という目標を手がかりにして，発達論と学習論を軸に，生涯学習をめぐる問題と生涯学習社会がかかえる今日の社会的な問題を考える。超高齢化，高度情報化，多文化社会化など，大きな社会の変化に連動して生じる生涯発達，生涯学習をめぐる変化に対応した。

┃インフォーマル学習

———————————日本教育工学会監修，山内祐平・山田政寛 編著

A5判　192頁　本体2700円

●フォーマルなラーニング（企画・設計され，準備された教材コンテンツを用いたシナリオ通りに実施する学習）に対して，インフォーマル学習は，学習者が個人で学ぶ学習，勉強会や通信教育を通した学習，参考図書を読むなどといった非公式な学習行為を指す。本書では様々な場での学習や企業での人材育成に活用されるインフォーマル学習の実際を紹介する。

┃拡張的学習と教育イノベーション
——活動理論との対話

———————————————山住勝広 編著

A5判　300頁　本体2800円

●学校教育の場における拡張的学習の可能性について，教育のイノベーションと関連づけながら検討・考察する。活動理論と拡張的学習理論の基本的な枠組み，教育イノベーションにおける実践的な応用について，事例を織り交ぜながら解説。学習活動のデザインと分析に拡張的学習理論を応用，小学生や高校生の拡張的学習の創造のための指針を導き出していく。また，具体的な実践事例の分析を通して，教師教育の分野におけるイノベーションに新しい視点と知見を示す。

———————— ミネルヴァ書房 ————————

http://www.minervashobo.co.jp/